● 方桂荣 著

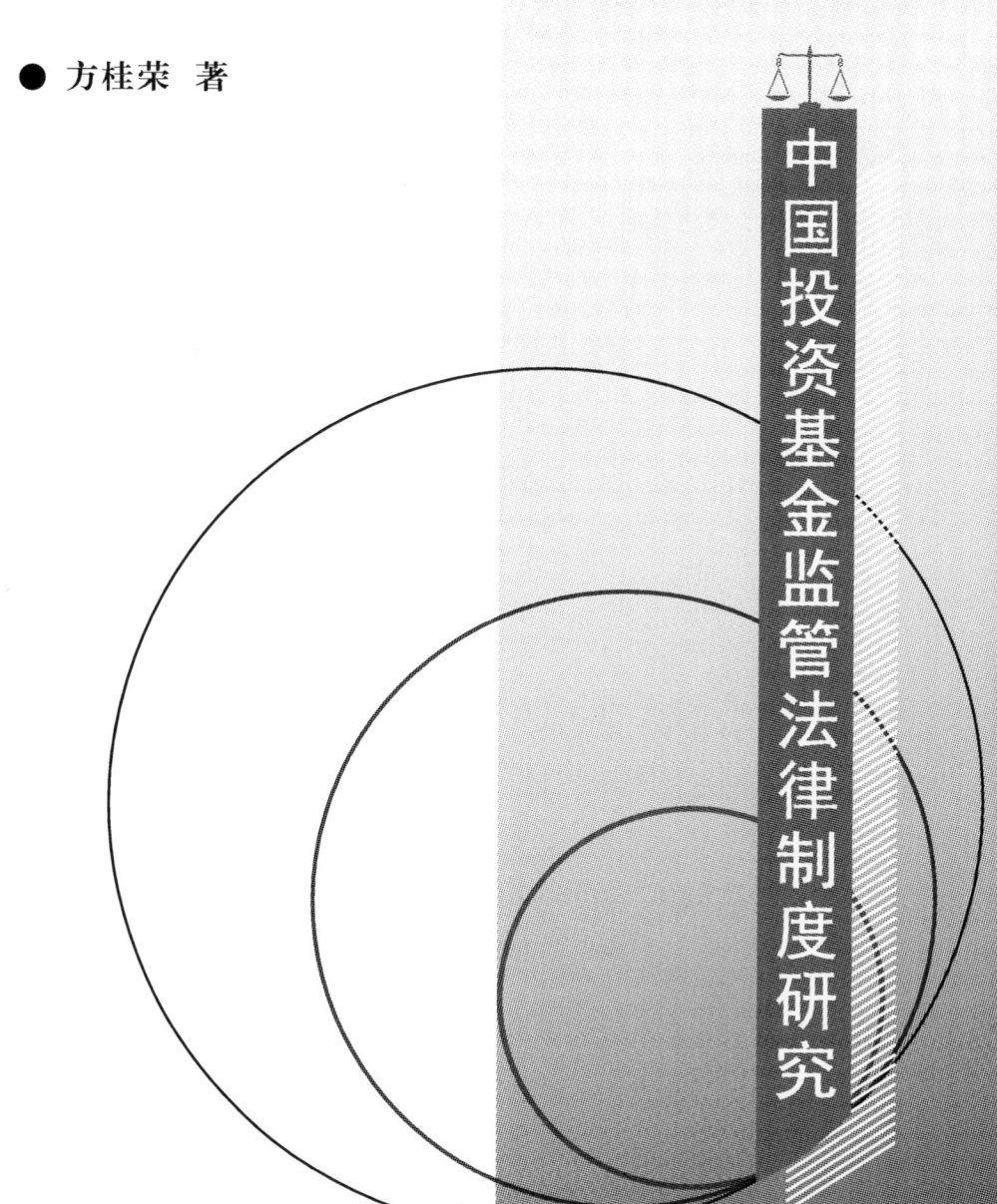

中国投资基金监管法律制度研究

中国政法大学出版社

2012·北京

图书在版编目（CIP）数据

中国投资基金监管法律制度研究/ 方桂荣著. 北京：中国政法大学出版社，2012.12

ISBN 978-7-5620-4522-9

Ⅰ.①中… Ⅱ.①方… Ⅲ.①证券投资基金法-研究-中国 Ⅳ.D922.287.4

中国版本图书馆CIP数据核字(2012)第293772号

书　　名	中国投资基金监管法律制度研究	
	ZHONG GUO TOU ZI JI JIN JIAN GUAN FA LÜ ZHI DU YAN JIU	
出版发行	中国政法大学出版社(北京市海淀区西土城路25号)	
	北京100088信箱8034分箱　邮政编码100088	
	邮箱 academic.press@hotmail.com	
	http://www.cuplpress.com（网络实名：中国政法大学出版社）	
	(010)58908437(编辑室) 58908285(总编室) 58908334(邮购部)	
承　　印	固安华明印刷厂	
规　　格	880mm×1230mm　　32开本　　8.25印张　　225千字	
版　　本	2012年12月第1版　　2012年12月第1次印刷	
书　　号	ISBN 978-7-5620-4522-9/D·4482	
定　　价	29.00元	
声　　明	1.版权所有，侵权必究。	
	2.如有缺页、倒装问题，由印刷厂负责退换。	

序 言

　　基金业中基金黑幕频频发生，严重损害着基金投资者的利益，也危及了基金业的正常发展，突显了我国投资基金监管的不力。因为基金管理人自身无法克制对私利的追逐，政府监管必须加强。随着世界投资基金发展的大潮流，我国基金业发展迅速，其间虽然我国投资基金监管已有所加强，但远远落后于基金业的发展速度，导致监管的滞后和被动。基于此，本书针对投资基金的运作特点和规律，系统而全面地研究我国现行投资基金监管法律制度，力图建立一套系统而全新的法律监管体系，以使基金监管者有所借鉴，使被监管者有所遵循。

　　本书研究的主要内容结构遵循总论与分论的逻辑体系，共分六大部分，前两部分属于总论部分，主要研究目标是确立投资基金监管的理论内容。后四部分属于分论部分，主要针对投资基金监管中具体法律制度的创新。具体内容如下：其一，投资基金与投资基金监管。主要研究投资基金与投资基金监管的一般理论和投资基金监管的理论基础。其二，投资基金监管体制法律制度。主要分析外国投资基金监管体制法律制度及其经验，并对我国投资基金监管体制法律制度作以分析，在此基础上提出改革我国投资基金监管体制法律制度的具体构想。其三，投资基金市场准入监管法律制度。主要针对我国投资基金市场准入监管法律制度极不完善的状况和基金市场面临的现实问题，深入分析并提出完善对策。其四，投资基金关联交易监管法律制度。主要研究投资基金关联交易的一般理论，分析我国投资基金关联交易监管模式，并进一步提出完善我国投资基金关联交易监管法律制度的建议。其五，投资基金监管中的独立董事法律制度。主要研究我国投资基金独立董事法律制度的状况，为改革我国投资基金独立董事法律制度提出建议。其六，投资基金信息披露监管法律制度。主要研究投资基金信息披露监管法律制度的一般理论，分析我国投资基金信息披露监管法律制度的不足之处，提出完善投资基金信息披露监管法律制度的建议。

　　本书在借鉴前人研究成果的基础上，力求最大限度的创新。除了具体观点上的创新之外，本书特别突出宏观层面上的创新，具体表现在：其一，注重系统性和深度性研究。力求建立一个系统的投资基金监管法律制度体系，在此基础上，针对学界少有关心而又比较重要的问题和仅有浅层次研究的重要问题作深入研究；因为理论指导具有重要意义，因而，本书把构建投资基金监管基础理论作为重要工作。其二，研究内容的更新。以前的研究往往只注重投资基金监管模式选择的研究，其局限性在于大而空，不具体也不全面系统，理论参考价值不强，实际应用价值也比较弱。针对这种状况，本书的内容选择更具实用和参考意义；本书的研究视野不仅仅局限在基金业领域内，而是以整个金融业的发展趋势为着眼点，综合经济学和法学的理论，结合投资基金最新的运行规律和特点，审视我国投资基金立法的成就与不足，既有利于从整体上把握金融业监管体制转变带给基金业的影响，更有利于适时调整和更新投资基金监管法律制度。

目 录

序 言 ·· 1

第一章 投资基金与投资基金监管 ··· 1
  第一节 投资基金 ··· 1
    一、投资基金的界定 ··· 1
    二、投资基金的种类 ··· 18
    三、投资基金的作用 ··· 25
    四、投资基金的起源与发展 ·· 27
  第二节 投资基金监管 ·· 31
    一、投资基金监管的必要性 ·· 31
    二、投资基金监管的含义与意义 ··································· 32
    三、投资基金监管的目标与原则 ··································· 36
    四、投资基金监管的方式与内容 ··································· 41
  第三节 投资基金监管的理论基础 ····································· 43
    一、投资基金监管的经济学基础 ··································· 44
    二、投资基金监管的法学基础 ······································ 55
第二章 投资基金监管体制法律制度 ···································· 72
  第一节 主要发达国家投资基金监管体制法律制度及其
        经验 ·· 72
    一、英国投资基金监管体制法律制度 ·························· 72

二、美国投资基金监管体制法律制度 …………………… 76
　　三、日本投资基金监管体制法律制度 …………………… 80
　　四、主要发达国家投资基金监管体制法律制度的经验 …… 83
　第二节　我国投资基金监管体制法律制度的状况及存在的
　　　　　不足 …………………………………………………… 87
　　一、我国投资基金监管体制法律制度的状况 …………… 87
　　二、我国现行投资基金监管体制法律制度的不足 ……… 96
　第三节　完善我国投资基金监管体制法律制度的构想 …… 101
　　一、正确定位政府在投资基金监管中的角色 …………… 101
　　二、建立各监管机构之间的协调机制 …………………… 106
　　三、强化自律组织在投资基金监管中的作用 …………… 107
　　四、完善投资基金监管体制法律制度的立法体系 ……… 110
第三章　投资基金市场准入监管法律制度 ……………………… 112
　第一节　投资基金市场准入监管法律制度的一般分析 …… 112
　　一、投资基金市场准入的含义与特征 …………………… 112
　　二、投资基金市场准入监管法律制度的法律价值 ……… 115
　　三、投资基金市场准入监管法律制度的基本原则 ……… 119
　第二节　投资基金市场准入监管法律制度的基本内容 …… 123
　　一、对投资基金本身市场准入的监管 …………………… 124
　　二、对基金管理人市场准入的监管 ……………………… 126
　　三、对基金托管人市场准入的监管 ……………………… 130
　　四、对外资市场准入的监管 ……………………………… 131
　第三节　我国投资基金市场准入监管法律制度的不足与完善
　　　　　对策 …………………………………………………… 134
　　一、投资基金市场准入的标准有待降低，基金市场主体
　　　　有待向多元化发展 …………………………………… 135

目　录

　　二、基金经理的从业资格有待在投资基金市场准入法律
　　　　监管制度中明确 ························· 137
　　三、投资基金市场退出机制有待更加细化 ·············· 139
　　四、政府与市场机制有待进一步协调 ················· 141
第四章　投资基金关联交易监管法律制度 ·············· 144
　第一节　投资基金关联交易的一般考察 ················ 144
　　一、投资基金关联交易产生的根源 ··················· 145
　　二、投资基金关联交易的内涵 ······················· 147
　　三、投资基金关联交易的种类 ······················· 150
　第二节　我国投资基金关联交易监管模式的选择 ········ 154
　　一、投资基金关联交易监管模式的理论与实践前提 ······· 154
　　二、投资基金关联交易监管模式之分析 ··············· 158
　　三、我国确立美国式监管模式的必要性与可行性 ········ 163
　第三节　我国投资基金关联交易监管法律制度的完善 ···· 167
　　一、明确界定基金关联人的基本范畴 ················· 167
　　二、完善独立董事制度的同时，建立董事回避制度 ······ 169
　　三、特别完善投资基金关联交易的信息披露法律制度 ···· 171
　　四、充分发挥托管人的监督作用 ····················· 172
　　五、形成完善的事后救济制度 ······················· 173
第五章　投资基金监管中的独立董事法律制度 ············ 175
　第一节　投资基金监管中独立董事法律制度的沿革 ······ 176
　第二节　我国引进投资基金独立董事法律制度的理论
　　　　　争鸣 ······································ 181
　　一、我国引进投资基金独立董事法律制度的理论与实践
　　　　分析 ·· 181
　　二、对投资基金独立董事法律制度的质疑 ············· 186

· 3 ·

三、对我国投资基金独立董事法律制度的价值定位 ……… 190
第三节　我国投资基金独立董事法律制度的适用现状与
　　　　不足 ………………………………………………… 194
一、我国投资基金独立董事法律制度的适用现状 ……… 194
二、我国投资基金独立董事法律制度的不足 …………… 197
第四节　我国投资基金独立董事法律制度的改革 ………… 199
一、美国投资基金独立董事法律制度 …………………… 199
二、我国投资基金独立董事法律制度的改进对策 ……… 204

第六章　投资基金信息披露监管法律制度 ………………… 211
第一节　投资基金信息披露的一般理论分析 ……………… 211
一、投资基金信息披露的概念与意义 …………………… 211
二、投资基金信息披露监管法律制度的理论基础 ……… 216
第二节　投资基金信息披露监管的基本原则与最新特点 …… 220
一、投资基金信息披露监管的基本原则 ………………… 220
二、投资基金信息披露监管的最新特点 ………………… 227
第三节　我国投资基金信息披露监管法律制度及其完善 …… 232
一、我国现行投资基金信息披露监管法律制度 ………… 232
二、我国投资基金信息披露监管法律制度的完善 ……… 238

参考文献 ……………………………………………………… 243

第一章　投资基金与投资基金监管

第一节　投资基金

一、投资基金的界定

投资基金在不同的国家或地区其称谓有所不同,美国称为"投资公司"(Investment Company),英国和我国香港地区称为"集合投资计划"(Collective Investment Schemes),日本和我国台湾地区则称为"证券投资信托",[1] 我国目前称为"证券投资基金"。虽然世界各地对投资基金的称谓千差万别,但其内容却无二致。[2] 因此,重点在于把握投资基金的含义,要把握投资基金的含义需注意细节分析,更应着眼于整体和宏观,而体现法学立意,更是本书之宗旨。

1. 投资基金的含义。

第一,外国对投资基金的界定。在外国,对投资基金的定义可以说不一而足。

美国《1940年投资公司法》Section3（a）将投资公司定义为:"任何主要从事和拟从事投资、再投资和证券交易的发行人,并且

---

[1] 王苏生:《证券投资基金管理人的责任》,北京大学出版社2001年版,第4页。

[2] 只是因为有的国家发展投资基金业起步较早,因此,该行业的基金类型相对较多也更为成熟,比如美国、英国和日本等基金业发达的国家,其基金业起步于契约型基金,但现在其公司型基金却占了绝对优势。而我国目前基金虽然仍然是契约型基金,但已经意识到发展公司型基金的必要和必然。

该发行人拥有或拟购买的投资证券（不包括政府证券）不低于其本身资产总值的40%……"准确地说，这是对公司型投资基金的定义。它指明主要从事证券投资的公司为投资公司，也即公司型投资基金。至于如何判断某公司是否主要从事证券投资，美国法有其独立的标准。[1]该定义展示了公司型基金运作的要素和机制，但没有阐明投资基金的结构及各方当事人之间的法律关系。

英国《1986年金融服务法》第75条第1款明确规定了"共同投资计划"的定义，即"有关某些资产的任何安排，通过这种安排使参与者能够得到由于获取、占有、管理或处置这些资产所带来的利润或收益，而且参与者并不对资产进行日常控制"。另外，单位投资计划是指一个共同投资计划，并且该计划所涉及的财产以信托方式为参加人持有；开放型投资公司是指一个共同投资计划，根据该计划：①其所涉及的财产名义上属于一个法人，并由该法人或其代理人进行管理，该法人或其代理人通过以其基金进行投资来分散投资风险并向基金参加人支付基金管理的收益；②参加人的权利由该法人发行的股份或证券代表。[2]英国法不仅对投资基金作了抽象宽泛的定义，还对不同类型的投资基金作了运作机理的描述，应该说具有很强的操作性，但是"共同投资计划"的定义不仅没有明确投资基金的运作机理，也很难让人理解其中的法律关系。

日本《证券投资信托法》第2条规定：本法所称"证券投资信托"，是指基于委托人的指示，以将信托财产作为对特定有价证券的投资加以运用为目的的信托，且以将其受益权分割，使不特定多数人取得为宗旨者。该定义明确提出投资基金以信托法理为依托，间接展示了投资基金的法律结构及各方当事人之间的关系。

---

[1] 一是主观标准。在实践中，证券交易委员会主要依据如下因素予以判断：①公司的历史情况；②公司的政策说明；③公司董事、高级职员的行为；④公司资产的性质；⑤收益来源。二是客观标准，即公司资产40%以上用于证券投资。引自王苏生：《证券投资基金管理人的责任》，北京大学出版社2001年版，第5页。

[2] 卞耀武主编：《英国证券发行与交易法律》，付建荣译，法律出版社1999年版，第86～87页。

外国对投资基金的界定与分析,给了我们一些基本认识和启迪,但是,关于投资基金的概念还需作进一步的分析,本书认为立足我国大陆对投资基金的概念进行深化分析很必要。

第二,我国学界对投资基金的界定。在我国,关于投资基金的定义也是众说纷纭,莫衷一是。可以按照经济领域和法学领域进行分述。

在经济领域存有这些观点:其一,投资方式说认为,投资基金是指通过发售基金单位集中投资者的资金形成独立财产,由基金管理人管理,基金托管人托管,基金持有人按其所持有的份额享受收益和承担风险的集合投资方式。[1]其二,投资资产说认为,投资基金是指投资者通过认购基金券聚集起来,并由管理人经营的长期投资资金。[2]其三,投资工具说认为,投资基金是通过契约、公司或其他组织形式,借助基金券(如受益凭证、基金单位、基金股份)发行,将不特定多数投资者不等额的出资汇集起来,形成一定规模的信托资产,交由专门机构的专业人员按照资产组合原理进行分散投资,获取收益后由出资者按比例分享的一种投资工具。[3]其四,信托业务说认为,投资基金是指通过发行受益凭证,募集资金后,由专门经营管理机构用于证券投资或其他投资的一种信托业务。[4]这些观点分别从不同的视角对投资基金进行了界定,因为看问题的角度和立场不同,得出的结论自然会有差异,不能武断地作出哪一观点正确哪一观点错误的判断。

法学领域受经济领域对投资基金定义的影响,一度也出现了很多等同于经济领域的观点,比如,我国1997年颁布的《证券投资基金管理暂行办法》(以下简称《管理暂行办法》)第2条规定:"本办法所称证券投资基金是指一种利益共享、风险共担的集合证券投资方式,即通过发行基金单位,集中投资者的资金,由基金托

---

[1] 证券业协会编:《证券投资基金》,中国财经经济出版社2003年版,第1页。
[2] 《海南省投资基金管理暂行办法》第4条。
[3] 夏斌、陈道富:《中国私募基金报告》,上海远东出版社2002年版,第24页。
[4] 1992年6月深圳市人民政府颁布的《深圳市投资信托基金管理暂行规定》第2条第1款。

管人托管,由基金管理人管理和运用资金,从事股票、债券等金融工具投资"。《投资基金法(草案第四稿)》第2条规定:本法所称投资基金,是指由基金管理人根据特定投资目的,向公众或者特定对象募集、实行分工和专业化管理的一种组合资产。这种现象是由投资基金发展之初法学家对其研究不足造成的。后来,投资基金引起法学界的关注,人们开始注重发掘其法律特征。本书认为在法学领域有代表性的观点有:其一,法人说。即证券投资基金是适格的发起人依照法定条件和法定程序发起设立的,以向社会不特定的投资者发行基金单位(又称基金券)的方式,将募集的资金用于专业化的证券投资的一种财团法人。[1] 其二,资本集合体说。即投资基金是指由多数投资者缴纳的出资所组成的、由投资者委托他人按照投资组合原理投资于证券,投资收益按投资者出资份额共享,投资风险由投资者共担的资本集合体。投资基金的实质是一种资本集合体。[2] 其三,投资组织说。即投资基金是指通过发售基金份额募集资金形成独立的基金财产,由基金管理人、基金托管人托管,以资产组合方式进行证券投资,基金份额持有人按其所持份额享受收益和承担风险的投资组织。[3] 其四,集合投资制度说。即投资基金是将不特定的多数投资者的资金集合在一起交由专业理财人员按风险分散的原则,以获取资本利得或股利收入为目的,运用于证券等领域的投资,并由投资者直接承担投资风险,享受投资收益的一种集合投资制度。[4]

第三,本书对投资基金的界定。事物的本质决定事物的性质,在经济领域,要准确把握投资基金的性质,应该从分析它的本质特

---

[1] 覃有土主编:《商法学》,高等教育出版社2004年版,第617页。

[2] 刘俊海:《证券投资基金法(学者建议稿)》,载北大法律信息网,http://article.china-lawinfo.com/Article_Detail.asp?ArtieleID=556,最后访问日期:2005年09月18日。

[3] 《证券投资基金法(草案)》一审稿第3条。

[4] 张辉波:《我国投资基金制度的建设研究》,华东师范大学2004年硕士论文第1页。

征入手。从上述观点对投资基金的描述，可以总结出投资基金的以下经济特征：

首先，投资基金是一种集合投资，以投资组合为手段。关于投资的理解，从不同的角度和历史背景会有不同的解释。但我们可以从不同的解释中把握它的本质。一般意义上的界定，如《简明大不列颠百科全书》的解释：投资是指在一定期限内期望在未来能产生收益而将投入变换为资产的过程。再如《朗文现代英文词典》的解释：投资是以得到更多货币为目的，而将货币运用于某一预期可以增值对象的行为。倾向于现代意义的界定，如我国《辞海》的解释：投资就是主要通过购买企业发行的股票和公司债券为获取利润而投放资本于国内或国外企业的行为。从以上观点来看，前两种观点应该比较全面，第三种观点很明显是历史发展的产物，范畴较为狭窄。那么本书应采用哪种观点呢？我们说投资的准确界定将决定着投资基金的范畴，因而必须谨慎从事。西方投资学权威、美国斯坦福大学金融学院教授赫伯特·H. 杜格尔（Herbert H. Dougall）在他与圣克拉拉大学的同行弗朗西斯·J. 科里根（Francis J. Corrigan）教授合著的 Investment 一书中，将"投资"概念区分为"金融意义上的"和"经济意义上的"两种。从金融意义上讲，投资就是投放现有资金，以便以利息、股息、租金或退休金等形式，或者以本金价值升值的形式，取得将来的收入；从经济意义上讲，投资是指新建筑、新耐用设备或以额外库存的形式所表现的新生产资本形成。美国投资学者威廉 F. 夏普（William F Sharpe）等认为："在原始经济中，大多数投资是实物性的，而在现代经济中，大多数投资都是金融的。"[1]这种关于投资的界定比较独特，它从投资对象的角度对投资进行分析，不仅准确而全面地解释了投资的范畴，而且使人们很容易理解。基于此，我们可以大胆地提出：投资基金也有两个投资对象，一是实业经济，一是金融经济。以此为标准，可以对投资基金进行分类：以实业经济为投

---

[1] 李伟：《创业投资基金组织形式法律制度研究》，中国政法大学 2001 年博士论文第 6 页。

资对象的投资基金和以金融经济为投资对象的投资基金。前者包括风险投资基金、国企改造投资基金、产业投资基金等。后者包括股票基金、债券基金、货币基金、期货基金、认股权证基金等。[1]可以说，投资是投资基金的一个基本特征，它为投资基金范畴的界定提供了一个很好的标准，同时，没有投资这一特征很难想象投资基金与基金的区别。[2]集合投资体现了数以千计的投资者所出的不同份额的资金集合运用，以获得规模效应，从而揭示了投资基金具有广泛吸收社会闲散资金的功能。另外，投资基金通过基金组合理论的运用，追求的是风险的分散，以较低的风险获得较高的利润。现代经济学已通过马柯维茨的证券组合理论及其后续的发展证明了通过适当的证券组合，可以极大地避免非系统风险带来的损失。

其次，投资基金兼具风险性与收益性。其一，投资基金的风险性。尽管专业化管理和组合投资，使投资基金在控制风险方面具有天然的优势，但是，无论投向实业经济领域还是投向金融经济领域，投资基金都会面临一定的风险性。投资基金在实业经济领域的风险是指实业经济风险，即在进行投资项目立项选择、项目管理及基金退出等过程中给投资者带来的收益或损失的不确定性。它直接与企业经营有关。投资基金在金融经济领域的风险是指金融经济风险，即在经济金融条件的变化给金融参与者带来的收益或损失的不确定性，它直接与金融市场的波动性有关。按照基金管理人自身的可控性为标准，可分为系统性风险和非系统性风险。系统性风险是指证券市场本身所具有的风险，是由市场共同性因素所导致的风险。非系统性风险是指那些可以通过基金管理人的内部管理和市场操作进行防范和化解的具体风险，主要包括基金管理人的制度风险、投资战略风险、管理水平风险、职业道德风险等。一般而言，

---

[1] 本书的研究对象是后者意义上的投资基金，我们可以将其称为狭义的投资基金。

[2] 基金的范畴非常广泛，根据设立目的的不同，基金可分为公益性基金和商业性基金，投资基金仅是商业性基金的一种类型。引自方桂荣："基金业基本范畴解析"，载《统计与决策》2006年第22期。

投资基金的风险性与投资基金的发展规模成反比,即投资基金的风险性越大,投资基金的发展阻力就越大,投资基金的风险性越小,投资基金的发展速度就会加快。在投资基金运作过程中,人们可以通过设计各种制度尽量降低可控性风险,使投资基金运作趋于规范化,但很难完全避免其风险。其二,投资基金的收益性。投资者之所以投资于投资基金,其根本目的就是为了分享基金经营活动所取得的利益,实现资本的投资回报。基金管理公司根据投资组合及其策略对基金进行运作,经过一定时间必然带来一定的利润,但在基金的管理过程中也会发生一些必要的费用,投资利润扣除成本费用即为可分配给收益人的收益。一般而言,不同种类的基金,有其不同的投资目标;不同投资目标又有不同的投资组合;不同的投资组合,会有不同的投资基金效果。基金管理公司为谋求最大的投资效果,采取的投资策略各不相同,因此,取得收益的来源和方式也不同,但无论如何都有可能获利。投资者有权获得收益,这就是所说的收益权。投资基金顺利与成功运作的前提就是全方位的保护投资人的收益权。基金投资者是整个基金业的重要支柱和基石,没有投资者对基金的足够信任和积极投资,就没有基金业的存在和发展。所以,基金管理人需要以基金投资者利益最大化的追求作为基金运作的中心理念,为投资者带来收益和回报,就会赢得投资者的信任和投资,基金业就会持续发展和繁荣;反之,不能为投资者带来收益预期,不但已有的投资者抽回资金别求它途,无数潜在的投资者也将视投资基金为畏途,基金业就会因此萎缩。

最后,投资基金具有引资与储蓄的双重功能。它表达了投资基金功能的扩展,即投资基金除了具有引资功能外,还具有储蓄功能。所谓引资就是指投资基金有汇集社会上闲散资金的功能。关于这一点,有学者曾说:基金业的发展,对资本市场的理性化运作起着重要作用。一方面,基金提高了储蓄转化为投资的效率;另一方面，基金扩张了资本市场。[1]关于这一功能是显而易见的，在此不再赘述。人们对于投资基金同时具有储蓄功能比较难理解。因为传统的观念认为：投资基金只是一种单纯的投资工具。事实上，投资基金是集储蓄与投资为一体的金融工具，是联系社会福利与资本市场的纽带。从我国国内来看，近年来，我国连续下调储蓄存款利率，储蓄分流势头加大，这将会使一大批无力承受股市风险而又不满足于银行储蓄收益的居民和一些股市禁入者（如副处级以上干部）进入基金市场，从而为投资基金具备储蓄功能创造了条件。这里的储蓄性是指资金所有者并不直接投资，而是以"储蓄"的形式委托他人投资，以便克服自己直接投资可能遇到的时间、精力、专业、技能和信息收集等方面的局限，从而获得比自己直接投资更高的收益，并避免由自己直接投资可能存在的风险。安全性体现了基金的储蓄功能。因此，作为一种储蓄工具，是从资金所有者角度而言的，储蓄的目的是为了出让资金的使用权，以获取更高的收益。但是，要知道投资基金的储蓄功能对投资基金的安全性要求非常高。只有在投资基金监管法律制度比较完善，投资风险相对比较小的国家，投资基金的储蓄功能才会发挥的淋漓尽致。我国投资基金的功能也正随着投资基金规模的扩大而扩展，即投资基金的储蓄功能将逐步体现出来。

上述法学领域的诸种观点都试图从法律的角度对投资基金做出定性，但定性的准确度决定于对投资基金法律特征的把握。本书认为把握投资基金的法律特征需特别注意以下几个方面：

第一，投资基金采用信托法理，但并不是单纯的信托。信托，乃英国衡平法精心培育的产物，在长期的司法实践中，已形成其定型化的法理。其法理主要包括：①所有权与受益权相分离，是信托的根本特征。在信托法律关系中，一方面，受托人可以像完全的所有权人一样，管理和处分信托财产，并可作为信托财产的权利主体

---

[1] 郝万禄："中国基金业发展应重新审视的若干问题"，载《经济界》2002年第1期。

和法律行为的当事人与第三人发生法律关系;但是,另一方面,受托人不能为自己的利益而使用信托财产。体现在投资基金上,基金管理人拥有基金资产的所有权,但不享有基金资产的受益权。②信托财产的独立性,也称为"闭锁效应",是指信托一旦有效设立,信托财产即从委托人、受托人以及受益人的自有财产中分离出来,"自行封闭与外界隔绝"[1]。基金资产也具有同样特性,它独立于基金投资人、基金管理人及托管人的自有资产。③有限责任。信托之有限责任是指无论是在信托的内部关系中,还是在信托的外部关系中,当事人仅以信托财产为限负有限清偿债务的责任。[2]投资基金以基金资产为限对外承担有限责任。④信托的连续性。信托是一种具有长期性和稳定性的财产管理制度,信托管理的连续性突出表现在已经成立的信托不因受托人的更迭而影响存续。[3]投资基金同样不会因为受托人的更迭而影响其存续,原受托人职责终止时,可以更换新的受托人。由此可见,投资基金具有信托法理的上述四方面特征。

虽然投资基金采用信托法理,但不能将投资基金简单称为信托。[4]投资基金与普通的信托有很大区别,比如:其一,投资基金具有发起人,而信托没有;其二,投资基金的受托人是基金管理公司,而信托的受托人是某些银行或信托公司;其三,投资基金的目的是使基金资产保值增值,而信托的目的不限于此等。另外,值得注意的是,信托中有种"投资信托",它是以从投资中受益为目的而设立的信托。投资信托与投资基金渊源很深,但也不能完全等同。随着专业受托人(即从事信托业务的银行及随后出现的信托公司)的出现和工业经济发展所带来的财富积累和投资机会,使得投

---

[1] 周小明《信托制度比较法研究》,法律出版社1996年版,第13页。

[2] 信托内部关系中的有限责任,参见日本《信托法》第19条,韩国《信托法》第51条;信托外部关系中的有限责任,参见(台)方嘉麟:《信托法之理论与实务》,月旦出版社股份有限公司1994年版,第59、173页。

[3] 在英美法上,信托的连续性表现在:信托不因受托人的欠缺而影响其成立;已成立的信托不因受托人的更迭而影响其存续;公益信托中的"类似原则"。大陆法原则上肯定和确认了信托的连续性的法律观念。

[4] 《韦伯斯特20世纪辞典》将投资基金直接界定为信托。

资信托的商业价值逐渐被人们认识,专业受托人通过主动向公众发行"投资信托受益凭证"的方式设立投资信托,这正是当今流行于英美和亚洲各国的"单位投资信托"的前身。直至"有价证券投资信托"的出现,现代意义上的"投资信托"始正式形成。由此可见,投资信托是投资基金的前身,在它发展成为投资基金之后,则或者是投资基金的一部分,如美国、英国(含香港地区),或者是投资基金的替代性表达,如日本、我国台湾地区。

第二,投资基金具有法人的某些特征,但其本质并非法人。关于法人的特征,有学者提出:法律实体的一个核心特征,即将该组织的资产与组织的所有者与管理者的个人资产分离开来;[1]也有学者提出:不存在与成员相关的解散事由,诸如某个成员死亡、破产或宣告终止。[2]投资基金具有这些法人的特征。我国《证券投资基金法》(以下简称《基金法》)第6条规定:"基金财产独立于基金管理人、基金托管人的固有财产。基金管理人、基金托管人不得将基金财产归入其固有财产。基金管理人、基金托管人因基金财产的管理、运用或者其他情形而取得的财产和收益,归入基金财产。基金管理人、基金托管人因依法解散、被依法撤销或者被依法宣告破产等原因进行清算的,基金财产不属于其清算财产。"第23条规定:"基金管理人职责终止的,基金份额持有人大会应当在6个月内选任新基金管理人。"第34条规定:"基金托管人职责终止的,基金份额持有人大会应当在6个月内选任新基金托管人。"以上法律规定表明:投资基金具有独立于其成员的资产,其成员的转换不影响其继续存在。尽管如此,投资基金并非法人。[3]法人组织

---

[1] Henty Hansmann, Reinier Kraakman, "The Essential Role of Organizational Law", *The Yale Law Journal*, 110 (2000), 392.

[2] [德]迪特尔·梅迪库斯:《德国民法总论》,邵建东译,法律出版社2001年版,第818页。

[3] 此说是法人实在说中的一种见解,以德国学者米休德(Michoud)、登伯格(Dernburg)、瑟赖尔斯(Saleilles)为主要代表。它切实地反映了社会经济发展的客观实际,从而奠定了近代和现代大陆法系国家关于法人制度的基本理论,并为世界多数国家的民法学者所接受。

体说认为，法人是一种区别其成员的个人意志和利益的组织体，并提出法人的两个重要特征表现在：其一，法人具有自己的组织，这一组织是依据独立的团体意志并为了一定的目的进行活动的；其二，法人的团体意志是由法人的机关实现的，法人的机关虽不是独立的主体，但它代表法人。[1]从投资基金的组织结构来看，基金投资人、基金管理人和基金托管人通过基金契约的形式结合到一起，投资基金也是一个组织体，但却区别于法人性质的组织体。法人性质的组织体是一个独立的团体，而投资基金的组织体具有群体性。正是投资基金的这种群体性使其不可能具有代表自己的机关。虽然各成员可能有这样的机关，比如基金管理人和基金托管人都有自己的机关，但这些机关并不是代表投资基金的机关。因此，投资基金并非传统意义上的法人，更谈不上是财团法人。[2]实际上，投资基金是人们为了实现基金资产的保值增值，主动通过基金契约的形式组织起来的非常松散的组织体。这种组织体已经取得法律上的地位，具有法律赋予的人格，但其性质还有待进一步研究。

2. 投资基金与相关概念的辨析。概念是思维的基本形式之一，反映客观事物的一般的、本质的特征。罗斯科·庞德（Roscoe Pound）曾说：概念是一种可以容纳各种情况的权威性范畴。人们只有将某些情况放进特定的概念范畴内，一系列的原则、规则、标准才能得以适用。它的作用是确定范畴。[3]然而，综观近年研究成果发现，学界对投资基金与相关概念的辨析不够清楚准确，导致很多著作和论文混淆基金业中的一些基本概念及其相互间的关系，这种现实状况长期存在下去势必影响基金业的发展。有鉴于此，本书认为辨析投资基金与相关概念的关系十分必要。

第一，投资基金与基金。研究基金业的起点是对基金的正确理

---

[1] 载全国文化信息资源共享工程网，http://www.ndcnc.gov.cn/datalib/2003/NewItem/DL/DL-457165，最后访问日期：2005年09月18日。

[2] 依史尚宽和王泽鉴两位先生的观点，财团法人是以独立的财产为存在基础，但财团法人的财产是来自捐助行为，而非投资。

[3] 孙文恺：《社会学法学》法律出版社2005年版，第211页。

解,如果不理解基金的基本概念,基金业的范畴就很难界定清楚。在现实生活中人们对基金的认识正如管中窥豹、只见一斑,关注了金融界现有的投资基金,却忽视了其他领域的基金。这不仅不利于对基金的正确理解,也不利于基金业的发展。

目前,学界对于基金的理解仁者见仁,智者见智。有学者认为基金是指经法定程序公开发行受益凭证(即基金券或基金单位)募集资金,并由专门经营机构用于证券投资或其他投资的一种金融工具。[1]《韦伯斯特新20世纪词典》认为,基金是一种信托或公司,它投资于证券,通过出售其股份获得资金,并将其从证券投资得来的收入分配给其股东。《大英百科全书》认为,基金是一种金融组织,它将股东的资金集中管理,并且投资于一个分散的证券组合,公司的投资者按其出资比例分享其证券组合的部分收益,基金通过这种方式为个人投资者提供分散风险、专业化的投资选择和证券管理等多种服务。诸如此类的观点一方面揭示了基金在现代意义上的一些重要特性,另一方面又犯了一个错误,就是没有从整体上来把握基金的含义,致使人们一提到"基金"就容易联想到"投资基金",进而联想到"证券投资基金",甚至将三者完全等同起来。这虽然可以归咎于现代基金业发展历程带来的负面效应,[2]但总起来讲,这些观点都比较片面,未能全面地描述基金的内涵。

关于基金的概念,在我国《辞海》中如此描述:国民经济中有特定用途的物资或资金。在社会主义制度下,它是按国家、企业和居民的特定需要有计划地建立起来的。[3]在我国《汉语大词典》中如此描述:为兴办、维持或发展某种事业而储备的资金或专门拨款。基

---

[1] 刘志国:《基金与金融稳定性研究》,重庆大学2002年硕士论文,第4页。

[2] 纵观世界各国的基金业发展历程,一般都是从证券投资基金开始,例如1921年4月美国组建了国内第一个基金组织就称"美国国际证券信托(基金)"(International Securities Trust of America),1951年6月日本制定了《证券投资信托法》,1983年我国台湾地区颁布了"证券投资信托管理办法"等,随着社会和经济的发展,才逐步向其他类型的基金拓展。

[3] 《辞海》(上卷),上海辞书出版社1979年版,第1231页。

金必须用于指定的用途，并单独进行核算。[1]随着基金事业的发展，我国出台了许多规范基金的行政规章，这些规章也对基金做了一些描述。例如1990年6月1日由国家计划委员会、轻工业部、财政部共同发布的《国家盐业生产发展基金使用管理暂行办法》，将"国家盐业生产发展基金"规定为"国家盐业固定资产投资外的补贴性专项资金"；1991年6月28日由财政部发布的《加强铁路建设基金管理的暂行规定》，将"铁路建设基金"规定为"国家用于铁路建设的预算内专项资金"；1993年9月28日经国务院批准，并于同日由财政部、国家计划委员会、国家经济贸易委员会、国内贸易部、农业部、国家粮食储备局联合发布的《粮食风险基金管理暂行办法》，将"粮食风险基金"规定为"中央和地方政府专项用于粮食生产、维护粮食流通秩序、稳定粮食市场的宏观调控资金"；1997年10月30日财政部发布《油品价格调节基金征收使用管理暂行办法》，将"油品价格调节基金"规定为"为稳定农产品价格，支持农业生产、解决油品提价与农产品不能相应提价的矛盾，经国务院批准，建立油品价格调节基金。价格调节基金专项用于补助受柴油调价影响较大的小麦、水稻、玉米等主要农作物的农机田间作业"[2]。通过分析以上观点发现，虽然在不同的历史时期和不同的应用方面，对基金有不同的描述，但这些描述呈现着共同的特点，即特定用途和资金或资产性。由此，我们可以如此界定基金的概念：某一行业或部门基于特定用途而筹集的资金或资产。可以说这是一个非常抽象和宽泛的概念，要想明确它的具体范畴还需对其种类做进一步分析。

关于基金的分类，正如有学者所说，基金通常是指为特定目的而筹集的一定数量的资金。不同的基金有不同的筹资渠道、不同的社会和经济功能、不同的管理手段。[3]确实如此，基金按照不同的标准

---

〔1〕 罗竹风主编：《汉语大词典》（第2卷），汉语大词典出版社1988年版，第1111页。

〔2〕 李伟：《创业投资基金组织形式法律制度研究》，中国政法大学2001年硕士论文，第4~5页。

〔3〕 杨华柏："我国法律对各种基金的规定"，载《福建金融》1998年第5期。

会有不同的分类,但值得注意的是:每一种分类都应充分体现基金的整体范畴,而不能只体现基金的一部分范畴,否则,就会出现将不同层面的分类混为一谈的现象[1],从而使基金的范畴难以理清。笔者认为以下三种基金分类比较合理:

首先,根据设立目的的不同,基金可分为公益性基金和商业性基金。前者通常是指由政府或民间发起的一种非营利性的公益事业,如国际货币基金组织、联合国资本发展基金或福特基金会等。这类基金组织的资金相对于发起人来说是不以营利为目的,只是基金的运作具有特定的服务对象和服务领域。后者则具有营利目的。其次,根据筹资渠道的不同,基金大致可分为两种:一种是通过国民收入分配与再分配所形成的具有专门用途的资金,比较常见的有国家基本建设基金、农业发展基金、铁路建设基金、企业储备基金、社会保障基金等。另一种是集合众多投资者资金进行投资的资金。这种基金根据其投资目的的不同,又可分为两类:一类是指为某些公益目的所设立或募集起来的一大笔货币资金;另一类是指以追求高额稳定的投资收益回报为目的,以专家理财为手段,以共同承担风险共享收益为原则所设立和募集起来的一大笔货币资金。最后,根据社会和经济功能的不同,基金还可分为:各种风险基金,如粮食风险基金、科技成果转化风险基金、对外贸易风险基金等;预算基金;专项扶持基金,如自然科学基金、乡镇企业基金、三峡库区建设基金、社会保险基金等;财务管理上的基金,如单位修购基金、职工福利基金、医疗基金、企业发展基金等;人民币发行基金;产业投资基金;证券投资基金;基金会等。虽然这三种基金分类并不是相互独立的,它们之间存有一定的交叉性,但从不同的角度展示了基金的范畴。

综上所述,基金的范畴非常广,并非像人们(特别是金融界和

---

[1] 比如有学者认为:基金最基本的分类是公司型基金和信托型基金,另一种分类是开放型基金和封闭型基金。引自柳志伟主编:《基金业立法和发展:比较与借鉴》,中国政法大学出版社2003年版,第6~7页。实际上这两个例子只是对证券投资基金的分类,而不是对基金的分类,它们属于基金第三层面上的分类。

法学界）通常想象的那样简单。在实践生活中，为了便于理解和易于界定基金业的基本范畴，笔者将基金分为广义和狭义两类。广义的基金是各种基金的总称，体现的是基金的整体范畴；狭义的基金正是前文讲到的"投资基金"，人们在日常生活中已经习惯了将这类基金称为"基金"，并且，这类基金是基金业所主要关心的对象，针对这种现实状况，本书将其界定为狭义的基金。值得强调的是，基金的整个范畴内部并不是一个静止不变的状态，随着社会和经济发展的需要，会呈现出发展变化的趋势。比如，原非狭义上的基金（如社会保障基金、社会保险基金等）逐步转化为以投资基金的形式进行运作。从这个角度上来说，广义上的基金在很大程度上是基金业的发展源泉，为基金业市场的扩容提供了一定的保障。

第二，投资基金与证券投资基金。证券投资基金的概念也如投资基金的概念一样具有很大的争议性。比如，投资制度定位论认为：证券投资基金是一种利益共享，风险共担的集合投资制度。它是通过发行基金证券，集中具有共同目的的不特定多数投资者的资金，委托专业的金融投资机构进行管理和运用，在分散投资风险的同时满足投资者对资产保值增值要求的一种投资制度。[1] 投资组织形式论认为：证券投资基金是指通过发行基金份额募集资金形成独立的基金财产，由基金管理人管理、基金托管人托管，以资产组合方式进行证券投资，基金份额持有人按其所持份额享有收益和承担风险的投资组织。[2] 投资方式论则认为证券投资基金是一种集合投资方式。我国《管理暂行办法》第2条规定，证券投资基金是指一种利益共享、风险共担的集合证券投资方式，即通过发行基金单位，集中投资者的资金，由基金托管人托管，由基金管理人管理和运用资金，从事股票、债券等金融工具投资。资本集合定位论认为，证券投资基金是指由多数投资者缴纳的出资所组成的，由投资者委托他人按照投资组合原理投资于证券市场，投资收益按投资者

---

[1] 吴小求主编：《证券投资基金》，中国人民大学出版社2001年版，第1页。
[2] 《证券投资基金法》2002年8月（送审稿）。

出资份额共享，投资风险由投资者共担的资本集合体。[1]从以上观点的阐述中发现，关于证券投资基金的本质特征已基本达成共识，关于其概念的异议主要体现在：对证券投资基金最终定性的不同。其实，这是由学者所处立场和研究视角不同所导致的结果。诸种观点的争议并不能改变证券投资基金的特性。证券投资基金的特征很大程度上与投资基金是相同的，这样如何区分投资基金与证券投资基金呢？

目前关于证券投资基金的分类，主要有以下几种：根据证券投资基金不同的组织形式，可将其分为契约型基金与公司型基金。目前我国投资基金主要是契约型基金，不过现在已有学者提出应尽快发展公司型基金。比如，有的学者针对契约型基金的弊端，如基金持有人大会形同虚设，基金持有人的监督名存实亡；对基金管理人的行为缺乏约束；基金托管人的监督徒有虚名；由于缺乏自主选择基金管理人的机制，基金管理费旱涝保收，缺少优胜劣汰机制，基金管理公司的业绩难测等，[2]提出要大力发展公司型基金。我们也承认发展公司型基金是世界各国基金发展的大趋势，也是我国基金与国际基金接轨的必经之路。但值得注意地是，要发展公司型基金会面临法律和制度等各方面的协调与修正，今后我国学者和实践家有必要对公司型基金的设立、运作、监管等各方面及其周边环境进行系统研究，为我国发展公司型基金铺平道路。根据基金单位是否可以申购和赎回，投资基金可分为封闭式基金与开放式基金。我国以前的投资基金多是封闭型基金，这与我国的基金业刚起步和投资环境不成熟密切相关。一方面，我国的证券市场还不成熟，投资工具和投资品种还不够丰富；另一方面，我国基金管理人才奇缺。不过，我国大力发展开放式基金是必然趋势，因为世界投资基金的发展历程基本上遵循了由封闭式基金逐渐转向开放式基金的发展规律，与封闭式基金相比，开放式基金是一个更加市场化的投资品

---

[1] 赵振华：《证券投资基金法律制度研究》，中国法制出版社2005年版，第14页。
[2] 游炳俊、冯科："中国基金业发展的主要政策取向分析"，载《经济纵横》2003年第2期。

种，也是世界通行的投资基金的主流形式。同时，随着投资基金的发展，封闭型基金就会暴露出其自身固有的局限性。基金一旦封闭，投资者不能撤回股份。基金管理公司所受制约松弛，不利于提高其管理水平。封闭型基金的不可赎回性增加了投资者的风险，尤其是降低了控制风险的能力。根据基金募集方式，可分为公募基金和私募基金。前者是指以公开发行方式向社会公众投资者募集基金资金并以证券为投资对象的证券投资基金。后者是指以非公开方式向特定投资者募集基金资金并以证券为投资对象的证券投资基金。目前我国法律上还没有承认私募基金的合法地位，《基金法》只针对证券投资的公募基金。但是我国私募基金以各种形式大规模地存在，这是不争的事实。近年来私募基金的合法化问题备受投资者关注。我国《基金法》附则第101条规定："基金管理公司或者国务院批准的其他机构，向特定对象募集资金或者接受特定对象财产委托从事证券投资活动的管理办法，由国务院根据本法的原则另行规定。"由此可见，《基金法》为私募基金的发展留下了余地，私募基金在我国合法化是早晚的事。

总之，按照不同的标准证券投资基金有不同的分类，其中有些类别在我国已经存在，随着基金业的发展，会出现一些我国未有的类别和品种。由此可见，证券投资基金与狭义上的投资基金二者的范畴是相同的，只是因为我国基金业发展比较缓慢，致使我国的证券投资基金比理论意义上的证券投资基金的范畴要窄很多，这正是本书标题采用投资基金而非证券投资基金的原因。

综上所述，投资基金、基金和证券投资基金之间既有区别又有联系，对它们的辨析为界定基金业的基本范畴奠定了很好的基础。我们说对基金业的理解应该建立在对基金的理解基础之上，即基金的概念和范畴决定了基金业的概念和范畴。首先，从广义的基金来看，基金业是各种类型基金事业的统称。它既包括公益性基金（如科学技术基金、社会保障基金、基金会等）事业，也包括商业性基金（如产业投资基金、证券投资基金等）事业。这一意义上的基金业，可以被称为最广义的基金业，它是对整个基金系统的综合评价。其次,从狭义的基金来看,基金业是投资基金设立、运营、管理、监督及咨询等各个工作环节的总称。这一层面的基金业准确一点可被称为"投资基金业"。目前,人们最为关心的是这一层面的基金业。当人们在提到基金业的时候,一般表达的是这一层面上的基金业。如有人说"中国基金业起步于1991年,但证券投资基金业起点以1997年10月《暂行办法》颁布实施为标志"[1]。又有人说"历史表明,经济发展与金融创新造就了基金业,而基金业发展壮大以后,又在促进一国资本形成、稳定金融市场、推动产业成长、提高资源配置效率等方面发挥了越来越大的作用,已成为一国经济不可或缺的助推器"[2]等。值得强调的是,基金业(投资基金业)并不是静止不变的行业,它起步于证券投资基金业,随着投资基金的投资对象、投资领域及投资者的拓展而发展,因而,它是一个开放和发展的体系。这不仅体现了基金业在我国就像青少年还处于生长发育时期,同时也体现了基金业在我国具有很大的发展空间和潜力。

二、投资基金的种类

投资基金根据不同的标准可以有不同的分类,但最基本的分类,也是与投资基金法律监管密切相关的分类有以下两种:

1. 契约型投资基金与公司型投资基金。按法律组织形态的不同划分,投资基金分为契约型投资基金和公司型投资基金。

契约型(Contract Type)投资基金,又称信托型投资基金,它根据一定的信托原理由基金管理人、基金托管人订立基金契约而组建起来。基金投资者通过认购基金单位,加入到基金契约并按照基金契约的规定享有投资收益。契约型基金筹集资金的方式一般是发行基金受益券或者基金单位,基金单位不仅是对信托基金所享有的利益,还包括参与基金重大事务的决策以及对基金剩余资产所享有

---

[1] 戴枫、孙健芳:"2004年基金业变局",载《农村金融研究》2005年第1期。

[2] 萧端:"基金业中国经济的助推器",载《南方金融》2000年第1期。

的权利，是由合同权利、信托权利，以及法定权利所构成的权利的集合（权利束），该权利集合拥有其自己的赎回与转让的模式。契约型投资基金因其历史悠久而被广泛采用，英国和我国香港地区的单位信托，日本、韩国和我国台湾地区的证券投资信托，以及我国的证券投资基金多为契约型投资基金。

　　在这种基金中，当事人之间的关系主要存在两种模式：德国模式和日本模式。德国于1957年制定了《投资公司法》，明确了它的投资基金一律采用契约型。从德国信托型投资基金法律模式的设计来看，它认为证券投资基金的设立有两层委托关系，基金的投资人是实际委托人，委托给基金经理人经营证券买卖（第一层委托），基金经理人又将基金财产委托给基金保管人（第二层委托），收益归受益人。因而有学说认为该信托契约存在两个契约关系，即受益人与基金经理人之间的信托关系和基金经理人与基金保管人之间的契约关系。由于信托投资基金是基于两个分离的契约建立的，因此德国法的证券投资基金理论被称为分离论，又称二元论。日本以成文法的形式明确规定证券投资基金三个当事人分别为委托人、受托人、受益人，并且管理人为该信托的委托人。其1951年《证券投资信托法》第4条规定：只有以委托公司（管理人）为委托人，以信托公司或经营信托业务的银行为受托人，方可签订证券投资基金信托契约。日本的投资基金中，契约当事人之间的法律关系在一纸信托契约中规定，是一种三位一体的非分离论（一元论）信托法律关系。经仔细考察发现，以上两种模式均有不足之处。比如，德国模式在实际操作中存有缺陷，即两重信托关系仅体现在基金管理人与基金托管人的基金契约中，在基金契约中想实现保护非契约当事方投资人似乎有心有余而力不足之虞，如当托管银行不当行为造成基金资产损失时，投资人的利益保护只能通过基金管理人依据托管协议请求赔偿而实现。另外，在三方关系中构造两个信托关系人为的增加了法律关系的数量，在实践中操作起来增加了复杂性。日本模式的法律架构与传统的信托法理相悖。首先，基金管理人作为委托人根据信托法原理应对信托财产拥有原始的所有权，但实际上基金资产的原始所有权属于投资人；其次，托管人的受托人的地位也值得商榷，根据信托法原理，受托人应积极的管理经营信托资产，而实际上托管人仅依据基金管理人的指示进行操作。

　　基于德国模式与日本模式的弊端，我国学者提出了共同受托人说，该学说认为：以投资人为委托人兼受益人，基金管理人和基金托管人为共同受托人，根据基金契约的规定进行专业分工，分别以自己的名义履行各自的信托义务，基金管理人负责基金资产的管理与运作，基金托管人则按照法律和基金契约的约定保管基金资产并对管理人的行为进行监督。该种模式较好地体现了信托法律制度的特征，当事人权利义务关系明确，方便了投资人行使其合法权利；确立了管理人和托管人之间分工制衡的机制和对投资人的连带赔偿责任，有利于遏制我国投资基金市场现有的"经理人控制"现象并较为有效地清除托管人"托"而不"管"的痼疾，尤其是明确了投资人兼为委托人和受益人的法律地位，加强了对其利益的保护。因而在理论界该种观点得到了较多的认同。我国目前立法也采用了这种观点。

　　综上所述，无论哪种模式的契约型投资基金，它的主体都不可避免的包括投资者、管理人和托管人。只是在不同的契约型投资基金当事人中，他们分别被赋予了不同的角色而已。因为本书的研究系放眼世界而归于中国，所以，在此只就我国基金当事人及其关系作以分析。

　　在我国《基金法》中的当事人称谓分别为基金管理人、基金托管人和基金份额持有人，其中基金管理人是指基金管理公司；基金托管人一般为信托公司或银行，基金份额持有人则为认购和持有基金份额的投资人。我国《基金法》第3条规定："基金管理人、基金托管人和基金份额持有人的权利、义务，依照本法在基金合同中约定。基金管理人、基金托管人依照本法和基金合同的约定，履行受托职责。基金份额持有人按其所持基金份额享受收益和承担风险。"据此，当事人的定位应该是，基金份额持有人既是委托人，又是受益人，而基金管理人、基金托管人则同为受托人。①基金持有人，也就是基金的投资人，具体是指基金份额或受益凭证的持有人。其可以是自然人，也可以是法人。②基金管理人，是指具有专业的投资知识与经验，根据法律、法规及基金契约的规定，经营、管理基金资产，谋求基金资产的不断增值，以使基金持有人收益最大化的机构。③基金托管人，基金托管人[1]是基金资产的名义持有人或管理机构，并对基金管理人管理、运用基金财产负有监督职能。

对我国契约型投资基金当事人之间的相互关系分析如下：基金持有人与基金管理人的关系实质上是所有者与经营者之间的关系。前者是基金资产的所有者，后者是基金资产的经营者。管理人与托管人的关系是经营与监督的关系。基金管理人负责基金资产的经营，本身绝不实际接触和拥有基金资产；托管人负责基金资产的保管，依据基金管理机构的指令处置基金资产，并监督管理人的投资运作是否合法合规。基金管理人和基金托管人均对基金持有人负责。他们的权利和义务在基金契约或基金公司章程中预先界定清楚，任何一方有违规之处，对方都应当监督并及时制止，直至请求更换违规方。持有人与托管人的关系是委托与受托的关系，也就是说，基金持有人把基金资产委托给基金托管人管理。对持有人而言，把基金资产委托给专门的机构管理，可以确保基金资产的安全，对基金托管人而言，必须对基金持有人负责，监督基金管理人的行为，使其经营行为符合法律法规的要求。

公司型（Statutory Type）投资基金，它是依据公司法、投资基金法和基金章程的规定，采用公司的形式设立的投资基金。公司型基金通过发行股票的方式筹集资金，公司的股东就是受益人，管理公司在与基金订立管理契约后，既要办理一切管理事务并收取报酬，又要为

---

[1] 外国对基金托管人的任职资格都有严格的规定，一般都要求由商业银行及信托投资公司等金融机构担任，并有严格的审批程序。在我国，只有工商银行、农业银行、中国银行、建设银行、交通银行、招商银行、华夏银行、中国光大银行、中信实业银行、中国民生银行、兴业银行、上海浦东发展银行12家商业银行符合托管人的资格条件。

基金充当投资顾问，提供调查资料和服务。保管公司一般由投资基金指定的信托公司或银行充当，在与基金签订保管契约之后，保管公司负责保管投资的证券，办理每日每股资产净值的核算，配发股息及办理过户手续等。美国投资公司一般为公司型基金，香港互惠基金（mutual fund）[1]、英国投资信托（investment trust）[2]均为公司型基金。

虽然各个国家和地区的公司型投资基金各有其特点，但总起来基本上都属于同一种模式——美国式。公司型基金这一基金组织以有形方式存在，这就是基金公司，基金公司在组织制度上类似于股份有限公司，投资者通过购买公司基金份额成为公司的股东，股东组成的基金持有人大会是基金公司最高权力机构，股东选举出的董事会是基金公司的常设机构。基金持有人的权益主要依靠基金公司董事会的保护。另外值得注意的是，绝大多数投资基金"都采取外部管理。他们没有自己的雇员，其运作是由关联组织和独立订约人来完成的"[3]。投资公司只设立一个董事会，有关基金的投资运作、资产保管、证券销售等具体事宜，均由董事会与基金管理人、基金托管人和主承销商等签订协议，委托这些公司完成。[4]在此基础上，构建出了公司型投资基金当事人之间的关系。公司型投资基金应包括下列基本当事人：基金持有人、基金公司、基金管理人和基金保管人。①基金持有人：是以购买基金份额的方式成为基金公

---

[1] 根据香港《单位信托及互惠基金守则》第2部"认可规定"之第4章第1款的规定：根据信托成立的计划必须委任受托人，互惠基金公司必须委任代管人。而且，委任的受托人或代管人必须是经证监会认可的。由此可见，受托人是相对于信托型基金而言的。而代管人是相对于公司型基金而言的。

[2] 1879年，英国基于《股份有限公司法》的规定，对契约型基金进行了突破，创设了公司型基金。

[3] ICI：Mutual Fund Fact Book (2000 Edition)，p. 34，http://www.ici.org/facts-figures/factbook，最后访问日期：2006年8月18日。

[4] 有少数共同基金是内部管理的，例如美国1974年设立的"先锋团"（Vanguard Group），这些投资公司和其他公司一样，由自己雇佣的专业人员对基金进行管理，但这只是整个行业的特例。

司的股东，具有与普通公司的股东相同的地位和权利义务关系。②基金公司是按照公司法的基本原理组成的具有独立法律人格的基金组织。基金持有人的财产集合为基金公司的财产，基金公司的财产完全独立于基金持有人、基金保管人和基金管理人的财产。③基金管理人：是受基金公司委托运营基金公司资产的人，在美国也称"投资顾问"。由于基金公司本身并无具体的经营管理机构，因此，基金管理人受基金公司的委托代为办理所有与经营运作有关的业务这一角色的定位十分清楚，那就是专家以专业的投资经验，按照基金章程的约定，经营管理基金资产，以达到资产增值的目的。④基金保管人：基金保管人负责安全保管基金公司的资产，并接收基金经理人的投资指令，办理基金公司资产的清算交收业务的金融机构。公司型基金中，基金公司必须委任基金保管人，基金公司与基金保管人之间是代理关系。

在这四种当事人之间，通常形成三种独立的法律关系：投资人与基金公司形成的由公司法调整的股东和公司的关系；基金公司和经理人形成由管理契约调整的契约关系；基金公司和保管公司形成的保管契约调整的契约关系。这三种当事人之间也是借助了类似信托契约法律关系来规范各自的权利义务的。

契约型和公司型投资基金的主要区别：其一，法律地位不同。契约型投资基金在法律上不具有独立的人格，不是法人；公司型投资基金则具有法人资格。其二，据以设立的法律依据不同。前者依照基金契约组建，信托法是契约型基金设立的依据；后者依照公司法组建。其三，投资者的地位不同。前者的投资者作为信托契约中规定的受益人，对基金如何运作所做的重要投资决策通常无发言权；而后者的投资者作为公司的股东有权对公司的重大决策进行审批，发表自己的意见。其四，经营财产的依据不同。前者凭借基金契约经营基金财产；后者则依据公司章程来经营。其五，基金运营不同。前者依据基金契约建立、运作，契约期满，基金运营也就终止；后者则象一般的股份公司一样，除非依据公司法到了破产、清算阶段，否则公司一般都具有永续性。

2. 封闭式基金与开放式基金。按基金单位是否可以申购和赎回划分，投资基金又可分为封闭式基金和开放式基金。封闭式（Close-end Type）基金，是指基金发行的证券（股票或受益证券）总数是固定不变的，一旦发行期满，基金即封闭起来不再增加或减少。封闭式基金的存在通常有一定期限规定，在此期限内，投资者不得要求基金赎回证券，而只能通过证券交易市场转让。英美等国早期的投资基金和金融市场发展水平较低国家的投资基金多数为封闭式基金，随着基金业的发展，封闭式基金的弊端逐渐暴露，其数量锐减。

开放式（Open-end Type）基金，是指基金发行总额不固定，基金单位总数随时增减，投资者可以按基金的报价在规定的营业场所申购或者赎回基金单位的一种基金。基金证券的数量与基金资产的规模处于不断的变动状态。基金管理人为了应付投资者的赎回请求，必须从基金总额中提取一定比例的现金资产，以满足随时变现的需要，而这不可避免地会对投资基金总体的盈利水平产生一定的影响。因而，基金管理人在基金持有人申请赎回时一般要求其支付一定的赎回费，以限制他们过于频繁赎回其所持有的基金单位。开放式基金追加发行证券时，不是以面值，而是以其净资产价为基础进行发行的。目前，在多数国家里，开放式基金占绝对优势。

从某种意义上说，开放式基金和封闭式基金实际上是基金产品系列的两个极端，随着信息技术的发展，金融创新的加快，通过对这两种方式的基金进行变通，可以发展出许多半开放式、半封闭式、开放式封闭式的混合等不同形式的基金产品。如可以允许封闭式基金在一定情形下以净资产价值回购股份，建立回购式封闭式基金（半封闭式基金）；对开放式基金作出一定的变通，可以建立有限赎回的开放式基金（半开放式基金）；对开放式基金作进一步的发展，可以创立交易所实时交易的开放式基金（Exchange Traded Funds, ETFs）；在同一类型的基金里建立不同类型的股份以分化出不同的子类型。

以上两种投资基金的分类法是相互独立的，即无论公司型基金还是契约型基金都有开放式和封闭式之分，同样，无论开放式基金还是封闭式基金亦都有公司型与契约型之分。

三、投资基金的作用

随着投资基金的不断发展成熟，其在经济发展中的多种作用逐步呈现出来。

第一，投资基金有利于扩大证券市场规模和证券市场的稳定。首先，投资基金具有的以下特点可以扩大证券市场规模：由于投资基金用小额资金即可进入，这就可吸引那些因资金不足无法进入股市的小额投资者；投资基金是专家经营，可吸引那些缺乏股市投资知识的投资者；投资基金有专门的基金管理公司，代替投资者进行股市投资，这对想分享股市收益又无暇分心的人来说颇具吸引力；投资基金风险较小，收益较高，对惧怕风险的投资者也有持久的吸引力。这使部分公司、企业也把一部分剩余资金用于适当的基金投资，以稳获高于银行存款的收益，如一些金融性公司、信托公司也可把投资基金作为一种投资选择。由于投资基金扩大了投资者队伍、吸引了大量资金投资于各种股票、证券，自然扩大了证券市场的规模，繁荣了投资市场。其次，投资基金还有利于证券市场的稳定。证券市场的剧烈波动，很有可能导致混乱的经济秩序，威胁到经济发展和社会稳定。个人投资者由于专业知识有限，加上受资讯条件限制，往往会盲目跟风，其不成熟的投机行为通常会加剧证券市场的波动。投资基金作为机构投资者，是专家经营操作，他们大都能按股市的有关条文和法规进行操作，从长远考虑，对资金作长期、中期和短期的合理投资，有助于克服中小投资者急功近利的短期行为，客观上防止了过度投机，使得股价波动不致过分剧烈，间接保障了投资者的利益，有利于股市的规范化和稳定化。因此，投资基金的发展壮大，能有效地改善证券市场的投资者结构，有利于稳定市场、活跃交易、引导投资、防止市场过度投机，其理性的投资行为有利于证券市场的稳定，成为稳定市场的中坚力量。

第二，投资基金有利于吸引外资和促进本国证券市场的国际化。我国对开放本国证券市场持谨慎态度。我们在希望通过证券市场国际化来吸引更多外资的同时，又担心本国证券市场难以承受国际资本的冲击，导致证券市场的波动，影响正常的社会秩序。在这种情况下，组建投资基金，逐步、有序地引进外资投资本国证券市场，不失为一个明智的选择。首先，通过投资基金可以吸引国外分散的、不具备管理能力以及各种不适合直接建厂投资的资金参与本国的经济建设，并享受经济成长的收费，扩大利用外资的规模。其次，投资基金是一种股权式的投资，国外投资者不要求赎回外资，所筹的外资不是本国外债的组成部分，不构成外债负担以及偿还外债的压力，同时投资基金通常不能控股，不直接参与本国企业的经营管理，不影响对经济的干预，不会使本国的经济命脉操纵在外国人手中。这种利用外资的形式，已被一些发展中国家加以有效利用，对这些国家的经济腾飞、缓解国内资金短缺的矛盾发挥着越来越重要的作用。投资基金有利于促进本国证券市场的国际化。证券市场国际化是近年来国际金融市场的显著变化，各国要参与国际分工，分享国际竞争的成果，充分利用好国内外资金，在金融领域，就必须实现证券市场国际化。利用投资基金，可以加强国内外银行、证券公司等金融机构间的联系，相互学习，取长补短，并可使国内多余的资金流出国外寻求更高的收益，也可吸引外资用于国内经济建设，提高本国在国际金融领域的作用和地位。总之，投资基金可以迅速地大面积地筹集建设资金，使储蓄迅速转化为投资资本，还可以促进证券市场的扩大和发展，完善证券市场，推进证券市场体制的改革。

第三，投资基金为制度改革和创新提供了保障作用。投资基金具有助推制度改革创新的保障作用，比如，投资基金推动了资产证券化的发展。根据美国等国家和地区的资产证券化的经验，资产证券化的发展与投资基金的推动密不可分。基金作为购买方为资产证券化提供资金支持，资产证券作为供给方为基金提供可投资的对象。再如，投资基金推动了社会保障体系的发展与完善。基金的专业化服务，为全国社保基金、企业年金等各类养老金提供了保值增值的平台，为社会保障体系提供技术上和制度上的支持。此外，投资基金在一定程度上起到了改善证券市场的投资主体结构、吸纳社会闲散资本的作用。同时，投资基金在促进上市公司治理结构的完善、增加券商的经纪压力、改善证券市场的监管环境方面的作用日益重要，所有这些助推了我国证券市场稳定、健康发展。

四、投资基金的起源与发展

投资基金最早起源于外国，在一些发达国家得以发展。我国引入投资基金较晚，投资基金在我国经历了曲折的发展历程。

1. 外国投资基金的起源与发展。最早形态的投资基金起源于19世纪初的荷兰，1822年，荷兰国王威廉一世创立了第一个私人基金，委托经营有方的会计师和律师，投资于市场上各种有利可图的有价证券。但是那时的投资基金并未成为社会化理财工具。真正作为世界上第一个比较正式的、为大众理财的投资基金起源于英国。1868年11月，英国政府出面组建了一家投资基金——"国外及殖民地政府信托"（The Foreign and Colonial Government Trust），委托熟悉海外经济的专家投资于殖民地政府公债等有价证券，让中小投资者能和大型投资者一样享受国际投资的丰厚回报。虽然，投资基金产生于欧洲，但发展于美国。为了有效地促进国外贸易和对外投资，美国开始引入了投资基金制度，于1921年4月成立了第一个封闭型基金——"美国国际证券信托"（The International Securities Trust of American）。真正现代意义上的投资基金是1924年在波士顿成立的第一个开放式公司型投资基金——马萨诸塞投资信托基金（Massachusetts Trust of American），标志着美国现代基金业的诞生。不幸的是1929年经济危机爆发，股市崩溃，大部分投资基金倒闭。之后美国通过立法加强对投资基金业的规范，使投资者重获信心，而且伴随战后经济的发展，投资基金迅猛发展。随后投资基金在全世界得以迅速发展，这标志着投资基金进入了全球化发展阶段而成为全球性金融产业。截止1999年底，全世界投资基金规模已达30万亿美元，美国约有5万亿美元，日本约6 000亿美元，香港约有1600只基金，每月平均6亿美元的基金通过银行网点销售。

2. 我国投资基金的起源与发展。我国证券投资基金业伴随着我国证券市场的发展而诞生，依主管机关管辖权力的过渡、基金监管法规的颁布和基金市场主流品种的变化等为线索，大体可以分为四个发展阶段：

第一阶段：萌芽时期（1990~1992年）。20世纪90年代伊始，海外中国基金市场蓬勃发展，其基金券面向境外投资者销售，以中国市场为投资对象。1990年11月，法国东方汇理银行亚洲投资有限公司创立了"上海基金"，规模2500万美元，同年12月在伦敦上市，这是第一个完全投资于中国的真正意义上的国家基金。该基金以三种方式投资于中国：一是进入中国证券市场购买中国的债券、股票等各种证券；二是向未上市的三资企业参股；三是组建新的合资企业。在海外中国基金市场的带动下，国内基金的设立也十分迅速。1991年10月，"武汉证券投资基金"1000万元发行成功；1991年1月，由南方证券、交行深圳分行发起、深圳南山区政府批准设立的"南山风险投资基金"成立，发行规模8000万元。1992年又有景泰深圳及中国基金（4000万美元）、中国投资发展基金（6000万美元）等相继成立。1992年，以基金名义推出的国内金融工具主要集中在沈阳、大连、海南、武汉、北京和深圳。1992年6月，深圳人民政府公布了《深圳市投资信托基金管理暂行规定》，并于同年1月批准成立深圳市投资基金管理公司，发行天骥基金5.8亿元。到1992年底，全国投资基金数量达40个，遍及18个省市，引起了社会的关注。这一阶段我国国内基金市场的发展特点是，在海外中国基金引导下，发展迅速，绝大部分是由地方政府或人行分行批准成立的，并且组建者的初衷主要是为了集资，因而基金的运作和设立带有明显的不规范性。

第二阶段：老基金时代（1992~1997年）。这是中国投资基金业发展的早期探索阶段，中国人民银行作为基金主管机关，进行基金的审批设立以及运作监管。这一阶段成立的基金数量共有79只，总资产90多亿元，投资者约120万，专业性的基金管理公司不足十家。相对于 1997 年投资基金管理暂行办法实施以后发展起来的投资基金，人们习惯上将 1997 年前设立的基金称为"老基金"。在中国证券市场初步发展的影响和地方政府、当地人民银行的支持下，1992、1993 年引发了短暂的中国投资基金发展的热潮。1993 年下半年，由于经济过热而引发的通货膨胀促使政府实施了强有力的宏观调控政策，投资基金的审批受到限制。1993 年 5 月 19 日，中国人民银行发出紧急通知，要求省级分行立即制止不规范发行投资基金和信托受益券的做法。通知指出，今后投资基金的发行和上市，投资基金管理公司的设立，以及中国金融机构在境外设立投资基金和投资基金管理公司，一律由中国人民银行省（市）一级分行审查，报总行批准；未经总行批准，任何部门一律不得越权审批。通知下达以后，各级人民银行分行未再批准设立新基金，而是把主要精力放在已设立基金的规范化和已批准基金的发行工作上。1994 年我国进入经济金融治理整顿阶段，随着经济的逐步降温，这些基金的问题逐渐暴露，多数基金的资产状况趋于恶化，在经营上步履维艰，中国基金业的发展因此陷于停滞状态。在这一阶段中国基金业的发展历史上，由于缺乏基本的法律规范，基金普遍存在法律关系不清，无法可依，监管不力的问题。本阶段的主要贡献是积累了经验和人才，对于投资基金的经济和社会效用的认识得到了很大提高。处于探索阶段的基金管理公司在基金的运作过程中都积累了一些宝贵经验，培养了一批基金管理从业人才。具有代表性的是中国首家专业化基金管理公司——深圳投资基金管理公司，标志着中国基金业规范化管理的开始。

第三阶段：封闭式基金发展阶段（1998～2002 年）。该阶段明确了中国证监会作为基金业管理的主管机关，基金业发展的法律标志是《证券投资基金管理暂行办法》[1]，基金的主流形式是封闭式基金。1998 年我国设立 5 家基金管理公司，管理 5 只封闭式基

---

[1] 1997 年 11 月，国务院证券委发布了《证券投资基金管理暂行办法》，这是中国第一个指导证券投资基金的法律文件。

金，1999年基金管理公司增加到10家，全年共有14只新的封闭式基金发行。在新基金快速发展的同时，也开始对"老基金"全面清理规范，2000年共有36只老基金经资产置换后合并改制成为11只证券投资基金。自1998年3月"基金开元"和"基金金泰"成立，拉开中国证券投资基金试点的序幕，到2002年8月，最后一只封闭式基金——银丰基金发行，我国封闭式基金的数量固定不变了，我国共有封闭式基金54只。由于这些证券投资基金的优势与特点——利益共享、风险共担、专家理财、组合性强、安全规范——已广为投资者领悟和接受，基金的发行从一开始就受到投资者的青睐。这一阶段封闭式证券投资基金的试点和实践，基金的发行规模得到了扩大，有关投资基金的法规陆续出台，法律环境逐步完善，为今后开放式基金的运作打下了基础。

第四阶段：开放式基金发展阶段（2002年至今）。在封闭式基金成功试点的基础上，2000年10月8日，证监会发布并实施《开放式证券投资基金试点办法》，由此揭开了我国开放式基金发展的序幕，这个阶段基金主流发展品种是开放式基金。

2001年9月我国第一支开放式基金——华安创新诞生，标志着我国证券投资基金进入一个全新的发展阶段，截至2007年9月8日我国共有303只开放式基金。随着中国证券市场的发展，我国开放式基金的规模还将进一步增长。开放式基金的发展，不仅为我国证券投资基金业的发展注入了新的活力，在很大程度上促进了我国基金产品的创新，并出现了多种投资风格类型。[1]同时也使得证券投资基金的服务优势得以实现。目前我国已有不少开放式基金推出了后端收费模式。很多基金管理公司推出了网上委托、电话委托等多

---

[1] 2002年8月，南方基金管理公司推出我国第一只以债券投资为主的南方宝元债券基金；2003年3月，中外合资基金公司招商基金管理公司推出我国第一只系列基金；2003年5月，南方基金管理公司推出了我国第一只具有保本特色的南方避险保本型基金；2003年12月，华安基金管理公司推出了我国第一只准货币型基金华安现金富利基金；2004年3月，海富通收益增长基金以超过130亿元的募集规模成为我国第一只规模超百亿元的大型基金。

种交易方式方便投资者的申购与赎回。定期定额计划、红利再投资这些在成熟市场较为普遍的服务项目也为越来越多的基金管理公司所采纳。

我国《基金法》于 2003 年 10 月 28 日通过，并于 2004 年 6 月 1 日施行，为我国基金业的发展奠定了坚实的法律基础，我国证券投资基金进入法制化、市场化、国际化的规范发展阶段。

第二节 投资基金监管

一、投资基金监管的必要性

我国基金业发展迅猛，在资本市场改革取得实质性发展的今天，正进入难得的历史发展机遇期，但我国投资基金发展中也存在很多问题，对基金业的发展造成了一定的阻碍，这就突显了投资基金监管的必要性。

第一，基金管理人存在严重的道德风险。证券投资基金的持有人与管理人是一种委托代理关系，委托人期望资产增值最大化，代理人期望代理效用最大化，两者的目标函数不完全一致，这就产生了激励不相容的委托代理问题。由于我国的基金是由基金管理公司成立的，而基金管理公司的大股东一般都是证券公司，近年来越来越多的银行、保险公司，上市公司出现在其大股东的名列中，这样，在基金持有人利益与基金公司控股股东利益发生矛盾时，基金管理公司往往不是服从于基金持有人，而是服从于基金管理公司的控股股东的利益。基金管理公司的运作目的不是为持有人增加收益，而是通过关联交易将利益输送给控股股东[1]，从而损害基金投资者的利益。

---

[1] 2005 年证券市场广为流传着基金管理公司通过旗下的其他基金向其管理的社保基金进行"利益输送"。据相关报道，2005 年 10 月，中国证监会调查了部分基金管理公司，并确认个别基金管理公司存在违规操作行为，为提高某种基金收益而牺牲其他基金的收益。

第二，基金经理在基金投资时存在严重的羊群效应（herding behavior）（从众行为）。这是指基金在构造投资组合时，会学习、模仿与追随其他基金的买卖行为而忽略了其自身拥有的信息。基金羊群行为产生的原因在于基金经理的报酬往往根据其与市场指数或其他基金业绩的相对表现来确定。为了避免落于人后，基金经理倾向于追随他人的决策以降低业绩下降带来的风险。张丹[1]、蔡真[2]、赵晓东[3]和祁斌[4]等运用实证方法证明我国基金业整体上存在着显著的羊群效应。随着近年基金规模的不断扩大，基金的持股特征和投资决策上越来越趋于雷同，羊群效应越发明显。一般研究均认为基金的羊群效应会损害投资者利益，例如，施东晖[5]就实证研究表明羊群效应会加剧股价的波动，造成市场的不稳定、同时基金投资组合的同质化也使得投资者难以判断基金的真实盈利水平，进而给投资者的投资决策造成困难并导致逆向选择，使得基金市场资源配置混乱。

上述诸问题的存在制约了我国基金业的发展，使投资基金的作用无法充分发挥，基金投资者的利益无法得到保障。因此，对基金业而言，有效解决以上问题至关重要。然而，仅靠普通市场参与主体的自觉，恐怕问题很难根本解决，于是问题的最终解决就落在了基金监管者的身上。

二、投资基金监管的含义与意义

1. 投资基金监管的含义。在学界，关于"监管"的含义争议

---

[1] 张丹：《中国证券投资基金"羊群行为"实证研究》，河南大学2006年硕士论文，第24页。

[2] 蔡真：《中国封闭式证券投资基金羊群行为研究》，东南大学2006年硕士论文，第34页。

[3] 赵晓东：《中国证券投资基金羊群行为及内部博弈研究》，重庆大学2006年硕士论文，第29页。

[4] 祁斌："我国证券投资基金羊群行为的实证研究"，载《证券市场导报》2006年第12期。

[5] 施东晖："证券投资基金的交易行为及其市场影响"，载《世界经济》2001年第10期。

比较大。很多人根据《布莱克法律辞典》的解释进行理解，认为监管是监督管理的简称。监督（supervise）指一般性照看、主管或检查。管理（regulation）指决定、确定和控制，依一定规则、方法或确定的模式进行调整；依规则或限制进行指导；受管理性原则或法律管辖。然而，正如有人认为"监管并不是监督与管理两个词的内涵的简单叠加，监管有其特定涵义"[1]。于是学界产生了很多对监管进行解释的观点：金泽良雄的定义：监管是指"在以市场机制为基础的经济体制条件下，以矫正、改善市场机制内在问题（广义的'市场失灵'）为目的，政府干预和干涉经济主体活动（特别是企业活动）的行为。"[2]乔治·斯蒂格勒（George Stigler）的定义："监管是政府通过制定法规和设计市场激励机制来控制厂商的行动和生产经营决策，监管作为一种规则被某个行业所获得，它也就按照这个行业的利益来设计并运行。"[3]丹尼尔·F. 史普博（Daniel F. Spulber）的定义："管制是由行政机构制定并执行的直接干预市场配置机制或间接改变企业和消费者的供需决策的一般规则或特殊的行为。"[4]徐经长认为：一般来说，在现代社会中，监管主要是指政府及非政府机构通过法律、法规、政策、制度及方法等手段，对各种经济活动中市场失灵部分所实施的监督和管理，其目标是最终实现市场的公平和效率。[5]以上观点分别从不同的角度给出了不同的定义。但是经分析发现，对监管的解释主要集中在对监管主体、监管对象、监管内容、监管目标及监管手段的界定上。在监管主体上，一般认为是政府行政机构，但也可能是政府授权的机构或

---

[1] 吴弘、胡伟：《市场监管法论——市场监管法的基础理论与基本制度》，北京大学出版社2006年版，第1页。

[2] [日]植草益：《微观规制经济学》，中国发展出版社1992年版，第19页。

[3] 方福前：《公共选择理论——政治的经济学》，中国人民大学出版社2000年版，第107页。

[4] [美]丹尼尔、F. 史普博：《市场与管制》,，余晖等译，上海人民出版社1999年版，第45页。

[5] 徐经长：《证券市场会计监管研究》，中国人民大学出版社2003年版，第86页。

依法设立的其他公众组织。在监管对象和内容上，比较集中的观点是对微观经济主体的经济行为进行规范和制约。在监管目标上，主要是为了矫正市场失灵，实现维持市场秩序和保护投资者或消费者的利益的目的。在监管手段上，一般是通过建立规则和实施干预，前者如颁布法律、法规及制定政策，后者则包括各种监督、管理、控制、限制、指导等活动。因为"监管"一词适用领域极为广泛，加之各个学者研究监管的着眼点和范畴不同，从而导致了对监管定义不统一的现象。本书当然也不可能给出一个大家都认可的定义，只能从本书的研究对象——投资基金的角度，对监管作以解释。投资基金监管是指投资基金监管主体依据法律、法规、规章及相关制度的规定，利用一定的监管方式，对投资基金的发行和交易等活动、投资基金主体及其行为进行规范，以维护投资基金市场秩序并保障基金投资者利益的行为的总和。

2. 投资基金监管的意义。投资基金业要想有序发展，监管是重中之重。本书认为投资基金监管的意义不仅体现在宏观方面，同时也体现在微观方面。

投资基金监管宏观方面的意义不仅针对基金业的发展，甚至对于整个金融业的发展也至关重要。其一，基金监管可以维护金融体系的安全与稳定。随着基金业的发展，它在很多国家的金融业中已经占据了很重要的位置，它不再仅仅是单纯的基金业，它已经像血液一样流到了金融业的全身，融入了整个金融业，因此，基金业能否得到有序发展，会严重影响到整个金融业的发展。金融体系的安全与稳定有赖于基金监管。基金业正常的资本流动有稳定金融安全的作用，但是，因为基金业中的不规范活动，很可能阻碍基金业正常的运作，从而影响金融市场的稳定，进而对金融体系的安全造成破坏，甚至导致整个市场的崩溃。因此，监管者必须采取多种有效措施，促使基金机构在法定范围内稳健经营，降低和防范风险，以提高金融体系的安全性和稳定性。基金监管对金融体系的安全稳定的另一重要贡献在于实现金融资本与产业资本之间的良性互动。基金监管可以使得基金帮助实现证券市场配置资源的功能，使得证券市场有效的反映出企业的绩效，从而有助于优质企业在市场上通过增发等手段以更低的成本募集到企业进一步发展所需的资金，从而实现了金融资本向产业资本的良性转化。而且，良好的基金监管可以使得基金管理人更大程度的为基金持有人的利益服务，建立起市场对基金的信息，鼓励了暂时闲置的产业资本通过投资基金得到比银行储蓄更高的回报，从而使得证券市场能够吸引到更多的资本。其二，基金监管可以维护基金业自身的安全与稳定。基金市场是金融市场的重要组成部分，具有金融市场共有的特性。基金市场无时无刻不为市场系统性风险和非系统性风险所困扰。基金市场系统性风险主要是由基金市场机制自身调节有限所致，而基金市场非系统性风险则主要是由基金市场主体的非道德行为所致。无论是对哪类风险的控制都需要基金监管。一是，基金监管可以很好的弥补基金市场的缺陷，从而加快基金市场体系的培育、发展和完善进程。二是，基金监管可以很好的规范基金市场主体的不道德行为，对非法行为进行严厉查处，以维护基金市场的正常交易秩序。通过加强基金监管，不仅可以实现保护基金投资者权益的目标，获得投资者的信任，还可以提高基金市场的运作效率，降低基金市场的交易成本。

　　投资基金监管微观方面的意义主要表现在协调基金运作中的利益冲突、完善基金公司治理结构、改进基金制衡机制。首先，在基金运作中存在着各方的利益冲突，监管当局的监管可以有效地对这些冲突进行协调，以保护基金合约各方的利益。比如，在基金持有人与基金管理人之间，基金持有人追求的是基金资产的增值，而基金管理人追求的是基金管理费的收入，于是体现出了两者之间的利益冲突。这种冲突完全靠个人的自觉或彼此的制衡，是无法控制或消除的，需要基金监管当局必须出来协调这一冲突，以保护双方利益都能合理的实现。其次，基金管理公司作为基金市场中的重要主体，其治理结构完善与否严重影响着基金业的发展。实践证明，即使在基金业十分发达的美国，也无法防止因基金管理人的道德风险而产生的"基金黑幕"。我国基金当然也不例外。因此，有效控制基金管理人的道德风险是监管者的重任。控制措施往往分为内部控制和外部控制。内部控制主要体现在完善基金管理人公司治理结构上。所以，随着基金业的发展，基金监管的不断加强，基金管理公司的治理结构也不断得到完善。最后，基金制衡机制是指基金市场主体之间的相互制约。一个良好的制衡机制能够促进基金业的发展，而一个差的制衡机制会给基金业带来更大的风险。基金监管很大一部分工作就是集中于改进这种制衡机制上。比如，采取各种措施和方法增强基金托管人对基金管理人的制约作用，增强基金持有人对基金管理人和基金托管人的监督作用。随着基金监管工作的不断加强，基金制衡机制会不断得以改进。

综上所述，加强基金监管是基金业乃至金融业有序发展的必然选择，监管者必须坚持不懈的工作，被监管者必须认真虚心的接受监管，并逐步培养自己的自觉精神。

三、投资基金监管的目标与原则

1. 投资基金监管的目标。纵观中外投资基金市场监管法制，基于不同的国情和投资基金发展的不同阶段，其监管的目标也许千差万别，但共同的目标是一致的，即维护投资基金市场的安全与稳定，保护投资者权益及社会公共利益。依据我国《基金法》的规定，我国投资基金监管的主要目标有三个：其一，规范投资基金活动。这是一个微观层面上的监管目标。投资基金主体众多，因为它们各自的利益取向不同，从而导致它们从事投资基金活动的动机各异。很多时候，在自私动机的趋势下，有些投资基金主体可能会作出损害他方当事人或基金市场的行为，比如不正当关联交易行为、内部控制行为等。因此，规范投资基金活动是我国基金监管的重要目标。其二，保护投资人及相关当事人的合法权益。投资者是市场的支撑者，维护投资者利益应是基金监管的首要目标。如果管理人的经营不受约束，没有树立为广大投资者谋利益的经营宗旨，而是频繁进行各种欺诈行为，必然会损害投资者的利益，动摇投资者的信心，从而使这种虚拟资本失去坚实的基础。由此可见，基金业是否能持续性发展，其决定权握在投资者手里。基金监管必须将保护投资人及相关当事人的合法权益作为首要目标来实现。其三，促进投资基金和证券市场的健康发展。投资基金作为证券市场中的新成员，健康发展不仅对其本身而且对于整个证券市场都有至关重要的作用。而基金市场就像其他普通市场一样，都存在市场失灵的状况，从而阻碍基金市场的发展。事实上，基金业比较发达的国家，已有经验证明：为了缩短市场建立过程和降低建设成本，我国必须借助政府监管的力量来主动培育、发展和完善基金市场，从而弥补基金市场自身的缺陷，保障基金业的健康发展，使其充分发挥其在整个证券业中的作用，间接为证券业的健康发展作出了贡献。

2. 投资基金监管的原则。投资基金监管的基本原则是指能够全面、充分地反映投资基金监管法所调整的监管关系的客观要求，并对这种监管关系的各方面和全过程都具有普遍意义的基本准则和指导思想。它体现了投资基金监管法律制度的本质和根本价值，是其灵魂和基本精神所在，对基金监管活动具有根本性的指导意义和统帅作用。有鉴于此，本书认为，投资基金监管者应当遵循以下基本原则：

第一，依法监管原则。所谓依法监管原则，是指投资基金监管主体对投资基金的发行设立、管理运作等各个环节的监管都必须严格依法进行，不得与法律相抵触。具体要求是，投资基金监管主体由法律确定，基金监管权力由法律授予，基金监管权力的行使必须依据和遵守法律，违反依法监管原则的基金监管没有法律效力。该原则是投资基金发展的基础和保证，对保障基金业的有序发展具有重要意义。

我国投资基金监管职能主要由行政管理部门执行，是行政权力的体现。然而，"不受限制的权力乃是世界上最有力的、最肆无忌惮的力量之一，而且滥用这种权力的危险也是始终存在的"[1]。

---

[1] [美] E. 博登海默：《法理学——法哲学及其方法》，邓正来、姬敬武译，华夏出版社 1987 年版，第 346 页。

为防止监管主体滥用职权或越权行为的可能性，必须使其监管权的行使受到相应制约和监督。将我国投资基金监管纳入依法行政的大环境之下。在这一背景下，依法监管原则成为投资基金监管的理性选择。

对这一原则的遵循的前提是有法可依。目前我国基金业已经脱离了发展之初无法或少法可循的状态，我国投资基金法律制度的建设日趋完善，这为依法监管原则提供了重要保障。但是，法治绝非批量生产法律规范和条文，它应当注重将法实现于社会并使法深入人们的心灵深处。易言之，社会是法的发展根源和归宿，法不应是死法，是纸上的条文，而应是活法，是世俗社会生活能实现的权威规则。反思我国投资基金监管的十来年历程，对动态意义上的监管法治尤显不足，导致投资基金监管重立法，轻实现；重移植吸收国外法律制度，轻研究本国市场特殊情况，因而法规渐多而违法违规行为却逆流涌进。因此，在遵从依法监管原则的同时必须从我国的具体国情出发，加快完善投资基金法律体系的建设，提高执法效益。

第二，适度监管原则。适度监管原则是对政府干预基金市场的一种程度上的适当选择，这一选择是出于对基金市场的保护而做出的。适度监管原则是投资基金监管的重要原则。具体在投资基金监管中，适度监管是指证券投资基金监管过程中必须充分发挥市场机制的作用，监管主体的监管行为必须以保证基金的市场调节为前提，不得以通过监管而压制、限制了基金机构竞争和发展的活力。

基金市场内在的弊端，比如利益冲突、道德风险、信息不对称等，构成了基金监管的必要性根源。从实际操作中发现，在基金的运作中基金监管对基金市场自身无法克服的弊端起到很好的控制作用，为基金市场的发展提供了很大帮助。然而，这并不代表监管者可以掌控基金市场，甚至代替市场机制而调节市场。因为监管者自身的能力是有限的，并存在着自身也无法完全克服的弱点。主要表现在：监管者不能保证通过实施监管使所有的基金机构稳健、安全运行；也很难对基金运行的客观规律及资源配置的最佳状态作出正确无误的理性认识；也无法完全避免因为自身私利的考虑而"被俘房"的可能。[1]为此，基金监管主体必须满足以下要求：其一，摒弃监管者万能的思想。监管者面对的工作是艰巨的，比如内幕交易监管就因其认定和取证困难而被称为"永远无法取胜的战争"。[2]这是由监管者的硬件设备及工作人员的能力和水平的有限性决定的。只有监管者意识到自己能力的局限性，才有可能对其具体监管行为进行更为理性科学的决策，确保基金监管优化。其二，监管者不能代替基金市场的作用。监管者必须充分尊重基金市场机制作用的规律，尽可能去驾驭而不是去违背市场力量，为基金主体对市场机会的利用创造公平合理的竞争条件，而不是过多干预基金市场主体的具体事务。其三，监管者应采取措施尽量发挥市场自律和社会监督的作用。基于监管者自身力量的薄弱性，监管者应尽量发掘更多的力量来一起规范基金市场秩序。基金行业协会和一些社会中介机构就可以作为监管的力量补充进来。

第三，高效监管原则。政府对基金市场进行监管是有成本的。信息监管成本包括直接监管成本和间接监管成本。直接监管成本，又称监管的运行成本，是指监管者在监管中耗费的资源。监管者要对基金市场进行监管，就必须设置各种监管机构来负责制定和执行有关的法律法规，而这样的立法和执法过程要耗费相当的人力、物力和财力。间接监管成本，又称监管的服从成本，一方面包括基金管理公司、基金托管银行等被监管者在服从监管时承担的内部成本，比如年报和中报的制作费、审计费、信息发布费等，另一方面还包括因遵守规则而可能减少的业务收入或可能被扼杀的业务创新。因为监管是要花成本

---

[1] 在斯蒂格勒和佩尔兹曼（Peltzman）所设立的监管均衡模型中，监管者（政客）通过调节利益集团之间的价值转移达到自身选票数量及政治支持的最大化。G. J. Stigler, "The Theory of Economic Regulation", *Bell Journal of Economics*, 2 (1971) S. Peltzman, Towards a More General Theory of Regulation", *Journal of Law and Economics*, 19 (1976), 211~240.

[2] A. M. Louis, "The Unwinnable War on Insider Trading", *Fortune*, 13th, July, 1981

的，所以，政府在从事监管时必须考虑成本收益的分析。基金监管体系的设计会对基金市场的规范发展产生一定影响，通过对市场的监管所产生的市场运行效率和秩序相对于自由放任的市场的增量就是监管的收益。当收益大于运行成本时，我们可以判断出这种监管机制是有效率和合理的。我国基金市场监管机制应当遵循监管成本最小化与收益最大化的原则。这里的收益最大化并不仅仅指当前收益最大化，而应有利于基金市场的长期发展。这就是监管者应遵循的高效监管原则。该原则不仅是指监管者要用成本最小的方式达到基金监管目标，降低监管成本，而且要通过监管促进基金业的高效发展。"没有合适的法律和制度，市场就不会体现任何价值最大化意义上的'效率'。"[1]因此，基金监管法理应为促进和提高基金市场的高效运转、增强基金业的规范性和有序性发挥积极的作用。反过来说，监管者必须遵循高效监管原则，才能及时地扼制基金市场的非法行为，有效地为合法的基金活动提供保护，从而保证基金业的高效发展。

　　第四，合理监管原则。法律是相对稳定的，社会是不断变化发展的，"社会的需要和社会的意见常常是或多或少得走在法律的前面，我们可能非常接近地达到它们之间的缺口的结合处，但永远存在的趋向是要把这一缺口重新打开来"[2]，因为"立法者不是可预见一切可能发生的情况并据此为人们设定行为方案的超人，尽管他竭尽全力，仍会在法律中留下星罗棋布的疏漏和盲区"[3]。面对纷繁复杂、千变万化的基金世界，特别是基金创新的发展、新生基金工具不断涌现，立法机关已不可能有足够的时间和必要的专业知识来制定切实可行、详尽、周密的法律。为不至于出现法律调整的真空地带，以法赋予监管主体一定的行使职权的自由性，即自由

---

　　[1] [美] 詹姆斯·M. 布坎南：《自由、市场和国家》，吴良健、桑伍、曾获译，北京经济学院出版社1988年版，第89页。

　　[2] [英] 梅因：《古代法》，沈景一译，商务印书馆1996年版，第15页。

　　[3] 徐国栋：《民法基本原则解释》，中国政法大学出版社1992年版，第139页。

裁量权。自由裁量权是基金监管主体履行职责的需要，但是为了避免这种权力的滥用，它必须在合理监管原则的支配下行使。"自由裁量是指任何事情应在当局自由裁量权范围内去行使，而不是按照个人观点行事，应按照法律行事，而不是随心所欲。它应该是法定的和固定的，而不是独断的、模糊的、幻想的，它必须在所限制的范围内行使。"[1] 合理监管原则的基本要求在于：其一，基金监管行为的动因应符合基金监管的宗旨，基金监管主体行使自由裁量权应符合基金监管法的目的，而且监管行为要出于善意的动机，而不能出于恶意。其二基金监管行为应建立在适当考虑基础上，即只考虑与基金监管相关的因素，不相关的因素应当排除。其三，基金监管行为的内容应合乎情理。基金监管行为要符合常理，为一般人所能理解并得到普遍遵守。若基金监管对同样情况不同对待，或对不同情况同样对待，则是不合理的。其四，基金监管行为应有合理的步骤和方式，即监管程序也应合理。合理监管原则实质是要求监管主体行使职权时要符合常理。考虑有关因素及内容合理则共同构成对基金监管自由度的一种控制，是对基金监管主体自由裁量权的一种约束。合理监管原则是避免监管专横、权力滥用的设计，其实质是保障监管目标的实现，它既有利于保障被监管人的利益，又有利于保障自由裁量权的合理行使。因此，在自由裁量权的行使和限制之间达到平衡、协调，是合理监管的核心所在。

依法监管、合理监管、高效监管、适度监管四项原则相互联系、相互制约、相辅相成，共同构成投资基金监管的基本原则。它们贯穿于投资基金监管的全过程。正是有了它们，基金监管才有所遵循，才有了指导，最终才能够确保基金业的稳健、安全、有序、高效发展。

四、投资基金监管的方式与内容

投资基金的监管主体往往根据监管内容和方式进行监管，因

---

[1] [英]威廉·韦德：《行政法》，徐炳等译，中国百科全书出版社1997年版，第63页。

此，确立投资基金监管的内容和方式十分重要。

1. 投资基金监管的方式。行政监管和自律监管是投资基金监管的两种主要方式。行政监管是指证券监管部门根据法律法规对投资基金市场进行干预性监管。行政监管部门一般由证券监管部门、中央银行等有关机构组成。行政监管主要依据法律法规和行政命令或文件予以实现。这里的法律法规是指与基金业有关联的一系列规定，不仅包括《基金法》，还包括《公司法》、《信托法》、《证券法》等。行政命令是指由政府部门制定和发布的有关投资基金具体操作或行为准则的指令。但由于还有许多事情并不是法律法规能进行完全调节的，有些事情的解决具有灵活性和专业性，因此，就需要通过行业自律组织来进行规范，这就构成了自律监管。我国《基金法》第 10 条明确规定："基金管理人、基金托管人和基金份额发售机构，可以成立同业协会，加强行业自律，协调行业关系，提供行业服务，促进行业发展"。自律监管部门主要是行业协会。自律监管主要依据行业准则得以实现。行业准则是由行业协会或由政府职能部门会同职业界和专家学者制定的，能使职业界普遍接受的行为准则或提供服务的标准。比如 2006 年 6 月中国证监会颁布的《证券投资基金管理公司治理准则（试行）》、2006 年财政部颁布的新《企业会计准则》。它们一般具有专业性强、易变性和约束力弱的特点。由于中国证券投资基金发展时间较短，证券投资基金业协会成立也不久，因此，中国证券投资基金业的自律监管方式还没有发挥应有的作用。目前，中国证券投资基金监管的主要方式是行政监管。

2. 投资基金监管的内容。本书认为投资基金监管的内容主要包括对基金成立的监管、对基金管理人和基金托管人的监管、对投资基金运作的监管。

第一，对投资基金成立的监管。投资基金的成立是一种十分复杂的融资活动，它涉及面广，内容复杂，影响广泛。因此，各国对基金的成立实施程度不同的监管。综合来看，世界各个国家和地区对基金成立时的监管制度主要有两种：一是基金发行审核制度，包括登记制和核准制。登记制是一种形式管理，为大多数国家和地区所采用，如美国、日本、香港等。核准制是一种实质管理。目前我国采用此一制度。二是基金发行信息公开制度。简单地讲，信息公开制度是指法律强制性要求基金发行人在基金发行的过程中向社会公众公开与该基金有关的一切信息，以便投资者能够获取到真实信息而作出投资判断的基金监管制度。

第二，对基金管理人和基金托管人的监管。我国基金的监管对象包括：基金管理公司、基金托管人、基金承销人、基金选择的券商、投资者等。其中，基金管理人和基金托管人在基金运作当中发挥着至关重要的作用，所以，监管者的视线着重投向了它们。其一，对基金管理公司设立及其从业人员的监管。主要包括：基金管理公司必须按规定设置；基金管理公司的业务范围，高级管理人员，内部机构设置，技术配备及内部管理制度的建立等。其二，对基金托管人设立及其从业人员的监管。主要包括：商业银行从事基金托管业务必须符合规定的条件；托管银行应该设立独立的托管部门，人员机构设置、技术配备和管理制度等应符合有关规定。

第三，对投资基金运作的监管。一般来说，对基金运作的监管是基金监管的重点。各国法律都对基金运作的有关方面作了明确的规定，如发行认购、投资策略和范围、收益的分配及信息的公开等。我国对基金运作监管的主要内容包括：基金设立应符合规定的条件；有关招募说明书以及基金的申购、赎回场所或上市交易安排；基金投资组合应符合有关规定；基金的信息披露；基金收益的分配；终止后的清算。

第三节 投资基金监管的理论基础

理论分析和现实表现都告诉我们，投资基金业的发展对一个国家经济和社会的发展具有至关重要的作用。因此，如何搞好投资基金监管工作就成为各个国家所共同关心并急于解决的问题。毋庸置疑，在投资基金监管中，政府应当起到应有的作用。然而，政府基于何种原因开始了它的监管职能，在监管之中政府又应遵循何种理念，本书通过对投资基金监管理论基础的分析为政府监管指明方向。

一、投资基金监管的经济学基础

法学研究与经济学研究密不可分，特别是在金融领域更是如此。经济学理论通常能够为法学研究提供借鉴和帮助，因此，本书认为对投资基金监管的经济学基础进行研究十分重要。

1. 投资基金主体的有限理性。有限理性是相对完全理性提出来的。传统经济学创造了完全理性理论，并完善了一系列的理论依据。其代表人物有亚当·斯密（Adam Smith）、让·巴蒂斯特·萨伊（Jean Baptiste Say）、约翰·穆勒（John Mill）、纳蒙·威廉·西尼尔（Nassan William Senior）、道格拉斯·麦格雷戈（Dauglas Gregor）等。不过，在这一方面贡献最为突出的还是英国著名经济学者亚当·斯密，他的著作《国民财富的性质和原因的研究》（简称《国富论》），是同时影响经济学和法学的一本巨著。市场体系的守护神亚当·斯密在陪同巴克卢公爵旅游的旅途中，决定写作《国富论》，途中结识的法国经济学家、重农学派[1]的创始人和领袖弗朗西斯·魁奈（Francois Quesnay）给了他很大启发。总结起来，斯密对完全理性理论的贡献是巨大的，因为他提出了理性经济人的观点。

亚当·斯密认为："经济人"是按照经济理论行事的理性人。[2]因为人天生具有追求个人利益的动机，形象地说："我们每天所需的食品和饮料，不是出自屠户、酿酒家或烙面师的恩惠，而是出于他们自利的打算"[3]。"经济人"在通过市场活动追求自身

---

[1] 重农学派主张经济增长的惟一源泉是农业，农业的发达会直接促进商业和工业的繁荣。政府在农业发展中不应作出任何干预。

[2] 辛本禄：《当代社会组织化与组织人：从工具理性到价值理性》，吉林大学2003年博士论文，第133页。

[3] [英]亚当·斯密：《国富论》（上卷），郭大力、王亚南译，商务印书馆1974年版，第14页。

第一章 投资基金与投资基金监管

利益的同时也增进了社会利益,"固然,他所考虑的不是社会的利益,而是他自身的利益,但他对自身利益的研究自然会或者毋宁说必然会引导他选定最有利于社会的用途"[1]。这种追求个人利益的动机使"经济人"在采取行动之前,会主动地搜集和评价有关的信息,对各种可供选择的方案能进行正确的分析和判断,能够洞察现在和预测未来,最终选择的行动方案是对自己代价最小、收益最大的方案。[2]据此,传统经济学提出:个人要比政府更了解自己的事情和利益,并能更好地照顾自己的事情和利益。[3]

理性经济人观主张国家少干预,绝不是"无政府"和"不干预"。它们认为政府有三个主要职责[4]:其一,保卫国家,即保护社会免遭"其他独立社会的暴力和入侵";其二,实施公正,即形成一个机构,使公正能够通过这个机构得到实现,以保护每一个人的权利;其三,建设公共工程,即建立适当的公共机构和公共设施,诸如道路、桥梁、运河以及类似的设施。斯密指出超出以上三种职责范围的政府干预都是有害的,将会导致资源配置的恶化和滋生腐败。他尤其反对政府对私人经济活动的过多管制,因为"管制的结果,国家的劳动由较有利的用途更改为较不利的用途。其年产物的交换价值,不但没有顺随立法者的意志增加起来,而且一定会减少下去"[5]。

"经济人"完全理性的假设使政府对基金业采取了自由放任的态度。正是这种态度差点将整个基金业毁于一旦,这一点已经被历

---

[1] [英] 亚当·斯密:《国富论》(下卷),郭大力、王亚南译,商务印书馆1974年版,第25页。
[2] 樊刚著:《经济理性与货币调控有效性研究》,中南财经政法大学2003年博士论文。
[3] [英] 约翰·穆勒:《政治经济学原理及其在社会哲学上的若干应用》(下卷),赵荣潜等译,商务印书馆1991年版,第536页。
[4] [英] 亚当·斯密:《国富论》(下卷)郭大力、王亚南译,商务印书馆1974年版,第252页。
[5] [英] 亚当·斯密:《国富论》(下卷)郭大力、王亚南译,商务印书馆1974年版,第253页。

史所证明：20世纪初叶，自由放任的思潮正大行其道之时，金融市场的新兵——基金出世，在很长一段时间内，"基金业应该如何操作？如何监管？如何保护基金持有人的权益？基金的风险高了谁来监督？一系列问题的答案都没有。市场机制被过度地信任到了一个不理性的境地"[1]。这种状况使刚刚兴起的基金业遭受重创，并一度裹足不前。

后来，据人们考察，完全理性具有这样的基本假定，即如果我们具有全部有关信息，如果我们有一个定义良好的偏好系统，如果我们具有无所不能的计算能力，那么，关于最优手段的答案就已经存在于我们的假设之中了，剩下的就只是一个推理的问题。然而，实际情况却与我们简单而美丽的假设相距甚远。[2]因为这些假设都难以实现。在此基础上，经济学家提出了"有限理性"[3]的概念，即经济人并不是绝对的理性人，他掌握的信息和处理信息的能力都是有限的。西方管理决策学派创始人之一赫伯特·A. 西蒙（Herbert A. Simen）最早将有限理性概念引入经济学。[4]他提出：行为主体打算做到理性，但现实中却只能有限度地实现理性。[5]受各方面条件的限制，经济人在决策中选定的行动方案不过是他相对满意的方案，而非最佳方案。西蒙的有限理性学说是对完全理性经济人假说的一种修正。随后，威廉姆森（Williamson）和行为金融学发

---

〔1〕 孙煜扬主编：《阿拉丁神灯——证券投资基金发展历程》，中国金融出版社2004年版，第29页。

〔2〕 方齐云："完全理性还是有限理性——N. A. 西蒙满意决策论介评"，载《经济评论》1994年第4期。

〔3〕 罗纳德·科斯（Ronald Coase）提出：企业、市场和价格体系的关联是一种制度安排，边际交易成本致使契约制度均衡，而信息和环境的不确定性决定人的行为受有限理性制约。引自［美］罗纳德·科斯：《论生产的制度结构》，盛洪、陈郁译校，上海三联书店1994年版，第352～362页。

〔4〕 何大安："行为经济人有限理性的实现程度"，载《中国社会科学》2004年第4期。

〔5〕 ［美］赫伯特·西蒙：《现代决策理论的基石》，杨砾、徐远译，北京经济学院出版社1989年版，第3～4页。

展了西蒙提出的有限理性理论，使西蒙的狭义有限理性理论[1]发展到行为金融学的广义有限理性理论。[2]这两个理论阐明：经济人之所以是有限理性的原因很多，包括了经济人外部的客观因素和经济人自身的主观因素。经济人外部的客观因素主要是信息不充足和决策局限性；经济人自身的主观因素主要体现在经济人的心理方面，诸如情感和情绪、认知水平和社会群体效应等。这些因素使很多经济人在不断地进行着噪声交易[3]，从而损害了经济人自身的利益，并扰乱了市场秩序。

在投资基金业中，基金投资者又被称为基金持有人，它是指通过购买基金份额而加入到基金法律关系之中，并依照法律和基金契约的规定而享有权利，承担义务的自然人和法人及其他民事主体。基金投资者具有有限理性的特质。他们的有限理性突出表现在机会主义行为和"羊群效应"上。在实践界，实践家们观察到的现象可以证明基金投资者的有限理性的特性。夏莱弗·泰勒·李（Shleifer Thaler Lee）发现：封闭基金的部分个人投资者是噪声交易者，他们对于未来的基金回报有时过分乐观有时又过分悲观，从而导致基金价格的忽高忽低以及连动变化。[4]贾肖明发现：基金投资者在投

---

[1] 该理论认为："主观上是理性的，但由于人的心智能力有限，客观上做不到这一点。"引自刘常青：《格序偏好结构理论与理性行为公理弱化研究》，西南交通大学2001nian博士论文，第27页。

[2] 该理论认为："由于情感、认知和社会习俗的原因，主观上就不是理性的，客观上也做不到这一点。"引自郭晔：《"有限理性"框架下证券交易监管研究》，厦门大学2002年博士论文，第13页。

[3] 美国金融协会的布莱克（F. Black）在Noise指出，噪声交易是理性交易的对立面，他是非理性交易者以噪声而非信息为基础进行交易活动。噪声交易包括两个方面，一是噪声交易者内部之间的交易；二是理性交易者与噪声交易者之间的交易，其主要目的是套利。引自周杰："行为金融理论框架下的金融市场有限理性研究"，载《经济师》2005年第3期。

[4] 杨胜刚、吴立源："非理性的市场与投资：行为金融理论述评"，载《财经理论与实践》2003年第1期。

资时存有明显的"羊群效应"。[1]娄静发现:市场处于阶段性牛市时,基金投资者对基金业绩表现出明显的"追星"行为;市场由涨转为下跌时,基金投资者对历史业绩仍然呈现明显的"追星"行为,而对本期业绩和下期业绩则呈现出明显的"处置效应"。[2]基金投资人的有限理性不仅会损害自身利益,同时也会扰乱基金市场,结果是严重影响了投资人对投资基金的信任度,进而抑制了基金业的发展。基金管理人是基金财产的实际管理者与运作者,其经营能力的高低直接关乎投资者利益的好坏,因而是基金业中最核心的要素,应是专家集中的组织载体。然而,基金管理人同样具有有限理性的特质。基金经理人的"过度自信"、"过度交易"以及对信息反映不足都会影响股票市场运行。"羊群行为"或"从众心理"是基金经理人行为模式的重要特征。拉斯·沃黑大斯(Russ Wemers)1998年[3]研究发现,开放式基金表现出轻微的"羊群行为",但在小盘股买卖上和成长型基金交易中,"羊群行为"的程度很高。既然基金投资人和基金管理人的理性是有限的,政府就有必要出来规范市场行为,从而实现保障投资人的利益。此时,政府出台一系列能够规范基金业的法律法规及制度,是保障基金业规范发展和保护投资人利益的重要举措。

2. 投资基金市场的失灵。从17世纪中叶到20世纪初期,以亚

---

[1] 5月股市的火热,让不少股票型基金的净值一天一天向上涨,在财富效应的示范下,吸引了不少银行的储户在对基金还不十分了解的情况下成了基金投资者。然而,风云突变,6月份开始,股市开始了调整,不少基金的净值开始大幅缩水。例如,南方一家基金公司的旗舰基金,累计净值曾高达2元以上,而最近的累计净值已经缩水到1.8元。如果当初投资20万元的话,不到两个月时间,就已经亏了2万元。贾肖明:"基金销售误导投资者?",载南方网,http://www.Southcn.com/finance/bxsh/200608140353.htm,最后访问日期:2006年8月14日。

[2] 娄静:"'追星效应'还是'处置效应'",载雅虎网,http://biz.cn.yahoo.com/050427/2/qion.html,最后访问日:2006年8月14日。

[3] Russ Wermers, Steven P. Peterson Investor Behavior and the Persistence of Poorly — Performing Mutual Funds, *Journal of Economic Behavior & organization*, 37 (1998), p257.

当·斯密为代表的自由放任主义在近200年的时间里，占据了经济实践和理论的统治地位。经济自由放任主义证明经济生活中存在着客观的"自然"规律，允许人们"自由放任"地按经济规律办事。亚当·斯密指出，一个自由的竞争的市场，由看不见的手支配，这只看不见的手就是市场规律。[1]经济自由放任主义发现了市场机制对资源配置的基础性作用，通过市场可实现资源的高效配置。然而，据后来人分析，自由竞争的市场经济自动实现资源最优配置必须具备以下条件：①市场的普遍性，所有物品和服务可经由市场进行交易；②收益递减性，在生产技术上不存在不可分割性和规模经济性；③市场的完全性，所有市场都处在完全竞争的条件下；④信息的完全性，经济信息完全而且对称，价格信息明确而不存在任何不确定性。[2]经验证明，这些条件很难实现，所以得到了很多学者的批评。熊彼特从技术创新和经济进步的动态角度指出："完全竞争不仅是不可能的，而且是低劣的，它没有权利被树立为理想效率的模范。"[3]而现代市场经济的实践证明，完全放任自由存在资源配置低效的市场失灵问题，使得市场功能得不到有效发挥。甚至有学者提出：这种完善的、纯粹的市场经济"是西方不曾有过，不能容忍，也不可能存在的"[4]。1929～1933年的资本主义世界大危机不仅给资本主义经济带来了前所未有的打击，也彻底动摇了人们对自由市场的信心。经济危机给人们带来了，生产停滞、商品积压、金融体系和证券市场崩溃等景象，使人们认识到原来市场不是万能的，也有失灵的时候。

市场失灵理论产生于19世纪末，张伯伦、罗宾逊夫人提出，垄

---

[1] 许尔兵："人类进步的代价——读《质疑自由市场经济》"，载《学海》2000年第3期。

[2] [日]植草益：《微观规制经济学》，朱绍文等译校，中国发展出版社1992年版，第4～5页。

[3] [美]熊彼特：《资本主义、社会主义和民主主义》，绛枫译，商务印书馆1979年版，第134页。

[4] 王绍光、胡鞍钢：《中国国家能力报告》，辽宁人民出版社1993年版，第128页。

断是市场失灵的第一个着眼点。20世纪二三十年代以庇古为代表的福利经济学也相当严格地分析了市场失灵问题,发现市场外部性和公共产品是市场失灵的突出表现。随后,保罗·萨缪尔森(Panl A. Samuelson)的《公共支出的纯理论》一文和弗朗西斯·M. 巴托(Francis M. Bator)的《市场失灵的剖析》一文对市场失灵理论的发展更推进一步。这样的追溯使我们发现市场失灵理论从没有停止它发展的脚步,它的内涵是相当丰富的。目前,一般人们认为市场失灵理论的因素包括不完全竞争、外部性、公共物品、信息不对称等。市场失灵理论的分析呼吁政府在市场运作中应当发挥其作用。

在投资基金市场,这种"市场失效"(Market Failure)现象同样存在,尤其是现阶段的我国投资基金市场,在很大程度上没有达到政府所希望的筹集盈余资金、引导社会资源配置等目标,而其中基金管理机构的行为对此"失效"现象有不可忽视的影响。因为在投资基金市场,往往存在严重的信息不对称,投资者并不拥有充分的信息以决定在多种多样的服务和价格中选择哪种为好,结果难以实现帕累托最优资源配置效率;同时,基金业务具有公共性,其影响面广,涉及到社会公众的利益,一旦基金管理机构竞争发生失败或作假时,就难以保证客户资产的安全。因此,加强对基金管理机构的监管,是发挥基金功能,提高社会经济运行效率的一个重要措施。投资基金市场的具体失灵现象如下:

第一,投资基金市场存有不完全竞争。一般认为有效的市场资源配置必须是在自由充分竞争的环境下才能实现。但实践证明,这种完全竞争的状态是不可能存在的。因为市场的竞争法则是优胜劣汰,由于能力的差异,结果必然是一部分人被淘汰,另一部分人却因为生产成本低、效益高而得以扩大规模。随着生产和资本的进一步集中,垄断就产生了。垄断的结果就是抑制了竞争,扭曲了市场价格,市场资源难以实现合理配置,最终损害了市场效率。

各国投资基金发展的实践表明,作为市场机制有机组成部分的投资基金市场,其不完全竞争是普遍存在的。其一,投资基金经营具有形成垄断的内在性。投资基金与基金管理公司具有资本集中优势和规模经济的特点，决定了在市场自由竞争的机制下，客观上基金业有条件和有可能形成垄断。例如，在我国投资基金发起设立不是由具有相当资本规模的证券公司、信托投资公司，就是由证券公司或投资公司成立的基金管理公司进行的，依据《基金法》第13条和第48条规定，基金管理公司的主要股东的资本条件为"注册资本不低于3亿元人民币"，"基金募集金额不低于2亿元人民币"，如此规模的资本集中客观上使垄断成为可能。其二，主观上，投资基金的价格和行情，容易被虚假买卖、合谋买卖等手段操纵或影响，这种行为就是破坏基金市场竞争秩序的垄断行为，而且投资基金中的这种垄断行为更具有隐蔽性和易变性。基金业的高度集中不仅在效率和消费者福利方面会导致损失，而且也将产生多种不利影响，比如，基金经营机构竞争会加剧整个资本市场体系的不稳定性，进而危及整个金融体系，甚至国民经济体系的稳定。针对基金市场出现的垄断和不完全竞争性，反垄断的主要职责只能由政府运用行政权力来完成；同时，基于基金市场垄断的内在性和垄断行为的隐蔽性与易变性，政府的反垄断手段主要是事前、事中和事后的监管，而且这种监管职权更需要强化和集中。

第二，投资基金市场的外部性。外部性（Externality）是由英国福利经济学家阿瑟·塞西尔·庇古（Arthur Cecil Pigou）首先提出，并由美国新制度经济学家科斯加以丰富和完善的一个重要经济学概念。外部性是指某一经济主体的生产或经营活动对其他经济主体、消费者、社会整体造成有利或有害影响，但该经济主体并不能获得相应的报酬或承担相应的损失。外部性有正外部性和负外部性之分。庇古在解释此两者时说："此问题的本质是，个人A在对个人B提供某项支付代价的劳动的过程中，附带地，亦对其他人提供劳务（并非同样的劳务）或损害，而不能从受益的一方取得支付，亦不能对受害的一方施以补偿。"[1]约瑟夫·斯蒂格利兹（Joseph

---

〔1〕［英］庇古：《福利经济学》（上册），（台）陆民仁译，台湾银行经济研究室编印1971年版，第154页。

E. Stightz）说："只要存在外部性，资源配置就不是有效的。"[1]对于正外部性，由于不能得到适当的补偿，行为人会失去进一步行动的动力和积极性。对于负外部性，由于行为人会减少成本，并从中获益，理所当然地希望保持现状甚至扩大成果。由此可见，外部性效应出现时，市场对资源的配置是缺乏效率的。市场本身不能消除外部性问题，必须由政府出来校正。

基金业作为高风险行业，其外部性突出表现在：其一，基金投资者对基金经营机构经营信息的了解和由此而形成的对基金受托人的监督具有很大地外在性。出于利己的动机，投资者总是希望别人搜寻关于经营者的经营信息并对经营者进行监督，而自己免费"搭便车"，从而使信息的搜寻和对经营者的监督在很大程度上成为一种"公共产品"，需要政府采取措施进行相应的制度安排，例如政府对基金经营者强制信息披露等制度，或者直接由政府出面对经营者进行监督管理。其二，投资基金属于虚拟经济，有可能脱离实体经济而出现虚假繁荣，呈现泡沫经济。而泡沫一旦破灭，就会出现基金市场进而证券市场价格暴跌，甚至诱发金融危机，对金融体系和整个国民经济造成显著的外部负面影响。其三，基金经营机构的破产、倒闭将可能影响整个资本交易环节的正常运行，其连锁反应可能引起整个证券市场及金融市场的危机，导致货币信用紧缩破坏经济增长的基础。对于外在性，福利经济学派的庇古提出：可以用设计恰当的补助金和征税的办法加以纠正——凡是边际私人成本超过边际社会成本的东西，予以补助金，凡是边际社会成本超过边际私人成本的课以捐税。制度经济学派的代表人物科斯认为可以通过重新分配产权将外在性内部化得以解决。但是基金市场经营活动产生巨大的杠杆效应——个别基金经营机构的利益与整个社会的利益之间严重的不对称性使这种办法显得苍白无力。因此，斯蒂格利茨提出，大多数的外在性，还需要政府更多积极的干预。

---

[1] [美]约瑟夫·斯蒂格利兹：《政府经济学》，曾强等译，春秋出版社1988年版，第206页。

第三，投资基金市场的信息不对称性。新古典经济学理论认为信息是完全的，与此相对，产生了信息不对称理论。最早提出信息不对称理论的是英国剑桥大学教授詹姆斯·莫里斯（James Mirleees）和美国哥伦比亚大学教授威廉·维克瑞（Wil－liam Vickery）。他们分别在20世纪60年代和70年代，揭示了不对称信息对交易所带来的影响，并提出了相应对策。美国经济学家乔治·阿克勒夫（George Akerlof）于1970年将信息不对称理论引入经济学。用以说明相关信息在交易双方的不对称分布对于市场交易行为和市场运行效率所产生的一系列重要影响。信息不对称理论的基本内容，可以概括为二点：其一，有关交易的信息在交易双方之间的分布是不对称的，即一方比另一方占有较多的相关信息；其二，交易双方对于各自在信息占有方面的相对地位都是清楚的。这种对相关信息占有的不对称状况导致在交易完成前后分别发生"逆向选择"和"道德风险"问题，严重降低市场运行效率，在极端情况下甚至会造成市场交易的停顿。要纠正信息不对称的问题，须借助政府的力量。

在投资基金市场上，投资基金的投资信息是投资者进行正确投资的决策依据和基础，而在投资者与经营者之间的信息非对称性表现更为突出。与普通商品不同的是，基金产品基本上是一种信息产品，投资者完全是按照基金产品所散发出的各种信息来判断其价值。基金产品的这种信息决定性主要来自其价值决定的特殊性、其需求决定的特殊性以及基金产品的虚拟性。正是基金产品的价值决定具有如此的特殊性，从而决定了基金产品价值的主观预期性和不确定性，由于其价值的主观预期性使得其交换价值几乎完全取决于交易双方对各种信息的掌握程度以及在此基础上所作出的判断。

基金产品的信息决定性使得基金市场出现信息不对称的可能性大大增加，使投资基金市场中的信息不完全和不对称现象非常突出。首先，搜集和处理信息的高昂成本以及搭便车现象使得主观上愿意开发信息资源的市场主体失去其积极性，从而导致基金市场信息供给不足，投资风险较大。其次，信息的不对称会使产品价格不能完全反映所有各种信息，轻则造成产品的价格扭曲，市场机制失灵，重则可能导致市场不复存在。由此可见，信息在指导资本市场资源合理配置过程中起着举足轻重的作用，完善的信息披露制度是证券市场管理的核心。因此，政府及基金市场监管机构必须承担起克服基金市场信息不对称和信息不完全的重任，制定并执行强制性的信息披露制度，为所有投资者营造获取各类真实、及时、充分信息的市场氛围。

同时，从市场机制本身存在的矛盾性也使政府监管成为必要。因为，市场对于信息披露存在矛盾性：一方面，基金经营者有揭示信息给市场参与者的愿望，因为将好的产品的积极信息披露给投资者有利于提高投资者对基金产品的价值认同，使得产品价格能够提高；另一方面，基金经营者也有不愿意披露信息的动机。因为当基金产品或基金管理公司的信息太专门化，不能及时披露，或者是披露代价太高时，或者当信息中包含了对自己不利的信息时，基金经营就会倾向于"报喜不报忧"，不愿意如实披露信息。在这种情况下，解决问题就只能通过政府监管的方式直接约束基金经营者，从而使得基本的信息传递正常化，以修正信息不对称带来的消极后果。

第四，投资基金市场的公共物品性。公共物品是指一个人对某些物品或劳务的消费并未减少其他人同样消费或享受利益。比如国防、路灯等。对社会和消费者而言，公共物品的供给是必需的。但是没有一个追求利润最大化的私人厂商自愿为公共物品的供给付出代价，必须由政府来提供。实际上正常的经济金融秩序正是一种公共产品，每个市场主体都可以免费地从中获取收益，但在其享用的同时并不能排除他人同时享用，而且作为市场主体的"私人"并没有动力愿意提供这种"公共产品"，而只能由政府通过对基金业和金融市场的监管担负起整个基金业乃至金融业稳定秩序的责任。

正如庇古所说：在现实世界中，市场总是存在失灵或是缺陷，因此需要政府进行管制或干预。[1]约翰·肯尼思加尔布雷斯（John

---

[1] [英]庇古：《社会主义与资本主义的比较》，谨斋译，商务印书馆，1963年版，第66页。

Kenneth Galbbraith）也曾说，为了弥补这些市场缺陷，政府的干预和管制是必不可少的。基金市场同样存有多种失灵现象，亟需政府出来干预和管制。

二、投资基金监管的法学基础

1. 私法自治及其不足。

（1）在私法自治环境中投资基金存在与运行的制度基础。私法自治是指在法律规定的范围内，私法主体可以基于自己的意志，自由地与其他私法主体形成私法上的权利义务关系，而不受国家、社会团体和其他个人的非法干预；私法主体仅对基于自由表达的真实意思而实施的私法行为负责；在法律规定的范围内，私法主体自愿达成的协议优先于私法适用。[1]私法自治的意义在于法律给个人提供一种法律上的权利手段，并以此实现个人的意思。也就是说，私法自治给个人提供一种受法律保护的自由，使个人获得自主决定的可能性。这是私法自治的优越性所在。[2]作为民法中的最高原则，它的直接法律价值在于有利于当事人形成权利义务的预期，当事人可根据自己选择的准据法预见法律行为的后果，维护法律关系的稳定性。同时，也符合经济学上的效率性原则。自主决定是调节经济过程的一种高效手段，特别是在一种竞争性经济制度中，自主决定能够将劳动和资本配置到能产生最大效益的地方去。其他的调节手段，如国家的调控措施，往往要复杂得多、缓慢得多，因此总体上产生的效益也要低的多。在这种私法自治环境中，形成了投资基金存在与运行的制度基础，它们是：

第一，基金管理人的信赖义务是保障投资基金存在与运行的前提。在信托法律关系中，当事人之间所产生的行为是一种法律行为，是以相互信任为基础的人们之间的一种涉及权利与义务的特殊关系。目前西方学者普遍认为："信托是一种信任关系，基于这种信任关系，一人作为财产权的持有人在衡平法上义务的拘束下为另

---

〔1〕 刘美希：《私法理念研究》，第25页（山东大学博士论文2006年）。

〔2〕 ［德］迪特尔·梅迪库斯：《德国民法总论》法律出版社2001年版，第143页。

一人持有或运用财产。"[1]"信托是一种基于特定财产而发生的信任关系，其中，受托人就该项财产享有普通法上的产权，而为他人利益持有财产，该他人可以是一人，也可以是数人，他或他们，作为受益人，享有衡平法上的所有权。"[2]各国法律都确认：信托关系以当事人间的信任关系为前提。法律上称之为信托责任。信托责任的产生使受托人承担起了信赖义务。信赖义务（fiduciary duty）："受托人（如律师或公司管理层）对受益人（律师的客户或股东）负有的最大限度的诚信、信任、保密和坦白义务；或为他人之最大利益行使最高级别的诚信和忠诚义务，并将个人利益置于该他人利益控制之下的义务。"这是法律所赋予的最高标准的义务。[3]各国法律都规定了受托人的信赖义务。[4]

  投资基金体现的正是"受人之托，代人理财"的信托制度，这已是各国金融界和法律界的共识。无论是美国的共同基金（mutual fund）、对冲基金（hedge fund），英国、香港的单位信托，还是日本、韩国、我国台湾地区的证券投资信托，都无一例外地建立在信托制度法律原理之上。[5]朱成刚博士曾如此表述："证券投资基金的本质没有脱离信托制度的本质内涵，信托制度和证券投资基金制

---

[1] Georer T. Bogert, *Trust*, West Publishing Co., 1987, 6th ed., p. 1.

[2] Edward C. Halbach Jr, *Trusts*, Harcourt Bare Joranovich Legal and Professional Publications, lnc, 1990, p. 1.

[3] A duty of utmost good faith, trust, confidence, and candor owned by a fiduciary (such as a lawyer or corporate officer) to the beneficiary (such as a lawyer's client or a shareholder); a duty to act with the highest degree of honesty and loyalty toward another person and in the best interests of the other person (such as the duty that one partner owns to another). See Black Law Dictionary, 8thed., West Publishing, p. 545。

[4] 大陆法系的日本和韩国信托法要求受托人具有"善良管理人的注意义务"，英国信托法要求受托人必须以适当的勤勉态度，并以与一个商人在处理自己事务时相同的谨慎态度来处理信托事务。美国信托法则要求，受托人必须是一个诚实信用并拥有符合管理要求的高标准操行的人。

[5] 参见全国人大财经委副主任委员厉以宁教授于2002年8月23日在第九届全国人大常委会第二十九次会议上关于《中华人民共和国证券投资基金法（草案）》的说明，报告第8页。

度中的委托人权利设计、信托财产的独立性、受托人的信赖义务等原理都是一致的,这些制度原理对基金持有人利益保护机制的构建具有很大的作用","投资基金制度正是古老的信托制度在商事领域的创新和发展,万变不离其宗,其蕴涵的法律本质正是具有强大生命力和创新精神的信托制度。"[1]投资基金的信托属性决定了信任关系必然成为投资基金产生和存在的前提。基金管理人作为受托人,应当承担起基金投资者对其的信赖义务。[2]结合各国投资基金立法实践,基金管理人的信赖义务主要体现于两个方面:其一是忠实义务;其二是注意义务。忠实义务(The duty of loyalty),即受托人对受益人负有唯一的为受益人利益而管理信托事务,严禁于信托管理中为自己或第三人牟利。忠实义务是受托人对受益人所负的最根本性质的义务,信托关系为最高级的受信任关系(fiduciary relation)要求受托人绝对地仅为受益人的利益管理信托财产。忠实义务最终奠定了受托人其他权利和义务的基础。忠实义务要求基金管理人在经营时,其自身利益与基金的利益一旦存在冲突,基金管理人则必须以基金持有人的最佳利益为重,不得将自身利益置于基金利益之上。注意义务是要求基金管理人在作出经营决策时,其行为标准必须为了基金持有人的利益,以适当的方式并尽合理的注意履行职责。可以这么说,忠实义务是对基金管理人"道德"的要求,注意义务是对基金"称职"的要求。[3]

---

[1] 朱成刚:《证券投资基金持有人利益保护法律机制研究》,中国政法大学2006年博士论文,第33~35页。

[2] 基金投资者对基金管理人的信赖义务通常包括两种:其一,对基金管理人管理和运作能力的信赖。与个人理财相比,投资基金具有专业理财的优势,投资者主要是基于对基金管理人管理技能的信赖,将资金交与基金管理人来管理。其二,对基金管理人品质的信赖。对于能力的信赖属于对客观情况的判断,对于品格的信赖则属于对主观状态的判断。

[3] 注意义务含有三个层面的内容:一是应具备与其从事的投资或托管职能相适应的人员与设施,如配备专业投资、分析人士或具备充分的资产托管、清算设施;二是应以合理的注意,对投资对象的安全性和收益性进行调查,尽量使投资对象与基金持有人的风险偏好和收益预期相匹配;三是应谨慎从事,以合理的方法(如组合投资)分散风险并获取投资收益,尽量避免投机行为。

基金管理人信赖义务的法律价值主要表现在公平与效率。基金管理人信赖义务的基本功能是矫正基金管理人与基金持有人之间先天性的不对等关系，保护弱势团体的利益。基金管理人信赖义务对社会效率的贡献主要表现在两个方面：其一，资源配置。投资基金作为金融中介，在资金供给者和资金需求者之间起到桥梁和纽带作用，对资本市场效率和资源优化配置有着至关重要的影响。其二，交易成本。基金管理人信赖义务可以促使其认真履行职责，从而大大降低基金投资者因监控基金管理人所花掉的交易成本，不仅如此，还能提升基金投资者对基金市场的信心。

第二，基金管理人的风险防范与控制机制是保障投资基金存在与运行的关键。证券投资基金风险是指在一定的条件和一定的时期内，由于各种因素的影响，基金受益的不确定性造成基金资产损失或基金持有人利益不能得到保护的可能性及损失的大小。[1]根据引起证券投资基金风险因素种类的不同为标准可以将证券投资基金的风险分为：市场风险、流动性风险、管理风险、运行机制风险。证券投资基金的市场风险，也称系统风险，是指由于经济因素、政策因素、投资心理、不可抗力等因素的影响而使基金投资的金融产品价格会随着资本市场的波动而发生波动，基金资产净值也会随之波动，造成基金资产损失的可能性。由于证券投资基金主要以股票和债券等基础金融工具为投资对象，上述各种因素的变化必将引起股票和债券等证券价格的变化，也必将产生基金资产损失的可能性，从而导致证券投资基金的市场风险。证券投资基金的流动性风险是指基金管理人将基金资产快速变现时，基金资产损失的可能性。证券投资基金的管理风险是指由于基金管理人的投资管理能力、职业道德，以及在公司日常管理和业务各环节操作过程中，由于人为原因或技术系统的故障等因素的影响，造成或基金资产损失或基金信

---

[1] 也有学者认为证券投资基金风险是实际收益对期望收益的偏离、使基金资产价值的损失、使基金收益的不确定性，实际上这种风险定义多是从基金投资者角度考虑的，是对基金投资风险概念的解释。参见郭晓亭、林略："证券投资基金风险的表现形式及特征"，载《商业研究》2004年第2期。

誉受损或基金市场份额下降等影响基金运作情况出现的可能性。管理风险包括管理人能力风险、管理人道德风险、系统故障风险。证券投资基金的运行机制风险是指由于基金运行机制不健全而造成基金持有人利益代表缺位，对基金管理人不能形成有效的监督，使基金管理人做出损害基金持有人利益的行为从而形成内部人控制，损害基金持有人利益的可能性。它包括基金管理公司治理结构风险、内部控制风险。以上各种风险对投资基金的存在和运行都具有重大影响，为了防范和控制这些风险，需要采取综合治理的措施，将其降低到最低水平。由于投资基金的管理与运作由基金管理人来完成，风险控制的关键在于基金管理人的制度建设。为了化解与防范基金风险，各国基金立法要求基金管理人应当依法建立以下风险防范与控制制度：资产分离制度、投资组合制度、资产安全制度、风险控制制度、监察稽核制度。

综上所述，在私法自治环境中，基金管理人的信赖义务和风险防范与控制是保障投资基金存在与运行的制度基础。只有在这两种制度基础的保障下，投资基金才能得以顺利发展。然而，在私法自治环境中，基金管理人是否会认真履行其信赖义务，是否对各种风险进行了有效防范和控制？如果答案是肯定的，在私法自治环境中投资基金的存在和运行将不会遇到阻碍，因此，就无需政府的关心。否则，原先设想的保障投资基金存在与运行的制度基础就不可避免的存在缺漏，从而使投资基金的存在与运行遇到各方面的障碍，这时政府干预就成为必然。现在问题的关键就是私法自治能否为投资基金的存在与发展提供理想的环境。

私法自治的局限性使政府对投资基金进行监管成为必然。在自由经济时代，"契约早已不仅仅意味着交易手段，其已经成为人类的生活方式，主宰了人们的思维模式。其作为一种信念，一种文化传统，成为现实生活中的一种实在力量。正是从这个意义上讲，使市场具有了一种与公权相对抗的功能"[1]。这一时期私法自治理念

---

[1] 单飞跃：《经济法理念与范畴的解析》，中国检察出版社2002年版，第26页。

得以弘扬。然而，在19世纪末20世纪初，西方主要资本主义国家相继进入垄断资本主义阶段，垄断开始制约自由竞争。私法自治作为私法的理念，在对市场经济进行调节时呈现出了明显的局限性：其一，契约自由受到约束。由于垄断和不正当竞争的现象的出现，各经济主体在社会经济中的地位差距明显拉大，使现实中的经济个体的缔约地位和缔约能力不尽相同，这就必然使契约自由受到限制，这说明古典的契约自由概念一开始就存在某些严重的缺陷，而随着现代合同法的发展，这些缺陷成千上万倍的扩展开来，成为了破坏现代正常市场竞争机制的祸根。面对这一困境，私法自治理念自身无法消解这一约束。其二，私法自治理念对自由的苛求使私法不能克服市场本身的缺陷。私法以维护个体的利益为终极关怀，所以私法对经济个体对于个人利益的追求持肯定的态度。而经济个体在微观经济领域对个人利益的追求必然导致市场的混乱，导致市场作为资源配置手段作用不能有效的发挥。由于市场本身的缺陷，市场本身不但不能预先通过计划从宏观上对经济个体利益的追求加以引导，市场内在的自由性反而更加鼓励个体对利益盲目的追求，最终导致经济活动的更加无序和盲目。所以私法自治在促进市场经济的快速发展的同时，它不可能克服自由行为在与市场本身固有缺陷同时存在时所引发的一系列社会问题。其三，私法自治理念本身排斥公权力的介入。19世纪中叶，市民社会因生产力和社会化大生产的发展导致垄断和不正当竞争的出现，经济危机的爆发，社会不平等现象的加剧。面对这些，私法陷入空前的困惑之中。因为私法自治理念排斥国家公权力介入私人经济领域，反对国家与社会合作，无法从整体上克服市场缺陷所带来的各种社会问题和严重后果。

  私法自治的局限性使处于私法自治环境中的投资基金市场也产生了诸多弊端，不仅如此这些弊端还呈现出了被放大的趋势。私法自治的局限性使投资基金市场产生的弊端主要表现在：

  第一，基金管理人的道德风险。基金投资者将资金交给基金管理人运营，基金管理人应按照信赖义务为投资者谋利，使基金收益最大化。但这只是一种理想的状态。事实上，基金管理人经常违反其信赖义务，实施一些损害基金投资者利益的行为，从而产生道德风险。在基金运作过程中，基金管理人拥有对基金资产的剩余控制权，而不享受基金剩余收入的索取权，基金投资者承担基金运作中的所有风险，而不拥有对基金的控制权。剩余控制权与剩余索取权（风险）的不匹配是基金合约的本质特性。剩余控制权与剩余索取权的不对称导致三个具体问题：①转移剩余收入。基金管理人通过关联交易、内幕交易、互惠交易等形成将基金利润转移出去，使投资者无法获取全部应得的基金剩余收入。②创造剩余收入激励不足。基金投资者没有任何激励开发对基金资产有效运作的方法或投资目标，因为他必须就实施新的更有效的运作方法和投资目标与基金管理人协商，而这又涉及到更改基金契约或基金章程的问题。相对于单个投资者而言，更改基金契约或基金章程的成本是无穷大的。③降低剩余收入的"质量"。基金管理人为了提取更多的管理费，利用对基金的剩余控制权，操纵净值，操纵市场。这些操作方法虽然短期内有可能增加基金剩余收入，但它是以投资者承担更高风险为代价的。毕竟，收入不是最重要的，最重要的是收入的稳定性。上述这些问题在不同程度上损害了基金投资者的利益。面对如何解决损害基金投资者利益的系列问题，人们不禁要思考基金市场本身能否解决这些问题。本书的回答是否定的，分析如下：其一，基金投资者无法有效的防范基金管理人的道德风险。首先，基金持有人大多为中小投资者，人数众多，持有的基金单位分散，难以形成团结而集中的力量对基金资产的运用进行监督和控制。其次，基金投资者与基金管理人之间存在一定的利益冲突，基金管理人并非无私的，追求自己的利益是"经济人"的本性。当他的利益与投资者的利益不一致时，如何将二者的目标统一起来，使其能在恪尽职守中获得最大的效用，仍然是个技术难题。最后，尽管投资者在购买基金时与基金管理人签订基金契约，但基金契约是一种定型化的契约，由基金发起人单方面拟定，它往往是一个不完备、留有漏洞的契约，可能为管理人日后的自利行为留下隐患。其二，市场机制存在局限性，无法克服基金管理人的道德风险。自由主义经济学家认为，基金管理人市场会迫使管理人努力谋求投资者的最大利益，否则，不佳的业绩表现将使他们声誉扫地，今后将难以募集资金。而且，基金投资者也会"用脚投票"来选择管理良好的基金，管理不善的基金将会退去。而事实上，在市场博弈中，基金管理人较低努力也可取得不错的业绩，而不去为投资者利益最大化努力。对于封闭式基金而言，"用脚投票"功能显然是苍白无力的。其三，基金内部机制对基金管理人的制约不足。基金内部监控机制主要表现在其组织结构上，对契约型基金而言是基金的持有人大会，公司型基金是其董事会。由于基金投资者一般比较分散，基金持有人大会表现为一个松散的机构，投资者由于信息不充分，或专业知识的匮乏，很难起到应有的监控作用。同时，很多投资者多存在"搭便车"的心理，只愿坐享其成。而公司型基金董事会不参与公司日常的经营管理，信息的不足制约了董事会对基金管理人的监督。

第二，基金投资者集体行动的"悖论"。不管是契约型基金还是公司型基金，投资者都有行使自己权利的场所，在契约型基金下称作基金持有人大会，在公司型基金下称作基金股东大会。然而，不管是契约型基金中的基金持有人大会还是公司型基金中的基金股东大会都存在一个实际效果不佳的问题。基金股东参加股东大会并进行表决是一种集体行为，这就不可避免地产生像奥尔森所讲的集体行动的"悖论"[1]。其中之一就是"理性冷漠"。将基金的重大事项告知基金股东，由基金股东独立评价这些重大事项的合理性，并进行投票，对基金股东来说，往往是不合算的：这种行为的累计成本往往要远远超过来自投票所获得的预期收益。基金股东对重大事项做出独立判断，需要认真阅读提案公告，这些公告可能是异常的简单或策略性的冗长；必要时还要查阅大量背景资料，弄清其中原委；而且常常需要某些专业知识，这些都需要投入大量的时间和精力。如果是在异地，持有人还需要支付一笔不少的"车马费"。

---

〔1〕 [英] 曼瑟尔. 奥尔森：《集体行动的逻辑》，陈郁、郭宇峰、李崇新译，上海三联书店、上海人民出版社1995年版，第1~4页。

即便基金股东已经弄清楚了需要表决的事项并形成了正确的判断,单个股东的判断也未必能够形成基金股东大会的决议。即使能够形成基金的决议,其收益经过其持有份额比例加以折算,也是非常小的。预期到这一结果,明智的基金股东就不会参与投票,对此表现出理性的冷漠。在投资者理性冷漠于投票的情况下,基金管理人就可能实际控制基金股东大会,使自己的提案顺利通过,基金管理人也将避开基金股东的监督而逃避其受托义务。集体行动的"悖论"之二是"搭便车"行为。假如基金股东认为其他持有人会对基金重大事项做出反应,并进行投票,从而产生他所希望的集体行为的结果,他就有可能会决定省掉投票的成本。他仍然能够分享其他股东的努力所带来的集体行为的任何收益。相对于其他股东的努力,他就是一个搭便车的人。作为一个搭便车的人,他的行为(不投票)的预期线性收益将高于其他股东,因为其他股东付出了投票成本,而自己坐享其成。假如所有基金股东都这么想的话,就可能不会产生任何集体行为,那么每个股东都将失去获益的机会。

综上所述,私法自治本身存在的局限性,使私法自治理念无法消解基金管理人的道德风险和基金投资者集体行动的"悖论",从而很难起到有效规范基金主体行为的作用,所以,私法自治在实现基金投资者的利益和维持基金市场的秩序方面显得力不从心,政府必须出面进行必要的干预,弥补私法自治在投资基金存在与运行中的局限性。

2. 法律的不完备性理论。法律的不完备性理论是由美国哥伦比亚大学法学院的德国法学家卡塔琳娜·皮斯托(Katharina Pistor)教授和伦敦经济学院的许成钢教授共同发展而来。[1]该理论一经提出就引起了经济学界和法学界的广泛关注,开拓了人们对政府监管思考的方式和路径。[2]

---

[1] [德]卡塔琳娜·皮斯托、许成钢:"不完备法律——一种概念性分析框架及其在金融市场监管发展中的应用",载吴敬琏主编:《比较》,中信出版社2002年版,第3~4页。

[2] [美]米尔顿·弗里德曼:《资本主义与自由》,张瑞玉译,商务印书馆1986年版,第16页。

法律的不完备性理论分析的出发点是法学界曾经存在的法律完备的假设。在法学领域，杰里米·边沁（Jeremy Bentham）的功利主义和芝加哥学派的法庭执法最优理论充分论证了法律的完备性。18世纪末19世纪初，英国功利主义学说的创始人边沁认为：人的天性是避苦求乐，苦和乐的价值是可以用算术计算出来的，立法者的任务就在于计算苦乐。进而指出：法律应该制定成最优的，使其明确无误地定义犯法的程度及相应的最优惩罚程度，由法庭执行的最优的法律具有对犯罪的最优阻吓作用。这样，所有的可能触犯法律的人都会认真比较之，如果犯法带来的坏处超过了犯法带来的好处，那他就不会去犯法了。由此可以推知：法律应该是完备的，在现实中也必须做到完备，只有这样，法律才能发挥其自身的价值和意义。20世纪60年代后期，芝加哥大学的经济学家加利·贝克（Gary Becker）第一个把边沁的思想变成一个经济学模型。他于1968年发表在美国《政治经济学评论》的论文作了一个基本推论，即当法律设计到最优，由法庭来执法是最优的制度。即执法只需要法庭，不需要任何其他的机构。这一大胆推论是贝克获得诺贝尔奖的主要贡献之一。后来，法经济学的奠基人包括贝克、斯蒂格勒和理查德·A.波斯纳（Richard A. Posner），都认为执法只需要法庭，不需要监管者。关于在现实中为什么会有监管者的疑问，他们如此解释：这实际上都是利益集团造成的。因为利益集团要到立法者那里去游说，从而建立起了监管，名义上在执法，实际上是为利益集团做事，所以，有监管者对整个社会并不利。另外，科斯定理也是芝加哥学派的法庭执法最优理论的贡献者。科斯定理法律上的含义是说：如果没有交易成本，只要有法庭来帮助执行合同就可以了，根本不需要另外的机构——政府、监管者——插手干预。法律完备的假设表明：法律可以实现完备化，法律完备了，法庭是维持秩序的唯一机构，政府只要履行好公共契约里规定的职责就行了。

与此相对应，许成钢和皮斯托分析发现，法律不可能实现完备。原因在于：首先，法律要实现完备需具备多种不可能实现的条件，比如法律要天下人皆知，且天下人都没有不同的意见。其次，即使制定出一部相对完备的法律，它也会随着社会经济制度的变化、技术的变化，会使法律变得过时。最后，法庭的中立性决定了法庭机制是一种被动式的执法机制，这种机制限制了它的作用的发挥。在法律不完备的情况下，只依赖法庭执法会带来阻吓不足或者阻吓过度。法律的不完备性理论强调立法与执法的交叉作用，完善不完备的法律正是监管的基本功能。但监管者与立法者不同，它是在不完备的法律与复杂的现实之间找到一个折衷方案，它所拥有的是一种见机行事的相机性的"剩余权力"，当它面对金融市场内的问题时，有权力变更市场法则，只要在原则上符合法律即可。正如有学者所说："政府的必要性在于：它是竞争规则的制定者，又是解释和强制执行这些已被决定的规则的裁判者。"

法律的不完备性理论在投资基金业体现得比较明显，在投资基金业发展之初是没有法律规范的，后来，等到投资基金业发展到一定规模的时候，行业内部的不规范导致整个行业的崩溃，从此，很多国家开始立法规范基金业，但基金业的立法也自此不能停止，因为基金业是发展的行业，每一环节的发展，比如基金品种的频繁更新，基金管理公司的设立，托管银行功能的发挥，关联交易的控制等，都需要立法积极跟进。所以，基金业法律永远都难以实现完备状态。法律不完备就意味着政府必须在基金业中发挥积极作用。总之，政府对投资基金进行监管是必需的，只有这样，投资基金业才能在有序的环境中规范发展，投资者的利益才能真正得到保障。正如有的学者所说："市场的运作——事实上，日常生活亦然——依赖于政治制度的各种强制性权力。国家运用这些权利，建立并保障市场上的权利，直接提供某些基本的服务，并间接地创造出信任、理解和有安全保障的环境，这对企业的日常生产是生命攸关的。"[1]

值得注意的是，投资基金监管必须以法律为依据，基金监管机

---

[1] [美]阿瑟·奥肯：《平等与效率——重大抉择》，王奔洲等译，华夏出版社1999年版，第37页。

关的设立及其监管权力的取得和行使都离不开有关的投资基金法律。离开了法律，不仅基金市场将失去控制，缺少规范、指引和保障，基金监管机关也没有了监管的标准、权威、手段和基本前提。投资基金法有广义、狭义之分，广义是指调整国家在实施对投资基金业的监督和管理过程中所发生的社会关系的法律规范的总称，而狭义的投资基金法仅指国家权力机关颁布的证券投资基金法，如《基金法》。投资基金监管法律是投资基金法的重要组成部分，即投资基金法中具有经济管理性质的那部分。需要说明的是，到目前为止，各国在基金立法上并不存在一个单独的基金监管基本法，并且囊括所有的基金监管的法律规范。同时，由于法律滞后性和不周延性的存在，国家权力机关颁布的某一部投资基金基本法（即狭义投资基金法）或其他基金法规，不能够穷尽基金监管的所有法律规范。这一点也体现出了基金法律的不完备性。

3. 经济法的政府干预理论。经济法作为政府干预经济之法，以调整政府干预与市场经济关系为其主要任务。正如美国学者萨缪尔森所言："市场和政府这两个部分都是必不可缺的。没有政府和没有市场的经济都是一个巴掌拍不响的经济。"[1]美国著名经济学家斯蒂格利茨也指出："在当今社会，如果没有政府的作用，那么要形成错综复杂的经济和社会网络是不可想象的。"[2]然而，"在我们看来，重要的是政府活动的质，而不是量。一个功效显著的市场经济，乃是以国家采取某些行动为前提的；有一些政府行动对于市场经济的作用而言，极有助益；而且市场经济还能容受更多的政府行动，只要它们是那类符合有效市场的行动。但是，对于那些与自由制度赖以为基础的原则相冲突的政府行动，必须加以完全排除，否则自由制度将无从运行。因此，与一个较多关注经济事务但却只采取那些有助于自发性经济力量发展的措施的政府相比较，一个对经济活动较少关注但却经常采取错误措施的政府，将会更为严重地

---

[1] [美] 保罗·A. 萨缪尔森、威廉·D. 诺德豪斯：《经济学》（第12版）（上），高鸿业等译，中国发展出版社1992年版，第87页。

[2] 董延林：《经济法原理问题》，中国方正出版社2004年版，第146~147页。

侵损市场经济的力量"[1]。基于此，经济法的政府干预经济理论认为，政府不仅应干预市场经济，而且应适度干预经济，换言之，政府在干预经济时应遵循适度干预原则。

适度干预原则是建立于对政府在市场秩序形成过程中积极作用与消极作用的充分认识基础之上。适度干预原则是判断政府干预正当性的基础。市场机制的运行边界构成了政府干预的最大限度和范围。概括而言，政府干预的适度性指的是：其一，正当的政府干预是有益于市场秩序形成的行为，因此政府在干预市场经济时，必须遵循市场本身的内部规则，政府为维护市场秩序制定的规则也应当符合市场本身的规律。市场秩序的形成应当主要依赖于市场内部规则的调节，政府干预只能是辅助作用。不适度的干预只会侵犯经济人的私权而无任何有效益的干预产出，破坏市场机制的正常运行规则。其二，适度的政府干预不仅应当防止干预的过度，还应当防止干预的软弱与缺位。政府干预的深度与广度应当是符合市场现状要求的。在规范政府干预行为时，既要根除"官本位"思想，又要防止矫枉过正，过分的依赖市场本身，片面强调政府干预对市场自由秩序的破坏，从而抵制政府干预。其三，政府干预主要应当通过制定外部规则来实现目标，即制定与执行法律法规，因此政府干预应当是依法干预、合法干预，政府的干预必须带有很强的自律性。

《基金法》第11条规定国务院证券监督管理机构依法对证券投资基金活动实施监督管理。该法第76条规定了国务院证券监督管理机构在监管基金活动中依法履行的职责。基金监督管理机构作为政府的代言人，其对基金监管的立法和执法活动都是在代表政府实施的。政府监管的权威性当然不容置疑，但对其监管的合理性及有效性，早已有学者对之进行理论上的批判和挑战。正如美国学者阿瑟·刘易斯（Arthur Lewis）所言："政府的失败既可能是由于他们

---

[1] [英] 弗里德里希·冯·哈耶克：《自由秩序原理》，邓正来译，生活·读书·新知三联书店1997年版，第281页。

做得太少，也可能是由于他们做得太多。"[1]美国学者亚伦·克鲁格（Anne O. Krunger）曾指出："发展过程的教训之一是，政府并不是无所不知和无私的，也不是社会守护人，其校正行为也并非没有成本。"[2]这表明政府在监管基金市场时存在失灵现象，具体表现在：

第一，政府的"经济人"特性。詹姆斯·M. 布坎南（James M. Buchanan）等人提出并发展起来的公共选择理论指出：政府失败的根本原因在于政治市场存在缺陷，政府管制自然也不例外。公共选择论者认为，公共选择的思想基础和出发点与市场选择一样都是个人主义。在政治领域个人也是严格按"经济人"的方式行动的，当人们从市场交易主体变为公共选择主体时，并没有变为圣人，或者说，至少没有像学者们所渴望的那样变为实际的圣人。[3]抉择者都是根据自己的偏好进行活动，极力追求自身权益的最大化。基于此，布坎南指出：人们必须破除凡是政府都会全心全意为公众利益服务的观点，不应该视政府为按公众要求提供公共物品的机器，而要看到政府是由个人选出也是由个人组成的群体，政府也存在缺陷。[4]由此可知，政府在监督基金市场时，不可能做到尽善尽美，不仅如此，基于自身的考虑，还可能实施危害基金持有人的利益。

第二，政府的易"俘获"性。政府管制俘获理论，最早是由施蒂格勒在《经济管制论》中提出。他认为：管制通常是产业自己争取来的，管制的设计和实施主要是为受管制产业的利益服务的。[5]正如塔洛克所指出的，"拥有政治职位便意味着拥有与之相随的一

---

[1] [英] 阿瑟·刘易斯：《经济增长理论》，周师铭、沈丙杰、沈伯根译，商务印书馆1999年版，第476页。

[2] [美] A. O. 克鲁格、邵建云：发展过程中的'政府失效'，载《经济社会体制比较》1991年第3期。

[3] 李东方：《证券监管法律制度研究》，北京大学出版社2002年版，第39页。

[4] [美] 詹姆斯·M. 布坎南：《自由、市场与国家——80年代的政治经济学》，平新乔、莫扶民译，三联出版社1989年版，第29页。

[5] [美] C. J. 施蒂格勒：《产业组织和政府管制》，上海人民出版社1996年版，第210页。

种'产权',这种产权不仅可以用来立法创租,还可用来增加他人成本"[1]。所谓的"俘获假说"即是拥有社会资源分配权的政府往往成为各种特殊利益集团追逐的对象。通过合法的利益诉求和非法的政治交易,少数利益集团最终将政府俘获,变成他们追求各自私利的工具。政府被少数特殊利益集团"俘获",必然导致严重的政府腐败。在投资基金领域,保护投资者的利益是政府监管的根本目的。然而,由于基金投资者人数众多而且相当分散,难以形成有效的合作;而其他利益集团(如基金管理公司),因为人数较少,自身利益的追求使他们容易达成一致,他们会积极影响政府立法,以取得更多利益,这样便在悄然无声中异化了政府监管的根本目的。

第三,"寻租"与"造租"现象。"寻租"一词最早见于1974年《美国经济评论》,由美国经济学家安妮·克鲁格撰写的《寻租社会的政治经济学》一文。寻租理论是20世纪70年代以后西方新制度经济学公共选择学派的一个重要成果。公共选择理论的代表人物布坎南把寻租定义为:"指那些本可以用于价值生产的资源被用于只不过是为了决定分配结果的竞争。寻租从总体上看没有配置价值,是一种纯粹的社会浪费。"[2]握有监管权力的某些政府官员除了被动地接受寻租人的回报或行贿外,还可能直接利用手中的权力牟取私利,这就是"造租活动"。寻租活动往往与造租活动相联系的,从严格的角度讲,没有造租就不会有寻租。寻租与造租行为,首先会导致社会资源的巨大浪费。其次必然会导致官员的腐败,权钱交易,降低监管机构的权威性,同时将损害政府的形象和信誉。[3]最后在损害中小投资者的利益的同时,势必会降低中小投资

---

〔1〕 [美] 戈登·塔洛克:《寻租——对寻租活动的经济学分析》,李政军译,西南财经大学出版社1999年版,第91页。

〔2〕 [美] 布坎南:"寻利与寻租",载吴敬琏等编:《腐败:权力与金钱交易》,中国经济出版社1993年版,第113页。

〔3〕 最近,爆发的工作在中国证券监督管理委员会所属发审委的"王小石案",参见胡舒立:"《财经》杂志:王小石和中国证监会及监管腐败",载新浪网,http://finance.sina.com.cn/review/20041127/15231185600.shtml,最后访问日期:2005年12月24日。

者的投资信心。总之，寻租与造租是严重危害基金业发展的行为。

政府监管基金市场的失灵现象要求政府必须遵循适度干预原则，既不能过度干预，[1]也不能过少干预。针对政府如何才能把握好适度原则，有学者提出：政府监管应市场化。[2]要做好这一点，本书认为政府干预基金市场应注意以下方面：其一，投资基金主管机关对投资基金活动开展监督管理时，应首先尊重投资基金当事人意思自治原则和诚实信用原则。这是实现民事权利由政府回归投资基金当事人的关键。其二，为保护投资基金活动中的应有秩序，投资基金主管机关应当坚决制止和反对损害投资者和其他当事人利益的不法、不正当行为，努力培育和维持一个成熟、开放、诚实、公平、统一的投资基金市场。其三，投资基金主管机关应当对纷繁芜杂的投资基金活动进行宏观调控。宏观调控要"抓大放小"，综合运用政策引导、杠杆引导、信息引导、市场准入、行政指导和法律监督等法律手段。其四，投资基金主管机关有权在开展监管活动中促成投资基金当事人享受法定权利和利益。例如，提供投资基金运作所需要的信息和咨询；为投资基金当事人正常的投资活动和其他商事活动，清除地方政府、政府部门或其他社会组织的不正当干预等。其五，创设辅助性基金监管组织，实行多元化监管。从各国的立法模式来看，行之有效的监管体系包括政府监管、行业组织自律、第三方监管（基金受托人、审计师等）、基金业的内部监管和投资者监管五个方面。目前我国现行法律所构建的基金组织监管体系，还缺少行业自律和第三方监管两环。为了配合政府行为监管的有效充分行使，我国法律有必要构建健全的监管体系。

由此可见，在基金业中，不仅涉及需不需要政府干预的问题，

---

[1] 于阳、李怀祖指出：政府对市场的过分干预是中国证券投资基金无法正常发挥职能的根源。参见于阳、李怀祖："证券投资基金规模与股价信息含量关系研究"，载《管理评论》2005年第12期。

[2] 政府监管市场化，是指进一步放松政府管制，还权于市场，让市场承担更多的自我管理职能。参见李志军、于向花："论证券市场政府监管的市场化"，载《当代法学》2005年第3期。

也涉及政府应如何干预的问题。肯定政府在基金市场中的监管作用很重要，但政府如何监管基金市场更重要，因为政府监管不当同样会导致基金投资者的损失和基金市场秩序的紊乱。经济法的政府干预经济理论给了我们很大启示。

通过对投资基金监管的理论基础分析发现：政府对投资基金进行监管是必需的，只有这样投资基金业才能在有序的环境中规范发展，投资者的利益才能真正得到保障。正如有的学者所说："市场的运作——事实上，日常生活亦然是——依赖于政治制度的各种强制性权力。国家运用这些权力，建立并保障市场上的权利，直接提供某些基本的服务，并间接地创造出信任、理解和有安全保障的环境，这对企业的日常生产是生命攸关的。"[1]

---

[1] [美]阿瑟·奥肯：《平等与效率——重大抉择》，王奔洲等译，华夏出版社1999年版，第37页。

第二章 投资基金监管体制法律制度

第一节 主要发达国家投资基金监管体制法律制度及其经验

由于各国投资基金发展水平、各自的政治、经济、法律、民族文化传统不同，以及投资基金监管理论和方法上的差异，各国的投资基金监管体制法律制度也各具特色。其中比较有代表性的监管体制法律制度有三种：一是以英国为代表的自律型监管体制，即以强调市场参与者的自律管理为主，没有专门的基金管理机构，也不制定单行法律；二是以美国为代表的法律约束下的集中管理体制，即注重立法，通过制定一整套专门的基金管理法规和强调公开的原则对市场进行监管；三是以日本为代表的政府严格管理型监管体制，即由政府的基金管理部门对投资基金市场采取严格的实质性管理。这三个国家在长期实践中形成了相对较为完善和完整的投资基金监管体制法律制度，并成为其他国家效仿的对象。

一、英国投资基金监管体制法律制度

英国作为现代投资基金的发源地，其基金业的发展可以概括为以下三个阶段：其一，萌芽阶段（19世纪70年代以前）。英国经过产业革命后，生产力得到迅速提高，国内投资已遍及到各个角落，充裕的资金急需新的投资工具。在这种情况下，英国出现了这样一种投资服务，即集合众人资金，委托专人经营和管理的投资形式，它被称为投资基金的雏形，其标志是1868年成立的"国外及殖民地政府信托"（Foreign and Colonial Government Trust）。此后英

国基金业在此基础上开始发展。其二，发展阶段（19世纪70年代至20世纪90年代）。在这一时期，随着1879年英国《股份有限公司法》的颁布，公司型的投资信托（Investment Trust）得到迅猛发展。1931年英国出现了世界上第一支以净资产值向投资者买回基金单位的基金，1934年英国组建了"外国政府债券信托"，标志着现代意义的开放式基金在英国产生。在很长一段时间里，单位信托（Unit Trust）发展缓慢，到了20世纪80年代，单位信托的发展开始迅速起来，在资产规模上逐渐超过了投资信托，成为英国资本市场上最为典型、最具活力和影响的一种储蓄与投资形式。其三，成熟阶段（20世纪90年代以后）。在这一时期的英国基金业，不仅单位信托得到了迅猛增长，还出现了公司型开放式基金。1997年英国颁布了《开放式投资公司法》，专门为公司型开放式基金的产生确立了新的法律框架。随后，很多投资信托和单位信托转为开放式投资公司，使公司型的开放式基金成为了英国基金业的主导形式，标志着英国基金业已经走向成熟。

在英国整个基金业的发展历程中建立起了独树一帜的以基金行业自律为中心的投资基金监管体制，即强调通过基金行业自律制定出相应的规则进行自我控制、自我约束和自我管理，而政府除进行适当宏观调控外并不具体干预基金业务。这一监管体制的组织体系分为三个层次，分工各不相同。

第一层次是金融管理局。英国基金业发展前期分由财政部和证券与投资管理委员会（Security and Investment Board，SIB）实施政府监管。财政部主要负责职责制定有关基金业的大政方针。SIB依据1986年《金融服务法》的授权，对投资领域实施监管，负责具体的管理工作。其主要职能是制定规则，将《金融服务法》的有关条款具体化，使之适用于投资业务，保护投资者利益和促进金融市场的效率，确保各证券投资机构运作达到法律标准。虽然SIB是一家私营机构，资金来自它所监管的投资公司，但它与政府有着密切的联系。所以其监管具有政府监管的性质。1995年巴林银行的倒闭使英国加强对金融机构统一监管的呼声日高。[1]1997年,托尼·布莱尔（Tony Blair）领导工党入主内阁,宣布建立单一的金融监管机构即金融管理局（Financial Services Autho rity, FSA）。金融管理局取代了以前的财政部和英国证券与投资管理委员会的金融监管职能,而成为英国金融业的"超级监管者"。金融管理局的主要任务是:①保护投资者的利益。金融管理局将制定提倡和执行诚信、财务稳健和公平交易的高标准来保护投资者利益,确保他们获得有关服务、产品及风险的披露、全面的信息,确保他们得到公平待遇。②维护公平、透明和有序的市场。③维护投资者对金融机构的信心。

第二层次是带有自律性质的民间管理协会,主要是监管投资公司、已认可的投资交易和已认可的职业团体。这些民间管理协会包括证券业协会、投资信托协会、人寿保险、单位信托协会、基金经理协会,他们是英国基金管理的实体。各协会均依据本行业特点,制定出本行业的投资限制,这些限制的具体规定因行业的不同而不同。规定基金经营者在基金招股章程或委托协议中均须明确写明本基金遵守哪些限制,以此来保护投资者的利益。当然这些自律性组织也通过制定一些其他规章来规范基金经营者的行为。

第三层次是各协会下的广大会员。英国的基金行业协会都实行"会员制",并规定只有取得会员资格的机构和个人才能开展相应的各种业务。如果在运作过程中,会员不遵守协会的有关规定,就会被取消会员资格,从而不能从事相应的基金业务。

因为英国以自律监管为主,所以其监管法律体系与众不同。英国没有制定单一的投资基金法律或法规,而是以自律性规则为主,同时依靠一些相关的法律法规来约束投资基金的行为。首先是自律性规则。英国投资基金的发展向来强调自律,建立了一套以自律为主,以行业组织为中心的管理制度。这些自律的行业组织包括投资

---

[1] [英]里查德·德尔:《全球证券市场风险及监管》,王建梅译,宇航出版社1999年版,第202页。

顾问、基金经理人协会、共同基金协会、投资信托协会、个人投资者局、证券与期货局、证券业协会、证券业理事会等。这些协会是基金管理的实体，各协会根据本行业的特点制定出本行业的投资规则，以达到自律的目的。比如证券业理事会成立后首先对《伦敦城准则》进行了修改，并对《公司法》中关于内幕交易的规定和上市规定提出了修改意见，推行了一些新的规则，如《证券交易商行为准则》、《基金经理人交易指导》、《大规模收购股权准则》等。这些规则不仅由该组织制订、推行，更由该组织负责解释和监督实施。所以，自律规则是英国投资基金监管法律体系的重要组成部分，为规范和约束投资基金的行为起到了良好的监督和指导作用，是英国投资基金健康发展的重要保证，是英国投资基金市场自律特色的最好体现。其次是相关法律法规。英国颁布的有关基金监管的法规，主要有 1944 年颁布的《投资业务管理法》、1986 年颁布 1990 年修改的《金融服务法》、1991 年颁布的《金融服务（受托计划）规定》、1995 年颁布的《证券公募管理条例》、2000 年颁布的《金融服务与市场法》等，这些法律为英国基金业的发展提供了有力的保障。特别是《金融服务与市场法》的诞生标志着英国基金业由纯粹的自律规则走向立法规范，也标志着英国基金业正努力建立一个法律框架下的自律规则新体系。

英国基金监管体系最大的特点就是比较重视基金业的自我管理，作为自律组织的民间管理协会有较重的监管任务，行业自律性在整个监管体系的比重较大，而政府的外部监管比重较小。英国这种独特的自律监管体制能够充分发挥基金行业的自律功能，使得监管者在决定何时及怎样行使监管权力方面拥有较广泛的自决权，具有充分的灵活性，有利于投资基金行业的长期稳定和规范发展。英国投资基金监管体制的不足之处突出表现在：其一，较多强调监管者的人为因素的作用，监管者自决权太大，其随意性及弹性都较明显。其二，由于强调通过行业组织制定相互适应的措施和办法来规范基金业务人员和机构的行为，不利于形成全国统一的法律规范，法律的功能相对弱化，很容易导致行业协会的垄断，进而形成进入壁垒，致使基金业的开放程度降低，这与现代市场经济的发展有矛盾。其三，对一国投资基金的国际化发展也不利，特别是不利于吸引外资发展本国经济。

二、美国投资基金监管体制法律制度

为了有效促进国外贸易和对外投资，美国引入了投资基金制度。美国基金业的发展经历了四个阶段：其一，萌芽时期（19世纪末至1925年），在这一时期美国成功发展了公司型开放式基金，基金业发展开始起步。其二，发展时期（1926年至20世纪30年代大危机前），在这一时期美国基金业得到迅速发展，并远远超过了英国。但是，20世纪20年代末的资本主义世界经济危机使美国基金业遭受了沉重的打击，此后的整个20世纪30年代，美国基金业的发展一直处于低速迟缓阶段。第三，调整时期（20世纪初大危机至20世纪40年代），在这一时期美国政府对基金业加强了管制，颁布了一系列法律，促使美国基金业再度兴起。第四，壮大时期（20世纪50年代以后），20世纪50年代至70年代，美国基金业进入巨大增长时期，70年代后美国成为世界上基金业最发达的国家。美国基金业在曲折的发展历程之中，建立起了完备的法律监管体制。

美国基金监管实行法律约束下的集中管理体制，其监管组织体系共分四个层次：第一层次是全国证券交易委员会（Securities and Exchange Commission，简称SEC），它是一个完全独立的准司法性质的管理机构，不受任何政府机构、政党和上市公司的影响，具有一定的立法权和司法权，专门对基金的发行与交易活动进行管理，负责检查、审核基金公司的经营活动，监督投资公司法、投资顾问法等法规的执行情况，以保护投资者的合法权益。美国基金立法虽实行双轨制，但证券交易委员执法权高度集中，对基金市场实行统一管理。

第二层次，是全国证券经纪商协会（National Association of Security Dealers，NASD），它是证券行业的自律性组织（Self-Regulatory Organizations，SRO），为投资基金销售活动设立了公平交易规则，它实际上起着基金的自我管理作用，对美国股票市场及共同基金市场有着很大的影响。自1982年后，联邦证券法要求所有经纪人和交易商必须加入NASD，共同基金的主承销商是证券交易经纪商。因此，他们一般都是NASD会员，接受NASD的监管。除全国证券经纪商协会外，投资公司协会（Investment Company Institute, ICI）是全国共同基金、封闭式基金和单位投资信托的全国交易协会。在基金业监管者和议会面前，ICI通常代表全体投资公司和他们的投资者，以"院外活动集团"的身份出现。

第三层次是保护投资者协会（Securities Investor Protection Corporation, SIPC），它是一个非营利性的、管理投资风险经营的保险组织，以保护广大投资者利益为管理目标。根据美国国会于1970年通过的《证券投资保护法》，所有在SEC注册的投资公司都必须成为SIPC的会员，并按照其经营毛利5‰的比例上缴会费。SIPC将会员上缴的会费集中起来，形成一笔庞大的投资保险基金，主要用于投资公司遇到财务困难或破产时对客户的债务清偿。另外，SIPC还有在紧急情况下通过SEC向财政部借款10亿美元的特权，以应付特殊时期投资保险资金不足的需要。

第四层次是受托人（trustee），他独立于基金经理人，根据基金公司章程或信托契约监督基金经理人的经营活动，并保护投资者的资产及收入归投资者所有。在这四个层次中，以证券交易委员会为主导，各部门各司其职又相互制约，为基金业的监督提供了完善的组织保障。

美国基金业的监管法律比较完备，其监管体系是"双规制"的，其一是联邦监管法律体系，其二是州监管法律体系（如"蓝天法"）[1]。这两个法律体系，有着各自的管辖范围，在不同的领域

---

[1] 蓝天法：1911年，美国堪萨斯州制定了一项有关管理证券的法规。它规定证券的发行及证券的销售都必须向政府主管部门登记，非经许可不得交易，在其后的两年内，美国先后有23个州都制定的证券管理法，其中有17个州的证券立法是以堪萨斯州的法律为蓝本制定的。这些立法的目的是为了防止发起人以欺诈的手段发行证券蒙骗广大公众。其虚妄的程度有如在蓝天上出售建筑的地皮一样，所以这些法律统统称为"蓝天法"（Blue Sky Laws）。

和层次上发挥作用。联邦的监管法律主要有1933年《证券法》、1934年《证券交易法》、1940年《投资公司法》和《投资顾问法》，它们与《信托契约法》、《投资者保护法》、《内幕交易和证券欺诈管制法》等一系列联邦证券法、大量的判例法渊源以及证券交易监督委员会规则构成了一个完善的基金法律体系。这些法律详细规定了投资基金的成立、注册登记、运行规则、信息披露以及禁止舞弊和欺诈行为等，力求以法律为准绳对投资基金的发展和运行进行严格的规范和界定。规范投资基金的州的法律主要是指各州制定的证券法、证券交易法和投资公司法、投资管理公司法等法律。在美国的基金业，除了要遵守联邦法律以外，还不能违背州法律的各种规定。这种"双规制"法律体系，为美国基金业的健康发展提供了良好的法律保障。

美国投资基金市场是高度自律的。除了各州联邦和州的法规，基金市场参与者为保证公正和道德的行为，还制定了行业内部自我管理、自我约束的内部规范，对投资基金的安全、稳定运作具有十分重要的作用。1940年《投资公司法》颁布不久，美国成立了一个名叫国家投资公司委员会（National Association of Investment Companies，NAIC）的组织，来协调美国证券交易委员会（Securities and Exchange Commission，SEC）执行新颁布的基金法规。随着该委员会活动的增多，1941年NAIC再一次更名为投资公司协会。投资公司协会严格地监督着共同基金的活动，依照有关法规和规范，使基金业保持着良好的素质和声誉。

美国投资基金监管体制具有以下特点：①实行高度统一的集权管理。尽管各州也有基金管理机关，但由证券委作为全国基金市场的统一监管机构，以此确保全国基金市场的统一、高效。这种体制是吸取1929年大股灾的教训而采用的。②美国基金管理机关享有极大的权限和极高的权威。SEC集立法、执法和准司法于一身，可以独立对基金市场实行强有力的管理而无需依赖其他行政和司法机构；同时，证券委直属总统，直接对国会负责，从而确保了证券委的权威性，为严格执法奠定了基础。

第二章 投资基金监管体制法律制度

美国投资基金市场是世界上最富活力、最富创新精神的基金市场，同时又是世界上最严格、最规范的基金市场。但是，这种严格的监管并没有使基金市场的发展失去活力，反而使它的运作更公平，更有效率，更富创新精神。这种监管体制的优点主要体现在：符合现代市场经济发展要求，既能为投资基金的有序发展奠定良好的法律基础，又能为广大投资者提供完整的法律保护；有利于监管者从不同侧面，不同角度及时发现投资基金运作中存在的问题和漏洞，并及时采取相应的措施最大限度地降低基金经营中的风险，确保其谨慎稳健经营；使不同监管主体之间形成了一种相互制约、相互监督又相互竞争的微妙关系，使任何一个监管者都很难滥用权力，无原则地放松监管，这在一定程度上有助于提高监管的质量和效率。

美国的投资基金监管体制对投资基金业的稳健、安全发展发挥了巨大作用，但它也有一些弊端，如由于联邦法和州法的不协调，一定程度上造成政令不统一、监管重复，浪费人力物力，导致效率低下，增加市场参与者的负担等。正是由于这些弊端的存在，使得改革美国投资基金监管体制，摆脱内容各异的州法限制的呼声不断。1996年全国性的《证券市场促进法》正是在这种背景下诞生的，该法使美国投资基金市场的监管走出联邦制，废止了州基金监督机构所做的重复工作，有利于促进基金市场的效率与竞争力。因此，从一定意义上讲，1996年全国性《证券市场促进法》的颁布标志着美国基金市场的监管正"逐步脱离联邦制，而走单一制的道路"。1999年11月4日，美国参议院的众议院通过了1999年《金融服务法》，废除了1933年制定的《格拉斯·斯蒂格尔法》，结束了银行、证券、保险的分业监管的局面，揭开了金融业走向混业监管的新纪元。由美联储（Federal Resenrve Bank，FRB）对全国的金融机构进行监管，这种制度不仅克服了个别监管机构由于受其监管范围的限制，相互之间不能沟通，时常发生冲突，对于不同机构共同参与的金融活动已无法有效监管的矛盾，适应了金融产业融合化的趋势。

三、日本投资基金监管体制法律制度

日本基金业的产生和发展是与日本证券市场的产生与发展紧密相连的。证券市场的迅速发展带动了投资信托业的发展,而投资信托业的发展又进一步带动了基金业的发展。1937年日本参照英美等国的经验设立了第一家具有日本特色的证券投资信托基金。当时正值第二次世界大战期间,股票市场萎靡不振,为了改善股市环境,同时为了组织日本民众资本支持战争,在日本政府的倡导和支持下,日本正式建立证券投资信托制度。二战后,日本证券市场极为萧条,对战后的经济建设十分不利,为了解决企业资金筹集的困难,日本政府又将发展证券投资信托业作为一项重要举措而给予重视,在政府的扶持和培育下,日本的投资基金从此踏上了一条快速发展的轨道。特别是20世纪60年代以后,日本政府对投资基金的管制又有所加强,先后采取了一系列改革措施来促进和保障投资信托业的发展。1968年3月,日本准许外国人投资证券。1973年1月,外国投资信托基金只要合乎日本证券商协会制定的"外国投资信托基金选择基准"规定,就被允许在日本公开销售,这进一步活跃了日本的证券投资信托业。

日本投资基金监管体制的主要特点是政府对基金的发展进行严格监控,投资基金的发展很大程度上受政府影响和控制,大藏省集中行使监管权,形成了严格的政府管制体制。

大藏省是全国金融行政主管机关,其下设银行局、国际银行局和证券局负责金融监管的日常工作,投资基金业的活动就是被置于大藏省证券局的监管之下。该局对投资基金的发展方向、规模和结构进行有计划、有目的的安排和控制,并制定相应的政策和强有力的措施对基金的发展、运行和管理进行引导和调节,以保证投资基金的发展符合产业政策及国民经济发展的要求。其监管的内容包括市场准入以及对基金管理公司业务和财产状况的检查。另外,该局还有权对违规操作的机构进行处罚,包括对基金管理公司业务和财产状况的检查。如日本1951年《证券投资信托法》规定,要成为

基金管理公司，须得到大藏大臣批发的营业执照；信托契约的签订、认可、变更和解除必须得到大藏大臣许可；大藏大臣有权要求基金机构提交有关资料或报告书，并对其进行监督检查，对于严重违法的基金机构，可取消其营业执照。

为了促进证券投资信托的发展，日本投资信托协会在1957年经大藏省批准成立，其宗旨是通过自我管理，实现投资信托业务的公平合理，确保受益人与公众的利益。该协会是根据《证券投资信托法》的规定建立的行业自律组织，协会与大藏省等政府机构以及其他证券业组织保持密切联系，通过制订各种自律性规则规范行业内行为。但是，由于协会自身的性质，其活动的有效性受到了限制。尽管1967年日本证券投资信托法修订时，明确规定该协会为独立团体，授予其更大的监管权力，但是，该法同时也加强了大藏省对该协会的监控权，协会的自律功能实际上并未能充分发挥。

由于日本基金业具有强烈的行政管制色彩，使其十分注重基金监管法律体系的建设。概括而言，日本基金监管法律体系包括基金法律和相关法律法规、自律规则。首先，基金法律和相关法律法规。1922年日本公布了《信托法》和《信托业法》；1948年日本公布了《证券交易法》和《证券投资公司法》；1951年6月日本又公布了《证券投资信托法》，它奠定了日本现行投资信托的法律基础，为基金业的发展铺平了道路。1966年日本公布了《关于基金制度的改革纲要》；1986年公布了《证券投资顾问业管理法》；1994年12月日本公布了《关于投资信托改革的纲要》，开始了日本投资信托立法史上第二次大规模改革。1998年6月日本公布了《金融体系改革法》，对《证券交易法》、《证券投资信托法》、《银行法》、《保险业法》等24部法律同时进行了大规模修改，其中，《证券投资信托法》被更名为《证券投资信托及证券投资法人法》。这次立法活动设立了更多的基金类型和品种，放松了对投资信托委托业者的市场准入限制，并大大拓宽了基金的销售渠道。2000年日本修改《证券投资信托及证券投资法人法》，并更名为《投资信托及证券投资法人法》。这次立法活动扩展了投资信托的信托财产运用范围，创设了一种新的投资信托结构——

委托人非指令型投资信托，新规定了投资信托委托业者的善管注意义务，等等。其次，自律规则。在日本基金业中，成立了行业（协会）自律组织。自律组织及其制定的规则，为日本基金业的健康发展起到了十分重要的作用。日本基金业协会下设各种专门委员会，研究各类专业性问题并形成决议。自协会成立以来，先后制定了下列规则：《日本证券投资信托协会业务规则》、《关于证券投资信托受益凭证的直接募集和解约等的规则》、《关于募集、销售之事项》、《关于投资信托委托公司独立性的自律规则》、《关于受益凭证之单位资产净值的计算》、《关于信息披露之事项》、《关于证券投资信托收益分配等的会计处理》等。

从上述分析可知，日本投资基金监管权力集中于中央一级，形成了监管的一级格局。这种体制的优势是明显的，首先，利于充分发挥政府的功能，迅速推进投资基金的起步和成长壮大，有助于对投资基金的发展方向、规模和结构进行有计划、有目的地安排，并制定相应的政策和强有力的措施，对基金运行和管理进行引导和调节。其次，有利于发挥投资基金在支持国家金融发展和经济建设方面的积极作用，使投资基金的发展符合国家的产业政策和国民经济发展的要求。

但是，这种监管体制也存在着明显的缺陷。其一，在这种体制下，基金行业的自律性很差，市场竞争也不充分，难以有效地调动基金机构和个人的主动性和创造性。投资信托协会作为行业自律组织很难独立地开展工作。其二，这种体制带有浓厚的行政色彩。一方面，大藏省作为财政、金融业的行政主管部门，职能过多，虽是基金监管的主要力量，但却是心有余而力不足。近年来日本金融业危机频繁发生便是明证。另一方面，行政色彩浓厚，易滋生腐败和官僚作风，对基金的发展可能造成更大的变革成本。因为政府及其职能代表机构扮演着"教练员"、"裁判员"、"运动员"的多重角色，导致基金畸形发展，基金运作与管理机制难以有效地建立。随着投资基金的发展，政府严格管制可能产生的问题和弊端便会逐渐暴露出来。因此，日本投资基金监管体制也有待改革。

1996年底,日本政府决定以自由、公平、全球化的理念为原则,对本国的金融体制进行综合改革。在监管体制方面,日本单独设立金融监管部门,将金融监管职能从大藏省分离出去,实现财政与金融监管业务的分离,成立了金融监管厅,作为总理府的外局(直属中央官厅,但有很强的独立性)统一检查监督金融机构的活动,原本属于大藏省及其它各省的对金融机构的监管权集中交由金融监督厅行使,现有的金融监管机构也相应划归金融监督厅领导。"制度的变迁首先和最终都反映为法律的变革。"[1]1998年6月5日,日本通过了《关于金融体系改革相关法律的调整等事宜的法律》,而推动该法颁布的直接原因是这次遍及全球的金融危机,它给日本的金融市场造成了极大的冲击,威胁到了金融市场的稳定和金融体系的安全。该法的颁布标志着世人瞩目的日本金融体系大改革进入了一个新高潮。这次改革因其规模大、影响广而被世界称为日本版"金融大爆炸"(Japanese Version of Financial Big Bang),[2]可以相信,通过改革,日本投资基金监管体制会更加合理、科学。

四、主要发达国家投资基金监管体制法律制度的经验

通过对英国、美国、日本投资基金监管体制法律制度的考察分析,我们可以得出下列结论:

第一,一国投资基金监管体制总是与其政治、经济发展水平、法律制度、文化传统相适应的,它的形成不是一蹴而就的,也不是根据某一既定的模式在短期内建立起来的,而是在本国投资基金发展的过程中逐步形成的,并随着经济、金融等客观环境的发展逐步完善的。[3]不同的监管体制有不同的特点,在不同的条件下,其监管的

---

[1] 魏君贤:"日本:放松管制,加强监管",载北京大学金融法研究中心编:《金融法苑——证券法专刊》1999年第1期。

[2] 魏君贤:"日本:放松管制,加强监管",载北京大学金融法研究中心编:《金融法苑》1999年第1期。

[3] 鲍晋选:"投资基金监管制度研究",载徐学鹿主编:《商法研究》(第2辑),人民法院出版社2000年版,第299页。

效率也会表现出较大的差异。这就决定了设计一国投资基金监管体制必须从本国实际出发，正确分析和把握国情及所面临的国内外环境条件，构建适合本国特点的监管体制。衡量一国投资基金监管体制是否合理、有效，关键在于它是否与该国投资基金业的发展状况相适应，是否与其国情相适应，能否实现投资基金的健康、稳定发展。投资基金监管体制并非一成不变，它会随着基金业的发展、社会经济大环境的发展而改进。就如被全世界同行视为基金监管楷模的美国，在2003年9月也爆出了盘后交易与择市交易的惊天丑闻。事实上，我们不难看出，在西方国家各种投资基金监管体制演变的背后，蕴涵着促成其制度变迁及导致其制度安排形成的不同的社会经济原因。一种监管制度必须能够随着经济环境的变化而变化。经济全球化浪潮、混业经营的趋势、不断发展的金融创新，尤其是20世纪70年代以来基金市场的迅速动态发展，给相对静态的投资基金监管带来巨大的挑战。在相互借鉴吸收他人优势的基础上，一个富有成效的投资基金监管体制正在形成。

第二，政府监管在各国基金业发展中起到了至关重要的作用。不论是美国和日本等国的政府主导型，还是英国的自律型，都直接或间接证实了政府主导型监管体制能够保证监管机构超脱于基金市场之外进行管理，因而能够更严格、公平和有效地发挥监管职能。美国成熟而发达的资本市场的形成，与其严密的立法和政府严格地监管有着必然的联系，其资本市场监管体系也被普遍认为是世界最严格也是最有效的资本市场管理体系。美国基金市场的巨大发展和监管方面的成功经验充分证明：统一立法和集中管理是在总体上保证基金市场公平与效率的有效的管理方式。英国虽然是自律型监管体制的代表，但在1997年颁布的《金融服务（开放型投资公司）条例》为标志开始强化了政府对投资基金的监管。而2000年《金融服务与市场法》实施后，更加强了政府对投资基金的监管力度，政府监管部门有权对基金活动进行干预和引导，对投资基金自律组织进行指导和管理。

第三，自律组织的监管作用日益突出。由于基金市场的复杂性，单一的政府监管往往显得力不从心，如何掌握有效监管和过度监管的分寸显得非常困难，这时需要市场自律组织的有效配合。其一，任何国家和证券管理体制都必须依赖自律组织完成能对市场变化作出灵活而迅捷反应的一线监管活动，弥补政府监管因监管成本过高和政府失灵所造成的监管效率的不足。其二，自律组织本身又应该被置于政府集中监管之下，从而有效地消除由于自利和不良竞争所导致的市场不公正和市场混乱。其三，自律组织往往由该行业的成员组成，这些成员懂得该行业的专业知识，能分析和把握基金业的发展趋势和动向，能及早的发现和甄别基金业发展中的各种弊病，同时，他们也有促进基金业长远发展的动力。其四，由于行业自律包含道义劝告等伦理和道德标准，其自律的范围比法律法规更加宽泛，可以涉及某些法律法规触及不到的领域，使得行业自律更具实用性。因此，行业自律规定在各国投资基金监管体制中是不可或缺的内容。日本（在基金监管方面）被认为是"严格的政府管制型国家"，但是近年来也开始注意发挥行业自律组织的作用。作为日本基金行业自律组织的代表证券投资信托协会，制定了大量的自律规则，如《证券投资基金业务规则》、《证券投资基金受益凭证的募集与解约规则》、《投资信托委托公司独立性的自律规则》以及涉及基金受益凭证的单位净资产的计算、收益分配的会计处理、广告宣传的基准等自律规则。

　　第四，政府和自律监管的有机结合。一个富有效率的证券体制应该是政府与自律管理的有机结合。没有自律不行，离开了政府监管的自律也不行；没有政府监管不行，仅仅依靠他律没有自律也不行。政府监管与自律之间存在相互依赖、相互补充的辨证关系。符合证券市场本质和内在经济要求的证券监管结构的一般模型应当是政府监管主体与自律主体之间合理分工、相互配合所组成的有机统一体，同时前者与后者之间又存在监管与被监管的关系。事实上，任何现存证券监管体制也都是统一管理与自我管理在某种程度和某种形式的结合。在两者的职能地位上，应当以政府集中监管为主，以自律监管为辅的集中监管模式是克服证券市场失灵，满足证券监管目标的最为有效的体制结构。

通过以上分析发现,投资基金监管体制法律制度呈现以下基本发展趋势:

第一,各国投资基金监管体制已经开始向综合型监管体制转变。政府型监管体制和自律型监管体制分别处于两个极端,前者强调监管者对基金市场的介入,可能难以实现市场公正和效率。后者强调市场效率和保护会员利益,可能损害投资者的利益。有鉴于此,兼具两者优势的综合型监管体制成为各国的最优选择。以自律型监管体制为典型代表的英国,在1929年股灾之后,为了保护投资者的利益,英国政府逐步加强对基金市场的管制。而一向注重政府管制的美国,在完善政府监管立法的同时,也开始注重基金业协会对基金市场的自律作用。

第二,各国基金监管机构趋于专门化、集中化、独立化。基金监管机构分立,是各国基金业发展初期监管的特点。然而,事实证明基金监管机构分立会导致政出多门,矛盾重重,从大家都管的极端走向大家都不管的极端,从而很难实现基金市场的公平、高效、诚信。为了有效地打击违法违规行为,现代各国纷纷制定投资基金法,并成立专门的基金管理机构,将对基金市场的管理权集中于一个或两个机构手中,并增强基金管理机构的独立性和权威性,对基金市场实行强有力地监管,保护广大中小投资者的利益。20世纪80年代以来,各国设立的基金监管机构主要有:芬兰1989年规定由金融监督署监管基金市场;法国也于1988年成立了专门的基金管理机构,加强对基金市场的监督;德国于1994年成立了联邦交易管理局,专司基金业的管理。此外,意大利、瑞士、瑞典在20世纪80年代以来均设立了专门的基金管理机构,并扩大了这些管理机构的权限。俄罗斯、匈牙利等新兴国家也从基金市场建立之初的多头管理转为专门机关的集中管理[1]。总之,世界各国对基金

---

[1] 林秀芹:"证券市场管理体制的法律问题研究",载《现代法学》1998年第2期。

市场的管理正向专门化、集中化、独立化的方向发展。

第三,基金监管的法制化和规范化是各国投资基金监管体制发展的又一趋势。不仅美国在金融大风暴后颁布了大量的法律法规对投资基金进行监管,而且日本也颁布了许多法律法规对投资基金进行监管,甚至素以非制度化监管著称的英国也呈现出法制化、规范化的趋势,比如制定了一系列的法律、法令,如1939年的《防止欺诈投资法》,1944年的《投资业务管理法》、1948年的《公司法》等,以后于1958年新颁布了《防止欺诈法》,禁止未经特许从事基金业务,禁止不实或者误导的陈述。《金融服务法》的颁布,对投资基金监管体制,特别是各监管主体的职责、地位、性质等作出了明确的法律规定。

第二节 我国投资基金监管体制法律制度的状况及存在的不足

一、我国投资基金监管体制法律制度的状况

1. 我国投资基金监管体制的发展历程。我国投资基金监管体制的发展大致经历了四个阶段:第一阶段:中国人民银行监管阶段(1991～1992年)。20世纪80年代,我国的证券市场基本处于起步、探索阶段。没有全国统一的权威机构对证券市场进行监督管理。1990年12月1日,深圳证券交易所正式运行,其后,我国证券市场监管的责任实际上是由上海和深圳证券交易所以及各地方政府机关担负的。20世纪90年代初,我国国内的投资基金开始发展,同时,一些外国金融机构和国际组织也在境外以中国或中国特定地区名义创设投资基金,将所筹资金投资于我国的证券市场。针对这种情况,1991年1月中国人民银行发出了《关于严格境外证券投资审批管理的通知》,通知指出,任何在境外以中国或中国某一地区为特定投资对象设立的投资基金,要进入国内证券市场从事证券投资业务,或国内证券公司或可经营证券业务的其他金融机构,要在境内开办投资基金业务或作为发起人直接参与境外的创设基金,都必须得到中国人民银行总行的批准。这个阶段是我国投资基金刚刚起步并发展很快的时期,中国人民银行对基金市场的管理也是积极稳妥和行之有效的,这一阶段一直延续到1992年底。

第二阶段:多头监管阶段(1992~1997年)。1992年底,国务院对基金管理体制进行了调整,成立了国务院证券委员会(以下简称"国务院证券委")和中国证券监督管理委员会(以下简称"中国证监会")。国务院证券委为国家对全国基金市场进行统一宏观管理的主管机构,中国证监会为证券委的监管执行机构。但国务院规定:"金融机构债券、投资基金证券由中国人民银行审批。"中国人民银行1993年发布的《关于立即制止不规范发行投资基金和信托受益债券做法的紧急通知》和1994年发布的《关于投资基金有关问题的通知》中也都强调中国人民银行是投资基金的审批管理机关,未经总行的批准,不得在证券交易所、证券交易中心挂牌交易,但是,这些规定的实际执行效果并不理想,一些地方政府也越权管理和审批投资基金。事实上形成了证券委、证监会、中国人民银行和一些地方政府组成的多头监管的投资基金监管体制。这导致基金的设立、管理、托管等环节均缺乏明确有效的监管机构和监管规则,政出多门,大部分基金的设立由中国人民银行地方分行或者由地方政府审批,没有统一的标准,甚至在名称上都存在较大差异。在基金获批准设立后,审批机关也没有落实监管义务,基金资产运营、投资方向等方面均缺乏相应的监督制约机制。这种监管体制一直持续到1997年11月。

第三阶段:相对专管阶段(1997~2004年6月)。1997年11月,《管理暂行办法》颁布实施,《管理暂行办法》第5条明确规定了中国证监会为投资基金的监管机关,中国人民银行除了对作为基金托管人的商业银行进行监督外,基本上退出了国内投资基金的管理。由此中国基金业进入中国证监会相对专管时期。在总结以往证券监管经验的基础上,新修订的《证券法》第7条明确规定,"国务院证券监督管理机构依法对全国证券市场实行集中统一监督管理",“国务院证券监督管理机构根据需要可以设立派出机构,按照授权履行监督管理职责"。这一规定确立了国务院证券监督管理机构作为我国证券市场集中管理者的地位,改变了国务院系统内多头管理,各地分别管理的局面。在该阶段,法律法规不断完善,监管力量加强,为基金业的运作创造出良好的外部环境,并推动基金业的迅速发展。多部基金法规相继出台,中国证监会基金监管部作为基金监管的主要实施部门,在基金管理公司与基金的设立、运营、托管等方面实施高效监管。然而,《管理暂行办法》没有建立统一的投资基金监管体制,所以导致我国投资基金操作上有许多不规范和不成熟的地方。比如基金发起人不规范,其所持股本比例偏小,有动机不纯之嫌;基金当事人之间的信托关系模糊,基金内部运作机制不够规范;投资基金类型过多,性质模糊;基金规模过小,资产结构不合理,稳定市场作用微弱;基金业的业绩不佳,专家不专等问题。

第四阶段:统一、多层、协调监管阶段(2004年6月至今)。2004年6月实行的《基金法》使我国基金业步入了更为规范更为有序的发展,揭开了我国基金业立法的光辉一页。该项法律对我国投资基金监管体制的贡献在于:其一,进一步强化了证监会的监管地位、扩大了其监管的范围、增强了其监管职能。其二,确立了自律组织的法律地位和作用。以我国《基金法》的贡献为契机,基金业及其立法逐步完善了我国投资基金监管体制,从而建立起了统一、多层、协调的监管体制。这里的统一是指政府监管权统一于中国证券业监督管理委员会,以确保政府监管机构的专门化、集中化、独立化。多层是指政府监管与自律监管互相配合、互为补充,从而形成多道防线,确保基金业的健康发展。协调是指政府监管机构与自律组织相协调、政府监管各种机构之间相协调。实践表明,这种监管体制是我国基金业发展和对国外基金业发展经验借鉴的必然结果,对我国基金业的监管功不可没。尽管如此,由于各方面问题处理不周到不彻底,致使我国投资基金监管体制存有不尽人意之处,从而导致了损害基金投资者利益的现象频发,这使我们不得不考虑投资基金监管体制的改革问题。

2. 我国现行投资基金监管体制法律制度。本书将从以下两个方面展示我国现行投资基金监管体制法律制度：其一，我国投资基金监管体制法律制度的组织体系；其二，我国投资基金监管体制法律制度的立法发展。

第一，我国投资基金监管体制法律制度的组织体系。我国现行基金监管模式是政府监管为主配合行业自律的监管。首先，加强国务院证券监督管理机构对投资基金的管理，完善其监控职能，是健全我国投资基金监管体制的核心内容。其目标在于通过政府的宏观调控，充分运用市场调节机制，克服市场波动的消极作用，防止基金市场上的欺诈和舞弊行为，维护基金市场的公开、公平、公正，保护投资者利益。根据证券投资基金法的规定，国务院证券监督管理机构职权已趋完善。其次，基金市场的监管是一项相当复杂而艰巨的任务，涉及面广，没有证券交易所的配合，国家监管部门难以实现有效监管。因此，各国都比较注重证券交易所的管理，以发挥证券交易作为第一道监管闸门的作用。证券交易所作为证券市场的组织者，提供与证券发行和交易相关的各项服务，它的角色和职能决定了要加强证券交易所的一线监管。它的一线监督地位，也是其他任何机构所不能代替的。证券交易所是上市证券集中交易的场所，容易及时发现问题，能够对整个交易活动进行全面的实时监控。因此，加强证券交易所对市场的实时监控，就有助于及时发现和查处问题，防止风险和危害的扩大。实践证明，我国上海证券交易所和深圳证券交易所在基金监管方面发挥了重要作用。然后，随着我国投资基金业的发展，必须加快我国投资基金行业自律机制的建设，适时成立基金行业自律组织——投资基金行业协会，并制定行业自律守则，明确其主要职责，包括检查基金的日常经营活动，督促执业守则的执行；培训基金管理人才，加强基金基本知识的宣传与推广；代表基金协会会员向政府及有关部门反映业内对基金监管的意见；加强基金经营机构之间的联系与沟通；加强与海外自律机构之间的联系，增强彼此之间的了解与往来等。行业协会宜实行会员制，各地基金管理公司均应成为正式会员参加，同时接受作为信托人的银行、作为中介机构的律师事务所、会计师事务所及其他参与基金成立和管理的专业机构为列席会员。最后，为了维护基金市场的健康、稳定发展，中国人民银行、中国银监会、财政部参与对投资基金的管理，维护基金市场公平而有效率的运作是必要的。因为《基金法》规定我国证券投资基金的托管人只能是商业银行，因此，中国人民银行要加强对作为基金托管人的商业银行的监督管理，商业银行应以"诚实信用、勤勉尽责"的精神，安全保管基金的全部资产，特别是必须将其托管的基金资产与自有资产严格分开，对不同的基金分别设置账户，实行分账管理，以保证基金资产的完整。《商业银行设立基金管理公司试点管理办法》规定：中国人民银行会同中国银监会和中国证监会，负责商业银行设立基金管理公司的综合协调工作。另外，2002 年《证券投资基金会计核算办法》体现了财政部对证券投资基金会计核算的监管。

综上所述，我国基金监管机构主要包括国务院证券监督管理机构及其派出机构、证券交易所和基金行业自律组织。对于商业银行所从事的基金托管、基金代销业务以及商业银行设立基金管理公司行为，由中国人民银行、中国银监会与中国证监会一起共同行使监管职责。我国基金业的税收由财政部进行监管。

第二，我国投资基金监管体制法律制度的立法发展。投资基金监管体制立法包括基金法律、基金相关法律、法规以及各种规章制度。概括而言，我国基金监管体制立法发展经历了以下三个阶段：

第一，起步阶段（1991～1996 年）。1991 年 1 月，中国人民银行发布了《关于严格境内证券投资基金审批管理的通知》，确立了中国人民银行对基金业监管的地位。1992 年 6 月，深圳市出台《深圳市投资信托基金管理暂行规定》，这是我国第一部规范基金发行、运作、管理等行为的地方性法规。1993 年，上海市实施《上海市人民币信托基金暂行管理办法》，这也是一部专门调整证券投资基金的地方性法规。1993 年 5 月 19 日，中国人民银行下发《关于立即制止不规范发行投资基金和信托受益债券做法的紧急通知》，开始了全面整顿基金业不规范行为的工作。1994年3月26日中央人民银行又发出《关于投资基金有关问题的通知》，其中心意思是重申中国人民银行作为管理机关的权威，对基金的审批、挂牌交易一律听从政策指挥。1995年8月11日由国务院批准，中国人民银行于同年9月6日发布的《设立境外中国产业投资基金管理办法》正式开始实施。这是我国第一个规范基金业发展的具有法律效力的行政法规性文件，也是中国人民银行作为基金主管机关期间发布实施的唯一一部部门规章。

第二，发展阶段（1997~2004年）。1997年11月14日，经国务院批准，国务院证券委发布《管理暂行办法》，这是一个分水岭，标志我国投资基金的发展和监管进入一个新的阶段。该办法在我国投资基金发展过程中具有里程碑的意义，从此我国基金业开始走上规范发展的道路。

1997年12月，中国证监会发布了一系列（第一号至第四号）《管理暂行办法》的实施准则，主要包括：第一号《证券投资基金的契约与格式（试行）》、第二号《证券投资基金托管协议的内容与格式（试行）》、第三号《证券投资基金招募说明书的内容与格式（试行）》、第四号《基金管理公司章程必备条款指引（试行）》。中国证监会于1999年3月颁布了第五号实施准则《证券投资基金信息披露指引（试行）》，1999年10月颁布了第六号实施准则《基金从业人员资格管理暂行规定》。

从1997年12月到2003年1月，中国证监会陆续发布了一系列补充规定和通知，包括《关于加强证券投资基金监管有关问题的通知》、《关于证券投资基金配售新股有关问题的通知》、《关于证券投资基金税收问题的通知》、《关于申请设立基金管理公司有关问题的通知关于进一步做好证券投资基金配售新股工作的补充通知》、《关于规范原有证券投资基金信息披露的通知》、《关于加强对证券投资基金发行工作监督检查的通知》、《关于加强对证券投资基金发行工作监督检查的补充通知》、《关于提供基金持有人名册有关问题的通知》、《关于基金管理公司法人许可证管理有关事项的通知》、《开放式证券投资基金试点办法》、《关于完善基金管理公司董事人选制度的通知》、《关于基金管理公司设立审核程序有关问题的通知》、《关于证券投资基金发行设立审核程序有关问题的通知》、《关于证券投资基金参与股票发行申购有关问题的通知》、《关于基金管理公司重大变更事项有关问题的通知》、《外资参股证券公司设立规则》、《外资参股基金管理公司设立规则》、《关于证券公司办理开放式基金代销业务有关问题的通知》、《证券投资基金管理公司内部控制指导意见》、《关于规范基金管理公司股东出资转让有关事项的通知》、《关于发布〈证券投资基金专业咨询委员会管理暂行办法〉的通知》等。

以上补充和通知为规范此阶段的基金业发展起到了积极作用，除此以外，在此阶段，自律规范在我国出现了。1998年4月，分别公布了《上海证券交易所证券投资基金上市规则》和《深圳证券交易所证券投资基金上市规则》两个自律性规范。2001年10月10日中国证券业协会基金公会颁布的《证券投资基金行业公约》，构成了我国证券投资基金的行业自律性规范。

第三，完善阶段（2004年6月至今）。2004年6月1日我国《基金法》正式实施，标志着我国基金业进入发展的新阶段，同时也开始了新的立法完善阶段。在此阶段出现了大量的部门规章和自律规范。自2004年7月至2006年5月，中国证监会单独发布实施了以下通知和部门规章：《证券投资基金运作管理办法》、《证券投资基金销售管理办法》、《证券投资基金信息披露管理办法》、《证券投资基金信息披露编报规则》第3、4号——《会计报表附注的编制及披露》和《基金投资组合报告的编制及披露》、《证券投资基金信息披露内容与格式准则第5号＜招募说明书的内容与格式＞》、《证券投资基金信息披露内容与格式准则第6号——＜基金合同的内容与格式＞》、《证券投资基金管理公司管理办法》、《证券投资基金管理公司高级管理人员任职管理办法》、《证券投资基金托管资格管理办法》、《关于基金管理公司运用固有资金进行基金投资有关事项的通知》、《关于进一步完善证券投资基金募集申请审核程序有关问题的通知》、《关于股权分置改革中证券投资基金投资权证有关问题的通知》、《<证券投资基金管理公司监察稽核报告内容与格式指引（试行）>的通知》、《证券投资基金信息披露内容与格式准则第7号<托管协议的内容与格式>的通知》、《关于2005年度证券投资基金和基金管理公司年报编制及审计工作有关事项的通知》、《关于发布<托管银行监督基金运作情况报告的内容与格式指引（试行）>的通知》、《关于规范基金管理公司设立及股权处置有关问题的通知》等。除此以外，中国证监会还与其他部门联合发布实施了一些规定和办法。比如2004年8月16日中国证监会与中国人民银行颁布实施了《货币市场基金管理暂行规定》，规范货币市场基金的募集、运作及相关活动。2005年2月20日中国人民银行、中国银监会和中国证监会联合颁布了《商业银行设立基金管理公司试点管理办法》。在此阶段，出现的自律规范包括：中国证券登记结算有限责任公司制定的《上市开放式基金登记结算业务实施细则》、《交易型开放式指数基金登记结算业务实施细则》和《上市开放式基金业务指引》，上海证券交易所发布的《交易型开放式指数基金业务实施细则》和《开放式基金认购、申购、赎回业务办理规则（试行）》，深圳证券交易所颁布的《开放式基金申购赎回业务实施细则》、《证券投资基金上市规则（2005年修订）》和《交易型开放式指数基金业务实施细则》。立法的完善标志着我国基金业的规范发展，正是在此阶段，我国基金业开始更加注重法制化的运作，这预示着我国基金业发展速度将进一步加快。

综上所述，我国投资基金监管体制立法从1997年才进入发展阶段，到今天我国投资基金监管法律体系建设已小有成就。我国投资基金监管法律体系由以下几个层次构成：第一层是法律。包括专门规范投资基金的法律和相关法律。《基金法》是我国唯一一部专门规范投资基金的法律，规范投资基金的相关法律有《证券法》、《公司法》、《刑法》、《信托法》、《合同法》、《民法通则》、《会计法》及有关税收方面的法律，它们从不同角度规范了基金的运作，是最高效力层次的法。第二层是以《管理暂行办法》为代表的行政法规。第三层是部门规章。这是指国务院各部、各委员会、中国人民银行、审计署和具有行政管理职能的直属机构根据法律和国务院的行政法规、决定、命令，在本部门的职权范围内依据《规章制定程序条例》制定的规定、办法。比如中国证监会制定的《证券投资基金运作管理办法》、《证券投资基金销售管理办法》、《证券投资基金信息披露管理办法》等。第四层是通知。主要指行业内部管理制度。如《关于股权分置改革中证券投资基金投资权证有关问题的通知》、《关于发布＜托管银行监督基金运作情况报告的内容与格式指引（试行）＞的通知》等。第五层是行业自律性管理制度。主要包括证券交易所业务规则与证券交易规则、中国证券登记结算公司登记结算业务规则、基金协会行业规则。如上海证券交易所发布的《交易型开放式指数基金业务实施细则》、深圳证券交易所发布的《证券投资基金上市规则（2005年修订）》、中国证券登记结算有限责任公司制定的《交易型开放式指数基金登记结算业务实施细则》、中国证券业协会基金公会颁布了《证券投资基金行业公约》等。

其中，第一层次的立法在我国投资基金监管法律体系中占有重要的地位。《基金法》是针对我国投资基金运作的专门法律；《证券法》对有关证券发行、证券上市、持续信息公开、禁止的交易行为、法律责任的规定适用于证券投资基金；在目前情况下，我国证券投资基金管理公司采用的是有限责任公司形式，《公司法》对有限责任公司的设立、组织机构、财务、会计、公司合并、分立、破产、解散和清算及法律责任的规定对基金公司具有法律约束力，《公司法》对股东会、董事会、监事会的有关三权制衡、公司内部控制制度建设、公司终止方面的规定，对基金管理公司完善法人治理结构具有法律的约束力；《刑法》的一些条款对贯彻"公开、公平、公正"的市场原则具有促进作用，对违法行为的惩戒可以从另一方面维护市场秩序，保证市场按共同的规则运作，《刑法》中有关证券犯罪的规定可以警示基金管理公司的操纵市场、内幕交易、证券欺诈等违法行为；《合同法》对基金持有人提供了应有的保护，由于基金管理公司与基金持有人之间形成的基金契约是一种格式合同，所以基金管理人对基金契约的变更必须以合同法为依据;《信托法》对基金管理公司的行为予以规范是因为投资基金所募集的基金是基于信托关系而形成的;《民法通则》能够调整基金持有人之间和基金的各种法人之间的财产关系和人身关系,规定民事活动应当尊重社会公德,不得损害社会公共利益,破坏国家经济计划,扰乱社会经济秩序,同时就企业法人、民事法律行为和代理行为作出具体的规定;《会计法》及有关税收方面的法律对基金管理公司内部控制及财务、会计处理及税收问题进行规范。

二、我国现行投资基金监管体制法律制度的不足

我国现行投资基金监管体制法律制度的不足主要体现在监管体制法律制度的组织体系和立法体系两个方面。

1. 我国现行投资基金监管体制法律制度组织体系的不足。

第一,政府监管的弊端所在。我国基金业经过十几年的成长,市场已初具规模,发展的潜力很大,这与我国政府监管机构的依法集中监管是分不开的。但是,政府监管并非十全十美,随着我国基金业的不断发展,其弊端已然暴露,致使我国基金市场违法违规行为猖獗、中小投资者的合法权益不断受到侵犯。因此,在坚持政府集中监管的前提下,思考政府监管的弊端所在十分必要。其一,监管理念偏失。基金业是极富商业性、弹性系数大、灵活多变的产业。政府监管本身有一定的缺陷,国际证监会组织(International Orgnization of Securities Commissions,IOSCO)的相关指引与文件中多次强调证券监管的微观基础与市场自律的重要性,敦促各国证监会在加强日常监管的同时加速市场化监管体系的建立,利用市场力量自发监督证券市场,以达到防患于未然的效果。而我国政府对基金业的管制宽而严,细而深,忽视基金市场机制的作用,对监管的适度性把握不到位。其二,政府监管成本高收益少,致使内部监管人员缺乏监管积极性。政府监管成本主要是指监管机构在实施监管过程中支出的成本,包括监管人员的工资支出,监管人员的培训支出以及与监管相关的其他费用。除此之外,还有现场核查等办公费

用。监管成本与监管力度成正比,监管力度越大,监管成本就越大,监管力度越小,监管成本就越小。政府监管的收益主要是证监会向基金收取的监管费用。2003年2月9日,中国证监会转发的《国家计委、财政部关于重新核定证券市场监管费收费标准及有关问题的通知》规定证监会按年交易额的0.004%向证券投资基金收取证券交易监管费。对基金管理公司每年按其注册资本金的0.05%收取机构监管费,最高收费额为30万元。面对基金市场中的违法违规行为,政府机构通过对成本与收益的比较,其现实选择往往是消极监管。其三,政府监管具有时滞性。基金业能否真正持续、快速、稳健、有效地发展,关键在于作为投资基金业监管机构的监管能否表现出对投资基金市场运作的超前性监控。对投资基金业运作的超前性监管首先要对投资基金业运作机构业务经营、清偿能力、财务状况、管理水平等进行量化,定期定项目进行常规性量化考核,定期公布考核结果,发挥监管的公开性、公正性、常规性的作用。此外,还要建立预警跟踪机制。政府机构监管滞后,或表现在监管方式带有应急救火式,缺乏统一安排,周密部署,这将不利于投资基金业长期稳健发展。由于信息的不对称性,监管机构并非全知全能,对投资基金运作规律的认识可能存在一定的局限,而被监管机构为自身利益又可能有意隐瞒真情,甚至编造虚假或扭曲的信息,造成监管机构出现"管制时滞"(Regulatory Lag),监管机构不能及时采取有效措施,造成执行监管的措施效应滞后,甚至出现监管措施过时或失败。其四,监管者权力约束乏力。代表政府的基金监管机构是监管基金市场主体、制裁基金市场违法违规行为的主要机关之一,其权力以国家的强制力为基础,在惩制违法违规行为、保护投资者权益、维护基金市场秩序、促进基金业的壮大繁荣等方面起着举足轻重的作用。然而,随着监管者手中权力的不断扩大,个人私欲急剧膨胀,基金市场的腐败现象愈演愈烈,而目前我国对监管权的约束又极为乏力,法律层面上未见有对监管权限制与约束的规范。因此,加大对监管权的限制与约束,建立监管权约束机制,进而提高政府监管的效率应成为我国政府关注的一个主要问题。

第二，基金监管机构之间不协调现象严重。正如上文所述，我国基金监管机构不是单一的，而是由多个政府机构和多个自律机构组成。多个机构共同对基金进行监管，势必会造成各监管机构之间的监管矛盾，甚至在各监管机构内部各部门之间也存在竞争态势，造成统一的市场运行过程遭受分割。因此，政府要打破行业樊篱，尤其应该加强对各行业主管部门之间的协调。分析我国目前基金监管机构之间的关系发现以下问题。其一，中国证监会是中国证券市场上唯一的最高监管部门，应当具有高度的权威性和独立性，这是我国基金业健康发展的根本保证。然而，在实际操作中发现，中国证监会作为一个事业性单位，在行使监管职能时，面对各种复杂关系显得权威性不够，独立性也难以保障。其二，作为一线监管机构的证券交易所，加强对市场异常交易行为的监管是非常重要的，因此，证券交易所在基金违法违规行为的认定方面应该最具权威性，然而，证券交易所被视为基金业的自律组织，其权威性往往被忽视或剥夺。证券交易所一环出现了监管不利的情况，中国证监会等其他监管机构往往很难发现并弥补监管不利的损害。其三，理论上，中国证监会、中国银监会、中国保监会、中国人民银行四个机构在基金业中都履行着各自的监管职能，看似分工明确，各司其职。事实上，他们往往在同一项基金监管工作方面，存在分歧，加之各自的监管方式和理念不同，导致了他们之间矛盾重重。以上问题都亟需加强各监管当局的协调运作来减少市场运行的成本，减少经济安全隐患，避免因监管不协调和相互推诿监管责任引发的监管不利现象。

第三，自律组织还没有发挥很有效的监管作用。在基金业监管中，自律组织应当发挥有效的监管作用，良好的行业自律是基金业发展成熟的标志，已经被各国经验所证明。为此，我国《基金法》第10条规定，基金管理人、基金托管人和基金份额发售机构，可以成立同业协会，加强行业自律，协调行业关系，提供行业服务，促进行业发展。这一规定表明我国已有发挥自律组织作用的意识和决心。行业自律组织的一般职责义务主要包括：接受政府监管机构的监督，按照法律和行业规则积极履行职责，并定期向监督部门汇报；制定本行业从业人员职业道德规范和业务操作规范，报政府监管机构批准；对会员之间、会员与投资者之间的纠纷进行调解，发现违规行为，调查违规行为，向监管机构汇报，对违规会员进行相应的制裁；代表基金行业与政府监管机构联系和沟通，贯彻落实政府有关基金业发展与管理的方针政策，并向政府监管机构提供信息和反映有关情况；对从业人员进行培训，提高从业人员素质；组织有关投资基金的研究、宣传和推广工作；代表国内基金业同海外同行进行联系、沟通、交流与合作等。

投资基金行业自律管理在国际上已经比较成熟，其组织的组成，大致有以下三种模式：其一，美国模式。美国的行业自律职能分散于各有关市场组织，除了投资公司协会和全国证券商协会，还包括证券交易所、清算机构以及证券投资者保护公司。其二，英国模式。英国的行业自律组织是投资基金有关当事人各自组成单独的协会，由共同基金协会、投资信托协会、投资顾问协会、证券投资协会和基金管理人协会分别进行自律。其三，有的国家和地区则成立一个统一的基金行业自律组织，如日本的证券投资信托协会、香港的单位信托基金公会，其组成除了所有基金成员外，还包括其他相关组织和人员，如会计、律师事务所等。这些自律性组织强调"自我管理、自我约束、自我规范"的原则，坚持从业人员的诚信和稳健原则，以确保业内各基金公司严格遵守行规，提高基金业的运作素质，树立了基金业的良好声誉，对所在国和地区基金业的发展起到了极大的促进作用。由此可见，成立了一个单独的、全国性的自律组织是基金行业自律组织的发展趋势，也符合投资基金的运作规律和国际惯例。

我国于 1992 年 8 月成立的中国证券业协会，是包含基金业在内的整个证券业的自律性组织。最初证券投资基金行业是以相对松散的基金业联席会议的形式开展自律工作的，1999 年 12 月，当时的 10 家基金管理公司和 5 家商业银行基金托管部共同签署了《证券投资基金行业公约》。随着基金管理公司的增加和基金市场的发展，2001年8月，中国证券业协会基金公会成立。该公会在加强行业自律、协调辅导、服务会员等方面做了很多工作。2002年12月，中国证券业协会证券投资基金业委员会成立，承接了原基金公会的职能和任务。但是，由于投资基金的特殊性质，投资基金的行业管理需要投资基金行业组织来实施，然而，我国投资基金整个行业的自律组织还没有建立，因此，行业组织对投资基金监管的有效性还远远不够。

2. 我国投资基金监管体制法律制度立法体系的不足。相对完善的监管法律体系是任何资本市场必备的要素之一。国外的实践经验证明，一国投资基金监管法律体系的建立和完善，对于促进投资基金的发展、规范投资基金的运作和加强对其的监管，都起到了非常积极的作用。我国近几年在基金立法方面的努力也证实了这一点。由于在我国基金市场发展迅速，现行的法律体系已经无法满足投资基金发展的需要。我国现行投资基金监管体制法律制度的立法体系的不健全性突出表现在：

第一，我国投资基金法律体系建设滞后于基金业的发展。基金法律法规不仅具有规范基金行为的作用，同时也应当起到引导基金业发展的作用。美国最早的基金立法就体现了这一点。然而，我国基金法律体系建设却明显滞后于基金业的发展。因为我国基金业具有自发性，即先由地方自行发起，再由国家颁布法规加以规范和管理，立法工作还在一定意义上远落后于基金规范的需要。另外，尽管我国已经有了《证券法》、《基金法》、《信托法》等法律法规及规章制度，但是尚未建立起以《证券法》、《基金法》为核心、以诸如《证券交易法》、《投资顾问法》、《投资者保护法》等为配套法律体系的较为完善的投资基金监管法律法规体系。

第二，我国大多数专门的基金立法效力层次不高。前文已展示了我国基本的投资基金法律体系，其中，专门的投资基金法律只有《基金法》一部，专门的基金法规只有《管理暂行办法》一部，其他的基本上都是中国证监会颁布实施的规章制度。这一层次的基金立法缺乏必要的延续性。我国的基金立法从 1985 年基金出现到 2003 年《基金法》最终出台用了接近 20 年的时间，其间出台了大量的通知、办法、规定、条例等类似于法律的规章制度，但是这种规章制度往往存在延续性不够的问题，有的寿命只有三四年，之后就被下一个可能只存在三四年的新规定所取代，从而使基金投资者、管理者无所适从。

第三，相关法律制度的可操作性有待提高。尽管作为纲领性的大法《基金法》业已颁布，但因为《基金法》对很多重要的亟需解决的问题采取了回避和妥协的态度，导致其规范的内容和范围都十分有限。再如我国的《管理暂行办法》中要求基金托管人监督基金管理人的投资运作，但并没有具体的监督办法及违规惩处办法，使得这一规定的实效打了折扣。

第四，各部法律法规及规章制度之间的衔接性不强。无论是专门的基金法律法规及规章制度之间，还是专门的基金法律法规及规章制度与相关法律法规及规章制度之间都存在不相衔接的问题。我国基金立法往往迫于形势和现实的需要，匆匆出台一部只能解决当前问题的过渡性法规，这种法规的制定一般不会考虑与其他法律法规的衔接与协调。从而导致我国基金立法虽多，但真正适用起来却倍感困难。

第三节　完善我国投资基金监管体制法律制度的构想

一、正确定位政府在投资基金监管中的角色

为了改善政府在投资基金监管中的各种弊端，有必要正确定位政府在投资基金监管中的角色。政府要有效发挥它在基金监管中的作用，需把握以下方向：

（1）政府需遵循适度监管原则。适度监管是指政府对基金市场的干预程度必须适度。在政府和市场的关系中，世界各国干预"过度"或者"不力"的教训是相当深刻的。当今市场经济国家纷纷

走出这两个极端,而采取以政府适度干预为原则。在投资基金市场中,政府在监管时理应适度。

投资基金市场不仅具有市场一般的缺陷,而且还具有其内在的不稳定性、脆弱性、风险性,这必然需要政府的干预,但是适度监管要求将监管权的行使严格限定在市场可能失灵的领域内。政府的作用不是万能的,并且不可避免的具有局限性。政府干预如果不尊重市场经济客观规律,过分干预就会否定市场经济本身。这样一个有限政府的存在乃是市场经济的必然要求。可以说,市场经济就是要打破一个全能型的政府结构,废除政府的超常干预,将微观经济活动从政府的控制中解放出来,交由市场去解决。一个有限政府必须充分尊重市场机制的作用的规律,不能代替市场作用,也不能违背市场力量,不能侵犯市场主体自主权利,使市场主体保持高度的竞争活力。它仅在市场无力调节的领域,发挥其引导和调节作用。适度监管要求政府在基金监管方面主要履行宏观调控职责和市场管理人职责。政府的宏观调控职责主要目标是确保市场安全,而政府的市场管理人职责主要目标是促进基金市场的发展。

(2) 需重视市场化约束,提高政府监管效率。从理论上说,监管效率和市场稳定是相互统一的,二者之间并没有不可调和的矛盾。一个发达、完善、有序的基金市场应该是运作高效而稳定的市场,相应地所确定的监管体制应尽量满足和体现这种要求。然而,在实际的市场之中,监管效率与市场稳定的关系常常处于一种不稳定状态。20世纪80年代以前市场化约束与政府监管之间的关系实际上被理解成一种平行替代的关系,市场化约束与政府监管两种力量边界的确定由两种不同的组织架构模式的交易成本决定。在平行替代中,政府监管力量的强化也就意味着市场化约束力量的弱化,"双赢"难以实现。20世纪80年代以前的政府监管是市场压制性的,监管限制了市场化约束作用的广度和深度。20世纪80年代以后,这种局面得以改变,新的市场导向型的监管体系开始构建。市场化约束是提高监管效率的手段,同时也是改变行政监管体制的关键和目标。市场化监管要求在监管制度设立的时候考虑效益最大化原则，要求监管者改变过去那种行政体制下监管工作的被动性，将自身放置到市场整体之中，运用更为灵活的制度框架行使市场管理的功能。市场化约束要求改变合规性审批监管为导向性的监管；改变对市场组织的直接的检查监管，换为全面的考核、评级业务限定等制度性监管；改变行政体制下监管的"官僚"作风，提倡主动服务的监管，同时将监管利益、至少是部分利益纳入到监管服务之中；加强法律法规的建设，监管的部分功能应当放置在建立对市场组织营运全程的合法性上，那种事后查处功能应当转移到具体的司法部门。总之，有必要兼顾监管效率和市场稳定相结合的原则，从制度建设上将监管者合理地纳入到市场博弈的利益方，避免造成监管措施的不到位和监管的迟滞，以保证基金监管体制的健康运行，提高监管的效率。

  为了配合市场化约束，政府可多采用以下机制。其一，激励机制。在经济学里有激励相容理论，它是解释如何能更好地提高激励效果的理论。新制度经济学在将市场泛化的基础上，认为制度的产生既源于交易成本又是为了降低交易成本。一种制度有没有效率，取决于施行这种制度的交易成本，而交易成本的高低则取决于这种制度是否"激励相容"，即这种制度所要实现的目标是否与制度内个体追求利益最大化的行为相一致。所谓激励相容，指的是监管不能仅仅从监管的目标出发设置监管措施，而应当参照市场组织的经营目标，将投资基金的内部管理和市场约束纳入监管的范畴，引入两种力量来实现监管目标。激励相容的监管，应当是从总体上促进经营管理状况良好的基金发展，抑制管理水平低下的基金发展，应当是通过给投资基金施加一定的外部监管压力同时还应当有利于激发基金组织改善经营管理，进行风险控制和创新的内在动力。其二，投资者资产损失补偿和保险机制。投资者的补偿与保险机制旨在保护投资者的利益。一般有两种：一是由监管机构出面建立的补偿机制，二是由监管机构要求的商业保险机制。补偿机制通常用来补偿客户由于基金管理公司或其雇员对资产的错误管理所造成的损失，或补偿基金管理公司失去支付能力时对客户资产的短缺部分。

通常这个补偿机制是通过立法或监管规则建立的。补偿机制中的资产来源于被监管基金管理公司，也就是全体市场参与者支付资产以补偿投资者在被监管公司可能造成的经营损失，从而保护投资者的利益。商业保险机制是指市场参与者单个或集体从保险市场获得有关损失的保险，包括对基金管理公司雇员欺诈、违约、错误执行命令、非法交易等造成的损失而提供的保险。

(3) 政府应当接受再监管。任何权力不加以监督，就必然产生腐败。正如美国学者所言："不受限制的权力乃是世界上最具动力的、最肆无忌惮的力量之一，而且滥用这种权力的危险，也是始终存在的。"[1]日本进行金融体制改革前是由财政部门大藏省承担监管职能的，由于其强大的金融行政监管体系，又缺乏相应的监督，导致金融监管腐败受贿的情形经常发生，监管的失灵对日本金融业的发展产生了极其严重的负面影响。我国也曾有过滥用金融监管权力的案件，如海南发展银行从1995年成立到1998年关闭，个中原因固然复杂，如经营管理不善，地方政府干预过多等，但是其中一个很重要的原因就是当时的监管机构中国人民银行命令海南发展银行收购海南20多家产生支付危机的城市信用社，而导致其本身陷于支付危机，不得不关闭。有的学者研究指出，海南发展银行被关闭实质上是"中国人民银行滥用权力，干预金融机构正常经营活动的结果"[2]。2005年证券业又爆发出证监会发行审核处的官员受贿案件。实践中监管者有法不依、监管不力与滥用监管权力等问题充分说明，监管行为同样存在不合法和不合理之可能。而监管者一旦与监管对象形成"合谋"，其后果更为严重，监管的效果便将走向设置监管初衷的反面。

为了有效实现监管权的价值目标，构建一系列对监管者的监督机制十分必要。这些监督机制可分为外部监督机制和内部监督机

---

[1] [美] E. 博登海默：《法理学——法律哲学与法律方法》，邓正来译，中国政法大学出版社1999年版，第362页。

[2] 林志远：《中国金融改革的理论和实践——银行改革和资本市场》，经济科学出版社2000年版，第342页。

制。外部监督机制包括:其一,法律监督机制。这里的法律监督是指监管权主体的监督行为符合法律的规定,接受专司法律监督权的监督机关的监督。它包括立法监督和司法监督。立法监督就是指通过立法的形式确立起对监管者的监督。比如,《银行业监督管理法》在具体规定银监会监管职责的同时,对监管权力的运作进行了规范和约束,系统地建立对银监会的监督制约,并首次以法律的形式明确了监管者的问责制。[1] 而于2006年1月1日起施行的新《证券法》中对证监会权力的制约,加大要求涉及公开发行股票、公开发行新股等重要问题,必须经国务院批准同时出台了针对证券监管者的问责制。司法监督就是指由公安、法院、监察院、行政等部门对监管者实施的监督。司法监督主要包括检查监督和审判监督。司法监督为监管权的事后救济机制提供了重要保障。事后救济机制的设立是对监管者在行使监管权过程中,拒绝或怠于履行职责或不当不法行使权力时,为保护行政相对人的合法权益而采取的补救措施。它包括上诉机制和司法审查两种形式。其二,程序监督机制。就是针对监管主体行使监管权力设置必要的程序规则。因为程序的存在不仅对实体问题的支持,也是对实体权力的一种限制。其三,被监管者和同业公会监督机制。其四,社会监督机制。内部监督机制包括:①强化市场机制,改革行政审批制度,将监管部门的行政审批范围降到最低限度;②政务公开,完善保密制度;③改革薪酬制度,建立监管的激励约束机制。比如可以把证监会对基金违规的罚

---

[1] 问责制对于确保监管机构依法行使职权、履行职责具有重要意义。问责制意味着,监管机构要对其做出的所有决策给出合理解释,同时,它们不仅要对赋予其职责的政府或立法机关负责,还要对被监管机构和公众负责。尽管问责制的原则和理念已经被普遍接受,但实践中仍面临诸多困难。一般来说,实施严格意义上的问责制需要一整套制度和措施的支持,包括:立法和执行上的监督、严格的程序要求、公众参与、独立的司法审查等。在实践中,如果监管机构具备清晰、可量化的目标,其问责制比较容易实施。问责制应当体现在如下两个方面:①监管机构之间的合作有规范的机制,对于职能中存在交叉的领域,有明确的问责制;②对于监管机构的管理层和监管人员有明确的问责制,包括报告路线、任免监管者、独立性和职业道德等。

款在上交国家后，再按一定的比例作为奖励返还证监会，以此增加证监会的监管收益；④改革人事制度，加强监管人员的法制文化建设，在监管人员内部形成良好的执法环境，充分调动监管人员的工作热情，以此杜绝监管寻租的体制弊端。

二、建立各监管机构之间的协调机制

监管协调机制是各监管机构为了避免相互之间的监管摩擦，防止出现监管交叉与监管漏洞，降低监管成本，提高监管效率而建立的支持、配合和沟通的机制，使得各监管机构之间的合作从随机性、个案性的安排，转化为制度化、常规化、有实际决策内容的安排。正像有的学者所说："很多情况下对金融集团进行有效监管的唯一方法是金融集团的不同监管机构之间的合作。"[1] 2004年6月28日，三大金融监管机构中国银监会、中国证监会、中国保险监督管理委员会联合签署金融监管方面《分工合作备忘录》，在明确三方工作职责的基础上搭建起一套以"联席会议机制"和"经常联系机制"为基础的合作监管框架。这被认为是中国对金融混业经营实行联合监管的重要尝试。2005年2月20日实施的《商业银行设立基金管理公司试点管理办法》，也是中国人民银行、银监会和中国证监会三家共同制定并实施的一项重要法规，体现了三方合作监管的初步应用。由此可见，在这一阶段，各机构之间关系的协调被突出出来，成为这一阶段的重要工作。

在投资基金监管中，有效的协调机制应当做到：其一，强化中国证监会作为监管者的地位和独立性。在这一方面，我国应当向美国学习，美国的证券交易委员会具有非常强的独立性，一般不受其他机关的影响，且具有一定的立法权和司法权，这对SEC履行其职责有很大帮助。只有据此提升中国证监会的权威性和独立性，才能为证监会有效地履行其职责铺平道路。其二，加强监管者与自律组

---

〔1〕 姜立文、王刚："金融控股公司特殊金融风险的法律防范及对现行公司法律制度的挑战书"，载华东政法大学网站，http://ecupl.net/website/corplawinfo/ArticleShow.asp?ArticleID=2903，最后访问日期：2005年9月22日。

织之间的配合。在监管方面,自律组织是监管者的辅助者,如果双方配合的好,可以大大降低监管成本和提升监管效率。在此方面,英国的经验值得我们借鉴。在英国《金融服务法》中明确规定了一些自律组织协助证券与投资委员会,对基金业实行监管,自律组织可根据本行业的特点制定相应的投资领域的规则。这可以充分利用专业人员的优势,避免非专业人士介入监管带来效率低下的问题。同时,由于英国证券投资委员会与财政部保持密切联系,使得政府可以在不直接干预基金具体业务的前提下,对基金业实行宏观引导和调控。因此,加强监管者与自律组织的配合至关重要。其三,充分实现中国证监会与其他监管机构之间的协调。随着基金业的发展,涉及的监管机构也越来越多,各自对本行业的责任和行业利益都十分关心,因此监管机构之间存在着竞争态势,造成统一的市场运行过程遭受分割。要使各监管机构之间关系明确、合作顺畅,必须通过立法的形式明晰它们的职权配置和合作机制。协调的目标既包括各监管当局对证券投资基金的统一监管,也包括如何共同为各自监管范围内的证券投资工具创造公平的竞争环境。

三、强化自律组织在投资基金监管中的作用

一份调查显示,在中国众多行业协会中,具有一定影响力、工作正常开展的不足20%;基础一般、活动一般的占一半左右;基础较差,活动困难的达1/3。因此,进一步加强行业自律组织的建设十分重要。基金行业协会是基金业的自律组织,鉴于我国基金行业协会的现状,我国更应采取措施强化基金行业协会在基金监管中的作用。

1. 理顺基金监管组织与基金行业协会的关系。要理顺基金监管组织与行业协会之间的关系,可采用如下措施:其一,通过立法确立基金监管组织负责制,由基金监管组织负责对自律组织进行业务和党务的管理和指导,社团登记部门只负责登记与审议程序方面的材料。其二,基金监管组织宜将不适合自己去做的事情交给自律组织承担,并支持自律组织独立开展工作,对不履行行业协会章程及其他行规行约,或不执行行业协会决议的会员,基金监管组织要支持行业协会依法处分,必要时基金监管组织可以予以行政处罚。地方政府与行业协会是两个具有独立法人资格的主体,它们之间应当是合作伙伴关系。在现阶段,行业协会的发展需要政府去推动,但是不能因为这一点就否认,行业协会的自律、自治职能所实现的行业资源的有效配置功能。

2. 正确确立基金行业协会的权能。关于行业协会的具体权能,学界有很多争论。有的学者从企业和政府对行业协会的双重赋权角度分析,认为行业协会权能包括企业赋权和政府赋权两种,其中企业赋权作为内部固有权能包括代表、维护和服务三大职能,而政府赋权主要以外部授权和委托职能为表征。[1]有的学者从法律规范角度探讨了行业协会应具备的三个职能:一是针对企业的服务职能,即最原始、首要的职能,权力来源通常由行业协会成员通过协会章程的形式予以授权即可;二是对企业的管理职能,权力来源只要有政府的授权委托即可开展工作;三是监督处罚权力,权力来源需要有明确严格的法律的程序规定。[2]以上两种观点虽有差异,但都间接说明了行业协会最基本的权能是代表投资基金利益并为其提供服务。因此,行业协会必须切实贯彻民主决策原则,认真履行协会的章程和各种公约,时刻维护所有会员的利益。对于行业协会为了争取自身利益,而损害其成员利益的行为,基金监管组织应给予处分。具体而言,基金行业协会应履行以下权能:①注册管理。一个新成立的基金机构必须在监管机构和行业协会同时注册,以利于自律组织审查。②基金从业人员的资格管理,包括培训、考试、颁发资格证书和跟踪管理等内容,均要依据国家法律法规或自律规则并由政府批准。培训和考试工作由行业协会来做。③对会员的管理。要求会员提供以下报告,包括资产负债状况、基金资产运作状况、

---

[1] 徐家良:"双重赋权:中国行业协会的基本特征",载《天津行政学院学报》2003年第1期。
[2] 甫玉龙、黄凤兰:"行业协会权能的法律规范探讨",载《中国行政管理》2006年第3期。

财务变动情况等，行业协会对会员单位定期检查或不定期突击抽查，同时注意倾听会员单位的意见和要求，并根据要求修改规则、向政府申报，做好对各会员单位的服务工作，特别是在提供有关信息、解决争端方面。

3. 增强基金行业协会的权威性。要增强基金行业协会的权威性，可采取以下措施：其一，政府和专门的基金监管部门应大胆对行业协会放权，使行业协会掌控处罚权，对于违反自律组织规则的会员，行业协会能够对其进行一定的处罚，对于严重违规者，行业协会可以开除其会员资格，使其失去在本行业中的竞争优势。其二，实行强制入会制度，建议借鉴《证券法》的做法，规定主要的金融机构都应当加入相应的金融行业协会。并且可以参考香港的经验，进一步完善这一制度，规定加入协会会员是金融机构获准金融监管机关允许经营金融业务的必要条件。其三，加强行业协会内部建设。首先，应当完善组织体系。重点抓好协会领导层建设，健全各项组织制度，优化现有行业协会结构。其次，应当自主落实职能，完善自身的能力建设。最后，应当塑造社会形象。行业协会社会形象的设计主要涉及对公正性、公开性、社会责任的追求并建构相应的实现机制。以此，明确协会的权利和义务，独立、公正、客观地履行自己的职责，真正起到维护利益、沟通联系、协调关系、解决纠纷、当好基金监管参谋、助手的作用。

4. 建立基金行业协会经费来源渠道和征收标准。基金行业协会普遍存在经费来源单一的问题，仅仅依靠会费维持，行业协会不可避免的会面临经费不足的困境。因而，拓展协会经费来源渠道，确立经费征收标准，是行业协会必须解决的问题。解决这一问题可从三方面入手：其一，赋予基金行业协会会费征收标准自主权。行业协会的会费收费标准要由会员大会讨论，在章程中加以规定，可以考虑根据会员的注册资本、员工数等标准制定综合的收费标准，逐步与国际接轨。但需向基金监管机关和价格管理部门备案。其二，拓展行业协会的经费来源渠道，在不改变协会非营利性的前提下，逐步实现服务的有偿化，比如协会可以通过自身开办与自我宗旨有关的培训及特定服务等获取收入。其三，要制定经费预算机制，可根据经费支出的预算来确定会费的数额，以免先收再支，造成经费不足的后果。

四、完善投资基金监管体制法律制度的立法体系

只有投资基金监管立法体系得以健全，才能有效保障基金业的发展。因此，及时建立健全我国投资基金监管体制法律制度的立法体系十分重要。

首先，提高我国投资基金立法的前瞻性。投资基金立法的前瞻性，是保证基金业规范发展的前提。美国从1933年到1940年立法用了7年的时间基本上发展得比较全面。到今天为止，美国的主要立法还是4部，没有什么特别明显的变化。当初美国在立法时，就充分考虑了立法的前瞻性。反观中国的基金法律与法规的变化，严重缺乏前瞻性，从而导致无法有效规范基金业发展，甚至很多立法自动失效的后果。这与监管立法的短视行为有着极密切的关系。基金立法的前瞻性不是要在法律规定几个一成不变的基金种类，而是要为基金业的发展留有充分的空间。比如，随着我国社会保障体系的建立和完善，社保基金、养老基金及其他公益性基金都将逐步建立，并日益壮大。这些基金的发展也必须借助资本市场，所以公益性基金和商业性基金二者间的相互渗透是必然的。法律应为公益性基金进入资本市场作出专门的规定，或留有余地。为了确保我国未来基金立法的前瞻性，我国必须确立自上而下的立法模式。由中国证监会牵头，综合多方专家特别是投资基金业的专家参与立法，建立一套涉及各个投资基金运作环节的法律体系。在基金立法体系中，要尽量提高法律效力层次。人们在评价某个国家基金业发展的成熟程度时，往往参看该国基金业立法状况，其中法律效力的层次是重要的参看指标。效力层次越高的法律，在制定之时，往往获得更多的关注，投入更多的精力，其权威性和延续性更有保障。同时，效力层次高的法律更能够保障立法的稳定性，避免朝令夕改，立法形同儿戏的尴尬境况。

其次，增强投资基金立法的衔接性。首先，要保证专门的基金法律法规及规章制度之间的衔接性。在立法初期，有关法律主管部门就应对基金业法律体系进行全面论证，各相关部门都应在统一规划范围内起草、制定相关草案和法规、规章。基金业立法要着眼于建立规范基金业发展的法律体系，而不是简单地制定一部或几部单行的法律法规。这样可以有效保障各专门基金法律法规及规章制度之间的衔接性。其次，要保证专门的基金法律法规及规章制度与相关法律法规及规章制度之间的衔接性。一般而言，基金立法与《公司法》、《信托法》、《证券法》、《合同法》、《民法通则》以及有关工商登记注册方面的法律法规关系密切，它们之间应当保持高度的衔接性。然而，实际并非如此，基金立法与相关法律法规之间存在很多不协调性问题。比如，《基金法》与《信托法》对基金的称呼不统一；基金管理公司的治理结构方面与《公司法》衔接不够；等。这直接导致了法律适用上的困难。因此，理顺基金立法与其他相关立法的关系是今后立法工作的一项重要内容。最后，提高投资基金立法的可操作性。投资基金立法应及时对一些重要的法律制度作以详实、准确的规定，不应因为各种原因而简单地回避。同时，在法律规定上，既要确立严格的规范，又要为行政主管机关灵活机动地处理特殊情况留有余地，如基金管理人在基金运作中违反国家法律、基金契约等。如果损害投资者利益，就应承担相应的法律责任，包括民事责任、行政责任和刑事责任。对一些确实不会造成投资人损失的行为，即使存在利益上的冲突，但只要符合一定的条件，并经过行政主管机关批准就应当视为合法。

第三章　投资基金市场准入监管法律制度

一般来讲，市场准入制度是每个行业都需具备的一项重要制度。因为这一制度对组建某个行业并规范入市主体行为起着至关重要的作用。相比一般行业而言，市场准入制度对基金业的监管更为重要。因为投资基金从资本形态来说是一种虚拟资本[1]，投资基金的这一特性决定了基金业比其他行业具有更高的风险性。因此，为了有效保障基金投资者的利益，完备的投资基金市场准入监管法律制度对促进基金业的发展是必不可少的。然而，如此重要的一项制度在我国投资基金立法中并没有得到应有的重视，即便有一些简单的规定，也与我国快速发展的基金业格格不入。因此，笔者试从理论和实践两个层面研究投资基金市场准入监管法律制度，以期为我国投资基金市场准入监管法律制度的完善尽一点绵薄之力。

第一节　投资基金市场准入监管法律制度的一般分析

一、投资基金市场准入的含义与特征

近年来，市场准入（Market Access）一词日渐为人们所熟悉，频繁出现在我们的经济和日常生活中。也许正是因为市场准入一词在各行各业和各个领域中都有使用，所以，导致人们对市场准入一词的含义没有一个统一的认识。但是，要研究投资基金市场准入监管法律制度，其前提是准确界定市场准入的含义，从而界定清楚适

---

〔1〕 王令水："投资基金的虚拟资本性质研究"，载《上海金融学院学报》2006年第5期。

第三章　投资基金市场准入监管法律制度

用于投资基金业的市场准入的含义。从对市场准入的研究成果和使用领域来分析，市场准入主要包括国际层面上的市场准入和国内层面上的市场准入。国际层面上的市场准入是指一国允许外国货物、技术、服务和资本参与国内市场的范围和程度。它体现的是国家通过实施各种法律和规章制度对本国市场对外开放程度的一种宏观掌握和控制。国内层面上的市场准入是作为市场主体规制法律制度的一个部分，正如李昌麒主编的《经济法学》所言：市场准入制度是有关国家和政府准许公民和法人进入市场，从事商品生产经营活动的条件和程序规则的各种制度和规范的总称。[1]或许以上定义并不是特别准确，但是很显然这两种对市场准入的不同界定对本书界定投资基金市场准入的含义提供了很大的借鉴意义。因为它对界定投资基金市场准入的基本范畴提供了一条基本思路，这条思路就是在研究国内投资基金市场准入的同时，应兼顾国际投资基金市场准入。

法学界对市场准入的界定颇多，但大多都侧重于某一个层面的市场准入进行研究。侧重于国内层面上的观点，比如市场准入机制是指政府对企业或市场主体进入某经营领域或市场从事经营而施加限制或禁止的全部理念、制度、行为等形成的有机整体。[2]市场准入制度是有关国家和政府准许公民和法人进入市场，从事商品生产经营活动的条件和程序规则的各种制度和规范的总称，[3]等等。侧重于国际层面上的观点，比如乔·P. 雷切曼（Joel P. Rachtman）教授认为市场准入是：①一国市场的自由度；②实质上是国民待遇表现出来的自由市场准入；③结果上是一国市场份额被瓜分的程度。[4]有的学者认为所谓市场准入，是指一国或地区允许另一国或

---

〔1〕 李昌麒:《经济法学》，中国政法大学出版社2002年版，第149页。

〔2〕 段涛:《房地产开发市场准入法律问题研究》，西南政法大学2004年硕士论文，第1页。

〔3〕 孟凡波:《现阶段我国报刊市场准入和退出机制研究》，河北大学2006年硕士论文，第3页。

〔4〕 Joel P. Rachtman, "Trade in Financial Services Under GATs, NAFTA and the EC: A Regulatory Jurisdiction Analysis," *Columbia Journal of Transnational Law*, 34 (1995), P44

地区的货物、服务、资本参与本国市场的程度。[1]总之，兼顾两个层面上的市场准入的研究少之又少。不过，学界还是有一部分学者的观点能够证明笔者观点的合理性。比如，有的学者认为市场准入既包括国内市场准入的内容，也包括一国对外市场准入的内容。[2]还有学者也曾指出：虽然对市场准入的理解不同，但不外乎包括国际法意义和国内法意义上这两个方面的内容。[3]

在此基础上，笔者认为：市场准入是指为了实现一国市场的健康与稳定发展，国家对市场主体及交易对象进入市场的行为所进行的一系列规范。这一概括性界定包括了国内层面上的市场准入与国际层面上的市场准入。相应地，投资基金市场准入是指为了实现一国投资基金市场的健康与稳定发展，国家对基金市场主体及交易对象进入基金市场行为所进行的一系列规范。投资基金市场准入具有以下特征：其一，规制市场准入的主体是国家或政府。一般而言，政府对本国市场具有管制权。丹尼尔·F.史普博曾说：管制是由行政机构制定并执行的直接干预市场配置机制或间接改变企业或消费者的供需决策的一般规则或特殊行为。[4]政府对市场准入的管制是政府对市场管制的重要组成部分。虽然，世界各国政府规制机构的设置，取决于各国的市场模式、引入竞争的范围和程度、规制行业结构和特点、国家政治体制、法律制度、国家的地域面积等，也受规制行业历史状况的影响。但是，目前市场准入的规制机构主要是指政府确立的行政机构。一般而言，政府机关通过立法或其他形式被授予准许权，可称为准许者。在我国，规范投资基金市场准入的主体主要有中国证监会和中国银监会。其二，规范投资基金市场准入的目的是为了实现一国基金市

---

〔1〕刘想树："西部开发中利用外资的几个法律问题的宏观透析——以WTO（世贸）相关法律制度为基础"，载《法学家》2001年第3期。

〔2〕刘丹、侯茜："中国市场准入制度的现状及完善"，载《商业研究》2005年第12期。

〔3〕戴霞：《市场准入法律制度研究》，西南政法大学2006年硕士论文，第13页。

〔4〕[美]丹尼尔·F.史普博：《管制与市场》，余晖等译，上海三联书店、上海人民出版社1999年版，第45页。

场的健康与稳定发展。市场失灵表现出的自然垄断、外部性、信息不对称或不完全信息等也会反映在市场准入中,为了使市场失灵控制在合理的范围之内,保证一国市场健康与稳定的发展,政府必须将市场准入纳入其规制范围之内。投资基金市场准入同样需要规范,否则,一些不合格的主体和交易对象,甚至一些非法主体和交易对象进入基金市场,扰乱基金市场秩序,从而损害基金投资者的利益。其三,政府在投资基金市场准入方面必须以立法为依据进行适度干预。市场需要政府的管制,但是值得注意的是,政府的市场管制有很多缺陷:比如以行政权力代替市场机制;经常成为特定利益集团、阶层所购买"商品",成为他们取得垄断利益的保护伞;很难对管制机构实施有力的监督;效率低下,严重浪费资源等。[1]立法规范是克服政府干预市场缺陷的重要手段。面对日趋复杂化、高度技术性的市场准入规制事项,面对日益加大的各种不确定性的风险,市场准入问题需要多个法律部门综合加以调整。[2]因此,投资基金市场准入一般通过立法的方式,确立政府管制的范围和权力。其四,投资基金市场准入的对象是拟进入基金市场的市场主体和基金本身。一般而言,市场准入的对象是拟进入市场的市场主体、货物、服务或资本等。在基金业中,投资基金市场准入的对象主要是拟进入基金市场的市场主体和基金本身。基金监管者通过对拟进入基金市场的市场主体和基金本身设定各种条件限制和审查,来实现政府对基金业宏观层面和微观层面上的控制或干预。

二、投资基金市场准入监管法律制度的法律价值

"价值反映的是每个人所需求的东西:目标、爱好、希求的最终地位,或者反映的是人们心中关于美好的和正确事物的观念。"[3]法的价值是指称法律在发挥其社会作用的过程中能够保护

---

[1] 陈云良:"政府干预市场方法之批判",载《新东方》2002年第4期。
[2] 戴霞:"市场准入的法学分析",载《广东社会科学》2006年第3期。
[3] [美]普拉诺等编著:《政治学分析词典》,胡杰译,中国社会科学出版社1986年版,第187页。

和增加哪些价值。[1]法律价值包括自由、秩序、安全、社会福利、公平、效益等。由于各个法律部门和法律制度都具有各自特殊性，其法律价值也各有侧重。投资基金市场准入监管法律制度是国家对基金市场进入基本的、初始的干预，是国家意志干预基金市场的表现，是政府管理基金市场的制度安排。它作为政府管理的第一环节，既是政府管理基金市场的起点，又是一系列后续管理措施实施的基础。因此，它是规范基金业的一项基础性的、极为重要的法律制度。作为这样重要的一项制度，其法律价值主要体现在以下几个方面：

1. 秩序价值。秩序的存在是人类一切生存、发展活动的必要条件。秩序总是意味着社会进程中某种程度的关系的稳定性、结构的一致性、行为的规则性、进程的连续性、事件的可预测性、人身财产的安全性、冲突的可控制性及纠纷解决的和平性。亚里士多德（Aristole）曾说："法律（和礼俗）就是某种秩序；普遍良好的秩序基于普遍遵守法律（和礼俗）的习惯。"[2]"法的秩序价值就是法能够用它特定的方式建立和维护强有力的社会秩序，来满足社会的需要。"[3]投资基金入市秩序源于对投资基金市场准入监管法律制度的遵守，这就要求投资基金市场准入监管法律制度自身须体现为对秩序价值的尊重。罗斯科·庞德（Roscoe Pound）说："法学家们现在所称的法律秩序——即通过有系统地、有秩序地使用政治组织社会的强制力来调整关系和安排现行的制度。"[4]因此，入市法律制度自身体现为法律秩序。同样，投资基金市场准入监管法律制度自身体现为基金市场的法律秩序。投资基金市场准入监管法律制度蕴含的秩序价值是以法建立基金市场并维护基金业的稳定与健

---

[1] 张文显：《法理学》，高等教育出版社1999年版，第362页。

[2] ［古希腊］亚里士多德著：《政治学》吴寿彭译，商务印书馆1965年版，第353～354页。

[3] 卓泽渊主编：《法理学》，法律出版社1998年版，第202页。

[4] ［美］罗·庞德：《通过法律的社会控制——法律的任务》沈宗灵、董世忠译，商务印书馆1984年版，第22页。

康发展。"由于法律对权力的无限制的行使设定了障碍，并试图维持一定的社会平衡，所以在许多方面都必须将它视为社会生活中的限制力量。"[1]这就是说，基金监管部门在规范基金入市行为时，必须依法进行，否则，权力的过度膨胀势必会带来基金市场的无序。

2. 效益价值。效益（Efficiency）是指以较小的投入获得较大的产出。人类的一切社会现象，都是沿着一定的利益轨迹运行的，正如卡尔·马克思（karl Marx）所言："人们奋斗所争取的一切，都同他们的利益有关"[2]。法律的效益价值是指法律能够使社会或人们以较少的投入来获得较大的产出，以满足人们对效益的需要。其实质是法治以取得一定的收益为目的，同时法治需要耗费一定的成本。为了实现法律的效益价值，人们必须"通过经验来发现并通过理性发展来发展调整关系和安排行为的各种方式，使其在最少的阻碍和浪费的情况下给予整个利益方案以最大的效果"[3]。因此，首先，法律本身应当体现效益价值。法律不能仅是公平有序地分"蛋糕"，而且要求能够促进"蛋糕"的生产，使人们能分得更多的"蛋糕"。现代法律已经自觉或不自觉地在为提高社会的经济效益服务，确认最有效益的经济运行模式，保护产权关系，保障个人利益，激励各经济主体提高经济效益，为整个社会效益最大化提供条件和机制。[4]其次，法律必须能够保障效益价值的实现。因为"法律对人们的重要意义之一，应当是以其特有的权威性的分配权利和义务的方式，实现效率的最大化"[5]。布坎南也说："没有合适的法律制度，市场就不会体现任何价值最大化意义上的'效

---

[1] E. 博登海默：《法理学——法律哲学与法律方法》，邓正来译，中国政法大学出版社 1999 年版，第 358 页。

[2] [德] 马克思、恩格斯《马克思恩格斯全集》（第 1 卷），人民出版社 1995 年版，第 82 页。

[3] [美] 罗德·庞德：《通过法律的社会控制——法律的任务》，沈宗灵、董世忠译，商务印书馆 1984 年版，第 71 页。

[4] 汪全胜："立法价值效益优先论"，载《学习与探索》2002 年第 3 期。

[5] 张文显：《法哲学范畴研究》中国政法大学出版社 2001 年版，第 219 页。

率'。"[1]投资基金市场准入监管法律制度的效益价值主要体现在：其一，完善的投资基金市场准入监管法律制度为基金市场创造规范有序的进入与退出环境，从而提升整个基金市场高效有序的发展；其二，完善的投资基金市场准入监管法律制度可以为基金监管部门提供一个监管尺度，从而避免政府过度监管产生的高成本。

3. 公平价值。公平（Justice）是人类的永恒理想。正如英国史学家A. J. 汤因比（A. J. Toynbee）所说："人不仅仅是靠面包过活的。无论人的物质生活可能被提高得多高，也无法治愈他在精神上对社会公平的需要。"[2]一切社会规范形式，诸如政治规范、经济规范、法律规范、道德规范、宗教规范等等，都将公平作为重要的价值内容和价值目标，体现和渗透在自身的规范结构之中。[3]因此，公平也是法律的神圣目标，是法的价值取向之一。正如恩格斯所指出的那样："法的发展就不过是使得法所表现的人类生活状态接近于公平理想，即接近于永恒公平。"[4]通常公平是指处理事情合情合理，不偏袒哪一方。在美国具有权威性的《布莱克法律词典》认为：公平指法律的合理、正当适用。在法学上指对有关赋予当事人权益的法律事件或争议所作的处理具有持久性。公平作为法律价值经历了一个漫长的嬗变过程，人类对公平价值的追求史大致可以分为结果的公平、机会的公平和制度的公平。[5]现代意义上的公平是指社会主体在社会关系、社会生活中处于同等的地位，具有同等的发展机会，享有同等的权利。具体来讲，公平应包括以下几方面的内容：其一，地位平等。人们之间尽管存在性别、民族、职

---

〔1〕 布坎南：《自由、市场和国家》，吴良健、桑伍、曾获译，北京经济学院出版社1988年版，第89页。

〔2〕 [英] A. J. 汤因比：《文明经受着考验》，沈辉、赵一飞、尹炜译，浙江人民出版社1988年版，第23页。

〔3〕 [日] 猪口孝、[美] 约翰·基恩、[英] 爱德华·纽曼：《变动中的民主》，林猛等译，吉林人民出版社1999年版，第201页。

〔4〕 [德] 马克思、恩格斯：《马克思恩格斯选集》第3卷，人民出版社1995年版，第211页。

〔5〕 杨清望："和谐：法律公平价值的时代内涵"，载《法学论坛》2006年第6期。

业、经济状况、生理等方面的差别，但应有相同尊严，处于相同的社会地位。第二，机会平等。机会平等就是起点平等，它是现代公平观的首要内容。第三，利益平等。主要体现在收入分配上，社会成员无论自身条件如何都具有同样的生存和发展权利，等量劳动通过等价交换获得等量报酬，劳动差别决定劳动收入的差别。因此，现代公平观是地位平等、机会平等和利益平等的统一。[1]投资基金市场准入监管法律制度的公平价值，其一，体现为投资基金市场准入主体与对象在入市条件、入市行为的监管方面基本一致，不存在厚此薄彼现象。其二，体现为公平竞争，即指机会平等，排除各种人为障碍，制止任何人对各种机会的垄断和特权。其三，体现为利益平等，即入市主体与入市行为监管主体权利与义务的配置平等。

三、投资基金市场准入监管法律制度的基本原则

所谓原则是指观察和处理问题的准绳，基本原则则为不同于具体原则的根本规则。市场准入法律制度的基本原则是指贯穿于市场准入法律制度建构和实施始终，对全部入市法律制度起统率作用的基本准则，集中体现了入市法律制度的本质特征和根本价值，具有抽象性、宏观指导性和基础性的特征。其抽象性是指，该基本原则反映了市场准入法律制度的本质特征，体现了该法律制度的精神和理念，同时其形式上并不一定表现为法律规范，也不对入市法律关系主体间权利与义务及相应法律后果做出具体的相应的规定，却能表现该法律制度的立法目的与宗旨。其宏观指导性是指该法律制度的基本原则能对机构投资者的入市行为和监管主体的监管行为具有根本性的指导意义，并对入市法律制度的运作具有导向性。其基础性是指，该法律制度的基本原则是入市法律制度最基本和最重要的规定，是入市法律制度有效运作的基础，丢掉或违背这些基本原则，入市法律制度所确立的立法目的就难以实现。市场准入法律制

---

[1] 李昕："公平与效率：经济法的基本价值目标"，载《法制与经济》2006年第6期。

度基本原则主要包括公开、高效、适度三项基本原则。

第一，公开原则。公开原则通常被认为是证券监管法律制度的核心所在。美国证券法专家布莱斯·帕托斯里（Blaise Patrosri）指出，贯穿于美国证券法律的基本原则，特别是就"1933年证券法"来说是"公开"原则，而不是"审查"原则。[1]所谓公开，是指信息公开，其实质内容是要求证券的发行人将所有与其证券发行、上市及交易有关的资料公开，以便保证让每个投资者都有平等获取信息的渠道，让投资者在正确判断证券市场风险与利润的基础上做出理性的投资决策，公开原则的功效在于：其一，提供投资判断的必要信息，保护投资者的合法利益。只有将发行公司的资料全部公开，投资者才可能对此进行价值判断，做出正确的投资决策，最终达到证券监管的目的。其二，能够有效地约束证券发行人的行为，公开发行要求发行人如实公开真实情况，不得弄虚作假，欺骗公众，否则将承担相应的法律责任。这种严格的法律责任有助于证券发行人进行自我约束、自我管理。其三，可增加发行公司内部经营管理和财务状况的透明度，强化证券管理部门和社会公众对发行公司的监管。如美国最高法院大法官路易斯·布兰代斯（Louts D. Brandeis）曾经说过的，"公开原则可以矫正社会上及企业中的弊病，公开原则犹如太阳是最好的防腐剂"[2]。公开原则不仅体现为市场的公开、市场主体及其行为的公开，还体现为法律规则的公开、执法管理活动的公开。市场准入法律制度的公开原则主要有两层含义：一是指应当依法保证市场准入主体和对象的资格条件、入市程序、入市方式等内容及各种详细信息完全公之于众；二是入市行为监管主体对市场准入主体的入市行为所进行的监管活动应公开。实际上，入市法律制度公开原则主要依靠强制性信息披露制度来实现。通过强制性信息披露，能增加基金市场的透明度，进而实现"必须使逐步显露的控制结构更加透明，必须使控股所有者的所

---

[1] Comparative Survey of Securities Law. 法学[J]. 1994, 12: 126.

[2] 阎达昆、刘义华：《证券会计全书》，中国物价出版社2000年版。

第三章 投资基金市场准入监管法律制度

作所为更加透明"[1]的目标。

第二，高效原则。高效主要表现为程序上的及时性、便捷性、易操作性。高效率是与低成本[2]相关联的。高效监管不仅是指监管者要以价值最大化的方式来实现市场监管的目标，降低监管成本，而且要通过监管来促进基金业高效发展。基金是为市场经济提供服务，其直接目的是为促进社会资金的高速流通和高效利用，因此基金监管法理应为促进和提高基金市场的高效运转、增强基金业的规范性和有序性发挥积极的作用。高效原则要求监管机构既要对基金业进行必要的监督和管理，又不能束缚基金业应有的活力。基金监管法就是要通过保护合法的基金业行为，制止非法的基金业行为，来促进整个基金业的高效运转。同理，市场准入法律制度的高效原则不仅指该法律制度要以价值最大化的方式来降低入市成本，实现培育合格入市主体和对象的目标，而且要在保证基金市场供需平衡的基础上，通过扩大市场需求来促进基金市场高效发展。没有合格的法律和制度，市场就不会体现任何价值最大化意义上的效率。[3]因此，入市主体入市行为效率最大化、入市行为监管主体监管行为效率最大化，应当建构充分体现高效率的入市法律制度，让高效原则贯穿入市法律制度的始终。投资基金和基金管理者入市的直接目的是让社会资金资本化的同时，满足证券市场融资者融资的需要。基金市场社会资金的高速流动和高效利用主要是通过高效率的入市法律制度来实现的，而高效率的入市法律制度主要表现为在具体入市标准、入市程序、入市模式的选择上要充分体现市场化的要求，须能够及时为合法的入市行为提供保护，能够及时扼制违法

---

[1] 埃里克·伯格洛夫·阿涅特·帕尤斯特："逐步兴起的所有者，日渐衰退的市场？"，载吴敬琏主编：《比较》（第5辑），中信出版社2003年版，第86~87页。

[2] 成本包括社会成本和私人成本。法律应该在权利界定上使社会成本最低化，使社会资源配置达到最优点。社会成本会减少社会财富，而私人成本仅是对财富的重新安排。

[3] 布坎南：《自由市场和国家》，吴良健、桑伍、曾获译，北京经济学院出版社1997年版，第89页。

违规入市行为，防止其扰乱基金市场的正常秩序，以推动基金业的良性发展。

第三，适度监管。适度监管是指监管必须符合市场发展的自然规律，不能因监管而压制了市场的发展活动。适度原则要求将监管严格限制在市场可能失灵的范围内，对于市场能自行调节好的经济活动，政府就没有必要深入插手，否则，不仅多余，而且有害。由此可见，适度原则是针对政府管制与市场自治二者关系而言的，政府对市场的干预程度恰到好处，既不存在"过多"干预，也不存在"过少"干预，能够充分发挥市场机制对社会资源配置的基础性作用。然而，只要存在商品经济，就存在着政府管制与市场自治的对抗。在市场准入法律关系中同样存在政府干预与市场自治的张合对抗。这种对抗直接表现为入市法律关系中入市主体与入市监管主体的权利义务的立法分配。处理好政府管制与市场自治的关系的关键问题在于确立好政府管制的权力边界，准确界定哪些领域须政府干预，哪些领域需市场主体自治，即适度干预。适度干预是指国家在经济自主和国家统制的边界条件或者临界点上所作的一种介入状态。适度干预既包括确立好政府管制的适度领域，又包括确立好政府管制的适度干预手段。入市法律制度中的适度原则具体体现为两个方面的含义：一是政府管制的适度性；二是市场主体的入市标准不能过于严格，即入市门槛限制应适度。实质上其第二层含义为其第一层含义的具体化。法律工具的正确选择是市场失灵最佳克服的前提，同时法律制度也是限制政府权力膨胀的最佳工具。市场准入法律制度应在一定程度上体现了国家从社会公共利益出发对市场主体入市行为予以干预。从静态考虑，主要运用法律手段从总的政策上确立国家干预市场主体入市行为的范围；从动态考虑，应当通过法律赋予入市行为的监管主体在特定条件下运用行政方法干预市场主体入市行为的具体范围，即应强调干预范围与干预方法的法定性。

第二节　投资基金市场准入监管法律制度的基本内容

关于投资基金市场准入监管法律制度的内容,学界存有很多不同观点。有的学者认为投资基金的市场准入就是证券投资基金的准入管制,是监管者对基金发行和基金管理公司设立所进行的限制。[1] 有的学者认为证券投资基金市场准入的法律监管,是指一个国家的证券投资基金监管部门,为了保护基金投资人的合法权益,维护证券投资基金市场秩序,促进经济发展,依法对证券投资基金管理机构、托管机构等的经营资格、经营能力进行审查、确认或限制,赋予相应的权力能力和行为能力,保证基金管理人与托管人的数量、质量、结构、规模等方面符合基金市场发展的需要。[2] 有的学者认为基金的市场准入,在法律上是指投资基金依法获准以投资基金的名义进入基金与证券市场,以及基金管理人、托管人依法取得法律资格,并以自己的名义从事基金管理和托管活动。[3] 还有学者认为基金的市场准入即指,一国或地区通过立法和政策准许外国投资者从事此种业务的资格与条件。[4] 以上观点分别从各自的角度概括性的阐述了投资基金市场准入监管法律制度的内容,很显然,它们界定的投资基金市场准入监管法律制度内容的宽窄面是不同的。第一种观点界定的监管对象是基金和基金管理公司,第二种观点界定的监管对象是基金管理人和托管人,第三种观点界定的监管对象是基金、基金管理人和基金托管人,而第四种观点界定的监管对象则是外国投资者。面对如此争议局面,本书采用哪一观点更为妥当呢?结合前文的研究,笔者认为,在投资基金市场准入的监管中,监管对象应当包括基金本身、基金管理人、基金托管人和外国

---

[1] 张庆:《证券投资基金制度分析》,华东师范大学2004年博士论文,第87页。
[2] 孔令兵:《证券投资基金监管法律制度研究》华侨大学2006年硕士论文,第19页。
[3] 张蕾:《证券投资基金法律制度》,学苑出版社2004年版,第253页。
[4] 朱德鹏:《国际投资基金的市场准入及法律监管研究》,大连海事大学2004年硕士论文,第18页。

投资者。笔者之所以得出这一结论,是有根据的。我国投资基金立法和国际条约对以上监管对象做了或粗或细的规范。具体分析如下:

一、对投资基金本身市场准入的监管

投资基金本身的市场准入,严格地讲,应当包括基金设立、变更和终止的全过程。其中投资基金的设立是投资基金进入市场的第一步,在市场准入的监管中居重要地位。在各国投资基金立法中,对投资基金设立的监管主要体现在以下两个大的方面:实质性条件要求和程序要求。

1. 实质性条件要求。

第一,对发起人、管理人与托管人的要求。多数国家投资基金立法明确规定,基金管理人是基金发起人,因此,只规定管理人的资格条件,免去了对发起人的要求。我国是少数对发起人条件另行规定的国家,因此,在此以我国立法为例。我国《管理暂行办法》要求发起人的条件是:a. 主要发起人为按照国家有关规定设立的证券公司、信托投资公司、基金管理公司;b. 每个发起人的实收资本不少于3亿元,主要发起人有3年以上从事证券投资经验、连续盈利的记录,但是基金管理公司除外;c. 发起人、基金托管人、基金管理人有健全的组织机构和管理制度,财务状况良好,经营行为规范。要求基金管理人与托管人的条件是:a. 基金托管人、基金管理人有健全的组织机构和管理制度,财务状况良好,经营行为规范。b. 基金托管人、基金管理人有符合要求的营业场所、安全防范设施和与业务有关的其他设施。

第二,对开放式基金的特殊要求。基金发起人申请设立开放式基金的,我国《管理暂行办法》要求,如果设立开放式基金,除必须符合基金设立的一般条件外,还必须:a. 有明确、合法、合理的投资方向;b. 有明确的基金组织形式和运作方式;c. 基金托管人、基金管理人近一年内无重大违法、违规行为。同时规定:基金管理人有下列情形之一的,中国证监会不受理其设立开放式基金的申请：一是因有重大违法、违规行为正在受到国家有关部门的调查；二是因公司高级管理层变动、与公司有关的诉讼、仲裁等重大事件，可能或已经对所管理的基金运作造成不良影响；三是中国证监会认定的其他情形。

第三，对公司型基金的特殊要求。对于公司型基金的设立，各国基金立法一般规定基金公司本身要符合一定的资本金、资产净值、管理者、业务范围等条件。如德国《投资公司法》第2条之（2）规定，投资公司如具备了下列条件，则可向其颁发营业许可：（a）所缴付的名义资本至少为500万德国马克；（b）投资公司业务负责人可靠，具备领导投资公司必备的业务才能；（c）投资公司的章程规定，除其自由资产所必须投资的业务外，只开展本法所允许的基金形式，以及为他人保管和管理依据本法规定或由外国投资公司发行的份额凭证。第1条之（2）规定，投资公司只能采取股份公司或有限责任公司的法律形式。美国《1940年投资公司法》将投资公司分为三大类：面额凭证公司、单位投资信托公司和投资管理公司。对这三种投资公司，该法第14节（a）规定，符合下列条件的投资公司才能公开发行其证券：a. 公司的资本净值至少为100万美元；b. 公司以前曾公开出售其证券，当时公司的资本净值至少为100万美元；c. 公司制定了有关条款，规定了依据《1933年证券法》进行证券登记的条件。这种条件应当充分保障至少25名负责人与公司订立购买公司股票的协议，且购买总值加上公司资本净值至少等于100万美元等。

2. 程序要求。

第一，信托型基金实行审批制度。如我国《基金法》要求，基金的设立都必须报中国证监会审批。申请人需要提交申请报告、基金合同草案、基金托管协议草案、招募说明书草案、基金管理人和基金托管人的资格证明文件、经会计师事务所审计的基金管理人和基金托管人最近3年或者成立以来的财务会计报告、律师事务所出具的法律意见书以及国务院证券监督管理机构规定提交的其他文件。

第二，公司型基金实行注册加审核制度。如美国的公募投资基金公司，先依照公司法在公司登记机关进行登记注册，当需要发行股票时，必须依照证券法在证券交易委员会再次登记注册，并提交规定的文件供委员会审核。当委员会认为投资公司不符合注册条件时，有权发布中止注册令，或者暂停或撤销投资公司证券上市的注册。美国的私募投资基金公司，由于其发行证券不具有公开性，因此，可以免除在证券交易委员会登记注册，但需要在公司登记机关注册登记。

此外，投资基金在设立后，任何实质条件及审批事项的变化，都必须经过投资基金监管部门的审批并进行变更登记。如果投资基金不再具备其市场准入的条件，监管部门有权发布暂停乃至终止投资基金的行政命令。这种监管措施的目的在于使投资基金始终保持有利于基金投资者利益的状态。

二、对基金管理人市场准入的监管

1. 我国基金管理公司市场准入监管发展轨迹。我国基金业进入规范发展已有 9 年历史，其间随着基金业行业监管的不断发展，我国基金管理公司的准入制度也不断变迁。1997 年我国基金业第一部统一的监管法规《管理暂行办法》出台，该暂行办法对证券投资基金的设立首次作出明确规范。随后我国有 16 家基金管理公司成立。2001 年 5 月证监会发布《关于申请设立基金管理公司若干问题的通知》，首次将非券商和非信托类机构纳入基金公司发起人范畴，同时基金管理公司的设立实施"好人举手"制度，基金管理公司实现了一次扩容，在 2001 年 6 月至 2004 年 6 月间我国共新设立基金管理公司 26 家。同一时期，证监会发布《外资参股基金管理公司设立规则》，拉开了我国基金管理公司向外资开放的序幕，2002 年 12 月首家合资基金管理公司——国安基金管理公司正式成立。现行基金管理公司准入监管是以 2004 年 6 月 1 日起实施得的《基金法》及其配套法规《证券投资基金管理公司管理办法》为主要依据，同时配合《商业银行设立基金管理公司试点管理办法》、《关于规范基金管理公司设立及股权处置有关问题的通知》、《证券市场禁入规定》等补充性的规定共同施行的。这一时期的准入监管呈现出两面性，一方面相比于《管理暂行办法》，设立基金管理公司的门槛大幅度提高，审批程序简化的同时却间接提高了申请主体的机会成本，使得中小机构在涉足基金行业时愈加谨慎，但依据新法商业银行进入了基金管理公司发起主体之列。2005年全年获准成立的8家基金管理公司中，银行系基金管理公司占据3席。另一方面与我国证券投资基金业发展的开放性需求和入世承诺相适应，境外机构参股及发起设立基金管理公司积极性进一步提高。

2. 基金管理公司市场准入的要求。基金管理人是基金法律关系主体的核心，其是否具备管理人的资格、能力、条件以及良好品行，是基金投资者投资利益是否能够实现的基础。因此，各国基金立法都将市场准入监管的重心放在对基金管理人的资格审查方面。首先对基金管理公司设立的条件进行规定，然后强调对基金管理公司的程序审查。

（1）基金管理公司设立的实体要求。其一，对设立基金管理公司的发起人条件要求。对设立基金管理公司的发起人，各国基金法一般均规定：①设立基金管理公司的发起人必须是依法设立的证券公司、信托投资公司或商业银行等。②发起人必须具备法定的资本要求。日本《投资信托法》要求，发起人实收资本必须达到5000万日元以上。我国则要求每个发起人实收资本不少于3亿元人民币。③主要发起人经营状况良好。我国要求主要发起人必须最近3年连续盈利。④发起人必须符合法定的品质要求，即不得有不良记录或违法行为。我国《基金法》第13条规定，设立基金管理公司的主要股东具有较好的经营业绩和良好的社会信誉，最近3年没有违法记录。日本《投资信托法》规定，大藏大臣审查申请时，认为该申请符合法定标准，须给予营业执照，但属于下列之一者除外。一是，申请人属于依本法或证券交易法的规定被处以罚款，并且该处罚执行完毕后和确定不再执行之日起未满5年的公司的；二是，该申请人系依本法有关规定被取消有关营业执照，且从取消之日起未满 5 年的；三是，作为申请人的公司的董事中有下列情形之一的：①破产人未得到复权者；②被处以监禁以上刑罚或者依本法或《证券交易法》的规定被处以罚款，并且该处罚执行完毕后和确定不再执行之日起未满 5 年者；③其所在委托公司依本法规定被取消营业执照，或者其所在公司系《证券交易法》第 2 条第 9 项规定的证券公司，该公司依法被取消营业执照，其在上述取消前 30 日内担任该公司董事，且自被处分之日起未满 5 年者；④依本法或《证券交易法》有关规定被解任的董事，且自做出该处罚之日起未满 5 年者。其二，对基金管理公司本身的设立条件要求。对基金管理公司本身，各国基金立法要求必须具备从事基金管理业的法定资产要求。韩国《证券投资信托业法》第 13 条规定，拟经营委托社会业务者，作为具有资本近 5 亿元以上的株式会社，须得到财务部长官的许可；我国香港《单位信托及互惠基金守则》第 5 章规定，基金经理公司实收资本最少达 100 万港元或等值外币；德国的公司型基金都是兼任管理职能的基金管理公司，在资本要求上至少为 500 万德国马克；我国《基金法》第 13 条规定，拟设立的基金管理公司最低实收资本为 1 亿元人民币。除此之外，各国基金法还在基金从业人员资格、场所设施、风险控制制度、和内部稽核监控制度等不同方面进行了规定。

（2）基金管理公司市场准入的程序要求。根据证券监督管理机构对基金管理人申请设立条件是进行形式性审查还是实质性审查，各国投资基金市场准入监管法律制度可分为两大类：注册制与许可制。

注册制要求申请者提供全面、准确、真实的资料，只要申请者符合法定的设立条件，监管机构就允许其注册为基金管理人，其价值观念反映了市场经济的自由性、主体活动的自主性和政府管理经济的规范性与效率性。注册制以美国为典型代表，1940 年《投资顾问法》第 203（a）条规定，不依该法注册的投资顾问不得利用邮政或其他州际贸易工具开展投资顾问活动。美国基金一般都应向联邦证券交易委员会（SEC）而不是各州注册，投资顾问应向 SEC

提交登记申请表，申请表的内容主要包括：从业名称、组织形式、主要营业场所所在地；申请人及合伙人、职员、主管的基本情况；投资顾问的业务性质，包括建议、提交报告、分析的方式等。联邦证券交易委员会对投资顾问资格几乎没规定什么积极条件，甚至在财务和教育方面也不作特别要求。只要不属于该法所规定的消极条件，联邦证券交易委员会必须给予注册。如果联邦证券交易委员会发现申请注册者有不适法情形，可以拒绝注册。投资顾问未经注册从事投资顾问业务，不管他是否了解法律关于投资顾问的定义以及注册要求，其行为均构成犯罪。香港基金管理人的市场准入也采取注册制。根据香港《单位信托及互惠基金守则》第5.6条的规定，在香港注册成立的管理公司通常必须按照《证券条例》的规定，注册为投资顾问。

与注册制相比，许可制表现出较强的行政干预色彩，它采用实质性审查方式，并对实质性条件的要求也近乎苛刻，某些积极性条件的规定由于未设置客观的硬性指标，而只得依赖于证券主管机关的主观判断。日、韩、德等大陆法系国家多采用许可制，依行政管制程度不同许可制可分为"一般许可"制和"特别许可"制两种。一般许可制以日本为代表。日本《证券投资信托法》规定，公司欲成为委托公司时，须取得大藏大臣批准颁发的专门从事基金管理业务的营业执照。委托公司在取得执照时，要在有价证券的投资能力、委托人资格、收支预测、市场状况等方面，接受大藏大臣的审查。对于一般许可制而言，一般说来，如果审查结果表明，申请人符合法定的积极条件，同时又不存在任何法定消极条件规定的情形，证券主管机关必须批准申请。这一规定对基金管理人的审查权进行强有力的制约，也正是它与特别许可制的主要区别之一。我国采用的是许可制中的"特别许可制"，也称审批制。在我国设立基金管理公司必须经过中国证监会的审查批准，并应当按照中国证监会的要求提交有关文件，如发起人资格的证明文件、组织形式、自律承诺书等。经批准设立的基金管理公司，应持中国证监会的批准文件到工商行政管理部门办理登记注册手续，领取中国证监会颁发的《基金管理公司法人许可证》。

市场准入程序制度的选择取决于市场和市场主体发育程度、决策者和竞争主体对经济的认识程度、国家干预经济的水平以及政治和民主的灵活度等因素。从我国目前金融市场的发育程度以及投资者信心对政府干预的依赖程度来看，在高风险的金融业内普遍实行准入审批制对保障金融市场平稳运行和保护投资者利益是有积极意义的。

三、对基金托管人市场准入的监管

将基金资产交由一个独立于投资基金的信贷机构来托管，以强化对基金投资运作管理的监督，维护基金投资者的利益，是基金在实践发展中生成的运作模式。在证券投资基金的运作中，基金托管人肩负着保管基金资产、监督基金管理人的投资活动的重任。因此，基金托管人必须是值得信赖的、可靠的、有保管功能和保管条件的金融机构。由于商业银行具备安全保管基金资产的条件与安全、高效的清算、交割能力，在基金托管人主体资格问题上，各国基金立法一般选择商业银行作为基金托管人。对基金托管人的市场准入的规定可分为两种情形：一种是以美、日、英等国为代表的，认为基金托管只是银行业务的一部分，应该由商业银行法加以规范，故不在基金法中规定。当然，基金监管机构对托管人的保管业务、变更终止等活动仍有权实行监管。另一种是以德国、我国为代表的由法律直接规定托管人的条件，并经过基金主管部门和银行主管部门审查核准后，商业银行方可开展基金托管业务。基金托管人资格的条件主要涉及托管人的资产、机构、人员，以及安全条件等。如德国《投资公司法》第12条规定，①托管银行必须是所在地位于该法效力范围之内的商业银行或分支机构，分支机构必须由有资格的审计人依法每年审计一次；②托管银行的业务负责人、代理人和被授权负责全部营业的代办人不得同时为投资公司的雇员；投资公司的业务负责人、代理人和被授权负责全部营业的代办人不得同时为托管银行的雇员；③托管银行必须至少有1000万德国马克的自由资金。我国《基金法》第 26 条规定，申请取得基金托管资格，应当具备下列条件，并经国务院证券监督管理机构和国务院银行业监督管理机构核准：①净资产和资本充足率符合有关规定；②设有专门的基金托管部门；③取得基金从业资格的专职人员达到法定人数；④有安全保管基金财产的条件；⑤有安全高效的清算、交割系统；⑥有符合要求的营业场所、安全防范设施和与基金托管业务有关的其他设施；⑦有完善的内部稽核监控制度和风险控制制度；⑧法律、行政法规规定的和经国务院批准的国务院证券监督管理机构、国务院银行业监督管理机构规定的其他条件。后来，我国《证券投资基金托管资格管理办法》细化了我国《基金法》相关规定，比如最近 3 个会计年度的年末净资产均不低于 20 亿元人民币，资本充足率符合监管部门的有关规定；基金托管部门拟任高级管理人员符合法定条件，拟从事基金清算、核算、投资监督、信息披露、内部稽核监控等业务的执业人员不少于 5 人，并具有基金从业资格；最近 3 年无重大违法违规记录等。

除设置了设立条件外，在我国《基金法》第 33、35 条还规定，有下列情形之一的，基金托管人职责终止：一是被依法取消基金托管资格；二是被基金份额持有人大会解任；三是依法解散、被依法撤销或者被依法宣告破产；四是基金合同约定的其他情形。基金托管人职责终止的，应当按照规定聘请会计师事务所对基金财产进行审计，并将审计结果予以公告，同时报国务院证券监督管理机构备案。

从我国《基金法》第 25～26 条的规定可知，在我国目前这些条件的机构只有最大的 5 家商业银行：工商银行、中国银行、建设银行、农业银行、交通银行。整个基金托管市场均置于这五家银行的控制之下，也有其不利后果，主要表现在：其一，缺乏有效的竞争可能导致过于高昂的托管费用，损害了基金持有人利益；其二，因缺乏竞争从而缺乏积极履行其监督义务的动力和压力。

四、对外资市场准入的监管

市场准入国际法上的意义，是指一国允许外国货物、技术、服务和资本参与国内市场的范围和程度。国际法意义的市场准入同样适用于投资基金业。有识之士曾指出，开放一国的基金市场不仅可以增强共同基金之间的竞争，还可以促进各国监管当局之间的监管竞争，并最终造就一个高效的、国际化的基金市场。在这个国际化的市场中，投资者有着丰富的选择，而且基金市场竞争的国际化使得投资者可以最小的费用取得最有力的保护。[1]这就是说，各国对国外开放自己的基金市场是必要的。然而，为避免在外资金融机构进入本国市场时，金融对经济波动的扩大效应更容易发生，各国金融监管当局对外资金融机构的监管，普遍地是从对市场准入的限制开始。市场准入限制从源头上保证了只有具备相当资质的金融机构，才能进入本国金融服务市场。并通过对其组织形式、开业条件、业务范围及经营地域的限制，将准入的外资金融机构纳入到本国金融监管当局的监控之下。

根据WTO中《金融服务承诺的谅解书》以及1997年的《金融服务协议》规定的金融服务的市场准入以及国民待遇义务，我国作为WTO的成员，面临着开放国际投资基金市场的挑战。一方面，应允许国外投资者在我国的国际投资基金市场上参与交易；另一方面，应允许外国的经纪人、交易商在我国境内提供金融服务。本书关心和要研究的当然后一方面。按中美双边市场开放协议规定，中国加入WTO后将开放中外合资基金管理业务，外资可占股33%，3年后增至49%。同时，按中美双边市场开放协议条款规定，外资基金在短期内还不能直接进入国内证券市场，但将采用中外合资基金的方式进入。所以，目前在我国基金业中，国际法意义的市场准入主要是允许外国的经纪人、交易商在我国境内投资设立合资基金管理公司。

为了终有一日在我国设立合资基金管理公司，我国基金业做了很多前期准备工作。首先，我国基金监管部门经过了很长时间的思

---

[1] See generally Christopher B. Bernard, "Towards an International Market of Mutual Fund", *Virginia Journal of International Law*, 36 (1996), 495~502.

考和考察。1994年7月，中国证监会就与国务院有关部门共商稳定和发展证券市场的措施，其中包括发展投资共同基金，试办中外合资的基金管理公司、逐步吸引外国基金投入国内A股市场，培养机构投资者。2001年4月，证监会副主席史美伦表示、在不远的将来，将允许设立中外合资基金管理公司。2001年10月，证监会基金监管部副主任祁斌指出，处于发展初期的我国基金业应充分利用国际成熟经验和最新的金融研究成果，并在此基础上根据我国市场的实际情况进行创新和突破。其次，我国本土的基金管理公司对设立中外合资基金管理公司也积极备战。2000年8月，华安基金管理公司与英国富林明投资管理有限公司举行了双方技术合作协议签字仪式。通过本次技术合作协议，富林明投资管理有限公司将向华安基金管理公司提供包括开放式基金管理技术在内的全面技术支持。2001年7月，华安基金管理公司和JP摩根富林明资产管理集团签署中外合资基金管理公司备忘录，计划成立联合工作小组、为相关法规出台后成立合资基金管理公司做前期准备。2001年11月，海通证券与富通集团签署了基金业务战略合作协议，双方将在基金业务领域展开广泛合作，并将在适当时机设立合作基金管理公司。经过一个漫长的等待之后，我国证监会终于在2002年7月1日制定并颁布了《外资参股基金管理公司设立规则》（简称《规则》），拉开了中国基金业对外开放的序幕。现在我国已经有数家中外合资基金管理公司。据官方数据统计，截止2007年7月，我国共设立了59家基金管理公司，其中有28家中外合资基金管理公司。由此可见，我国中外合资基金管理公司发展是很快的，现在已经占据了几乎一半的比重。

为了规范中外合资基金管理公司的发展，我国证监会又于2004年颁布实施了《证券投资基金管理公司管理办法》。该办法比较详细的规定了中外合资基金管理公司设立的实体性条件和程序性要求。实体性条件，即中外合资基金管理公司的境外股东应当具备下列条件：①为依其所在国家或者地区法律设立，合法存续并具有金融资产管理经验的金融机构，财务稳健，资信良好，最近3年没有受到监管机构或者司法机关的处罚；②所在国家或者地区具有完善的证券法律和监管制度，其证券监管机构已与中国证监会或者中国证监会认可的其他机构签订证券监管合作谅解备忘录，并保持着有效的监管合作关系；③实缴资本不少于 3 亿元人民币的等值可自由兑换货币；④经国务院批准的中国证监会规定的其他条件。在具体出资方面，要求中外合资基金管理公司外资出资比例或者拥有的权益比例，累计（包括直接持有和间接持有）不得超过国家证券业对外开放所做的承诺。程序性要求，主要体现在该办法的第 16 条和第 59 条。第 16 条规定：中国证监会批准设立基金管理公司的，申请人应当自收到批准文件之日起 30 日内向工商行政管理机关办理注册登记手续；凭工商行政管理机关核发的《企业法人营业执照》向中国证监会领取《基金管理资格证书》。中外合资基金管理公司还应当按照法律、行政法规的规定，申领《外商投资企业批准证书》，并开设外汇资本金账户。第 59 条规定：中外合资基金管理公司的境外股东，其注册地或主要经营活动所在地的主管当局对境外投资有备案要求的，该境外股东在依法取得中国证监会的批准文件后，如向其注册地或主要经营活动所在地的主管当局提交有关备案材料，应当同时将副本报送中国证监会。

第三节 我国投资基金市场准入监管法律制度的不足与完善对策

上文展示了我国投资基金市场准入监管法律制度，可以发现，目前我国投资基金市场准入监管法律制度已经初步建立。这一制度的建立大大规范了我国基金业的发展。但是，实践证明我国投资基金市场准入监管法律制度还极不完备，极大限制了我国基金业的有序发展。因此，考察我国目前投资基金市场准入监管法律制度的不足，并确立解决各方面问题的基本思路已成为现实所需。

一、投资基金市场准入的标准有待降低，基金市场主体有待向多元化发展

这里的基金市场主体主要是指基金管理公司和信托银行。事实上，能够参与并成为基金市场主体的机构比较繁多。比如，基金管理公司有很多股东，这些股东可以是不同种类的市场主体；而信托银行可以是各类银行。应该说我国基金市场主体是在不断向多元化发展的，这是基金业发展的必然趋势。然而，在我国目前基金市场中能够成为基金市场主体的机构却十分有限，这一局面主要是由我国基金市场准入的标准过高和过严所致，主要表现在：其一，我国立法对基金管理公司的主要股东限制过死。《基金法》规定基金管理公司的主要股东为从事证券经营、证券投资咨询、信托资产管理或者其他金融资产管理的主体，注册资本不低于3亿元人民币。这一规定对基金管理公司股东的种类和资本金都做出了很大限制，结果导致产权归属单一，竞争只能在一定程度上发挥作用，有损市场效率。而现实的情况正是这样，我国基金管理公司的产权归属导向有实力的证券公司，其基金管理规模占市场总规模的62%，处于垄断地位。其二，我国立法对基金管理公司资本金要求很高。基金管理公司法人注册资本不低于1亿元人民币，且股东必须以货币资金实缴。理论上，资本金的门槛越高对中小投资者是越有利的，这意味着交易和获利支付中有效的保障，那么，市场准入法律制度中对注册资本金的调整对保护投资者利益是有益的，但对于不直接对投资者利益负支付责任的基金管理公司而言，这一调整是否确实对投资者有利还有待商榷，但提高了基金管理公司的设立成本则是确定的。提高设立成本的结果直接导致我国基金管理公司设立数量的锐减。很多基金管理公司没有太多注册资本，但却拥有一个精英团体，很有希望成为基金业的佼佼者。就是因为注册资本的不足，不能进入基金市场。其三，投资主体参股及控股基金管理公司要求遵守一参一控原则，这一原则对我国基金业发展存在不利影响。我国证监会自2002年首次提出基金管理公司的参股主体实行"一参一

控"原则,其初衷在于"希望基金公司股东能集中精力财力管理好一家公司",但从其政策后果来看,这一原则对我国基金业发展存在不利影响。首先,一参一控可能是有实力但股权结构复杂的金融机构参股或者设立基金管理公司面临的一大政策障碍;其次,一参一控可能引发基金管理公司的并购浪潮。在成功收购华夏基金40.73%的股权后,如果严守"一参一控"原则,中信基金与华夏基金面临合并,在目前基金管理公司的退出制度并不健全的情况下,并购是存在潜在市场风险的。其四,基金管理公司的境外投资主体持股比例对于外资主体设立或参股基金管理公司,除遵守一参一控原则外,其出资比例不得超过国家证券业对外开放所做的承诺。外资进入所形成的竞争效应已是不争的事实,但以限制绝对股权份额的形式限制竞争并不是一种有效的手段,原因有二:一是股权的大小与实际影响力的大小并不成正比。具有较小份额股权的股东由于掌握某些核心技术,可能在决策中具有实际上的控制权。二是中方存在多个股东,每个股东的股权小于外方的股权,这时外方反而成为相对控股,具有真正的决策权。即使外方不是相对控股,在某些情况下,外方完全有可能联介某些中方股东对其他中方股东施加影响。因此,绝对股权份额限制并不能减弱外资对我国基金管理业带来的冲击,相反却影响到了我国基金市场主体多元化发展,限制了我国基金业的发展。

  控制投资发起人范围,抬高基金公司的资本进入门槛等不排除其在当前诚信度不高、法制观念不强的社会环境下的积极意义。但是,目前我国基金业的发展已基本走入正轨,这种过高和过严的市场准入制度,直接限制了我国基金市场主体的多元化,最终可能导致基金业的垄断现象严重。要改变这一现象,我国基金业有必要降低市场准入标准,促进基金市场主体向多元化发展。就基金管理公司而言,可以引入新的主体,可以是金融机构和非金融机构,改变证券系基金管理公司在我国基金业占绝对优势的局面。非金融机构的进入虽有利于市场竞争的改善,但从目前非金融参股基金管理公司的运作情况来看,效果不佳,因此,继续引入投资性金融机构设立基金管理公司仍然是首选。[1]而这一选择的最终实现,还需要对现行市场准入法律制度中的投资主体资本金要求、一参一控原则进行调整。

随着行业的进一步分化,基金公司的股东背景已经发生了转变,目前已形成合资基金公司、中资基金公司以及银行系基金公司"三足鼎立"的格局。但随着行业竞争的进一步加剧,以及基金公司在资本市场低迷时代股权价值的缩水,外资介入的步伐开始加快。2006年,基金公司的股权转让、外资股权的引入将进一步加速,基金公司股东背景向多样化发展。外资选择的合作伙伴将以券商以及银行等具有渠道优势的机构为主,在投资规模上,基金公司的注册资本也随股东方雄厚的资本而明显提高。在投资比例上,外资已经开始逐步向控股模式迈进,尽管目前政策尚未允许,但已经有一部分外资公司开始储备实力等待市场限制的放宽,例如友邦公司对友邦华泰基金持股已经达到规定上限的49%,不少合资公司的增持计划也在审批过程中。

二、基金经理的从业资格有待在投资基金市场准入法律监管制度中明确

中国的第一批基金经理是诞生于1999年。随着基金业在中国的落地生根,特别是开放式基金在我国的快速发展,基金经理作为一个特殊的阶层正在日益受到各方面的广泛关注。基金经理是众多投资者委托的资金管理者,为投资者做出投资策略、赚取利润同时避免风险是基金经理职责所在。基金经理对资产的配置、个股的选择有决策权,因而对基金运行效率有重要影响。由于制度设计的缺陷,我国当前基金管理中基金经理存在广泛的道德风险。基金经理的道德风险来自本身的机会主义倾向。按照约翰·威廉姆逊(John Williamson)的定义,机会主义倾向指人们借助不正当手段牟取自

---

[1] 目前我国基金业正在发展银行系基金管理公司,于2005年2月20日颁布实施了《商业银行设立基金管理公司试点管理办法》,效果不错。

身利益的行为。基金经理作为代理人追求自身利益的动机是强烈的,他会充分利用信息不对称,按照个人目标对信息进行筛选和扭曲,欺骗委托人,基金经理的"败德行为"主要表现有:①操纵基金净资产值,谋求巨额管理费。②信息披露严重滞后或不足。③擅自修改投资组合及投资方向。"败德行为"的存在很大程度上是基金经理人出于牟取好的短期业绩、更高管理费。这种道德风险在委托——代理理论的框架内是始终存在的,其根源在于委托人和代理人目标利益不一致,而双方又都是以自身利益最大化为目标的经济人,但这种行为破坏了市场运转的平衡和效率。因此,为了维护投资人的利益,维持市场效率,设计一套科学、合理的机制来激励和约束基金经理、规范其投资行为是十分必要的。基金经理地位的重要性和潜在的危险性决定了基金经理的选择在基金管理公司设立中的重要性。然而,从我国的立法上看,明显忽视了基金经理的选择在投资基金市场准入监管法律制度中的地位。这不能不说是我国投资基金市场准入法律监管制度的一大缺憾。

事实上,投资基金专家管理的特征要求基金经理拥有从事业务相应的专业知识和技能。考察国外立法发现,主要有两种不同做法。美国《投资公司法》没有对投资公司董事的知识和技能作出规定,投资公司虽可聘请投资顾问进行投资管理,但是依据1940年《投资顾问法》,美国对投资顾问营业投资采用的是注册制,而注册本身并不意味着投资顾问的专业技能。美国立法上强调的是公司董事、高级职员、投资顾问的受信任人责任,对违反该责任的人士,投资者可采取法律行动,SEC也可提起诉讼,这是美国立法的一大特征。多数国家和地区对基金经理的执业资格有规定,以体现专家管理的特征,例如《欧共体理事会关于集合投资企业的指令》第4条第3款规定,如果经理公司、投资公司、保管机构的董事缺乏履行其职责所需的经验,成员国主管机关不得批准投资基金的设立。考虑到我国投资基金运作模式与美国的相差较远,美国基金业在基金经理规范上的做法不太适合我国。本书认为我国应采多数国家所采用的规范方式,即在投资基金市场准入监管法律制度中明确规定基金经理的从业资格。

三、投资基金市场退出机制有待更加细化

有市场准入就有市场退出，入和出代表了一种良性循环。如果只有入而没有出，则会导致市场混沌不堪。因此，基金业建立市场退出机制是必备的。我国投资基金立法初步建立了投资基金市场退出机制，主要针对投资基金、基金管理人和基金托管人而制定的。

首先，投资基金本身的退出。我国《基金法》第46条规定：基金募集期限届满，不能满足本法第44条规定的条件的，基金管理人应当承担下列责任：①以其固有财产承担因募集行为而产生的债务和费用；②在基金募集期限届满后30日内返还投资人已缴纳的款项，并加计银行同期存款利息。该条的内容表明：基金募集期限届满，没有达到预定的要求的，即自动退出市场。

其次，基金管理人的退出。我国《基金法》第21条规定：国务院证券监督管理机构对有下列情形之一的基金管理人，依据职权责令整顿，或者取消基金管理资格：①有重大违法违规行为；②不再具备本法第13条规定的条件；③法律、行政法规规定的其他情形。该法第22条规定：有下列情形之一的，基金管理人职责终止：①被依法取消基金管理资格；②被基金份额持有人大会解任；③依法解散、被依法撤销或者被依法宣告破产；④基金合同约定的其他情形。

最后，基金托管人的退出。我国《基金法》第32条规定：国务院证券监督管理机构和国务院银行业监督管理机构对有下列情形之一的基金托管人，依据职权责令整顿，或者取消基金托管资格：①有重大违法违规行为；②不再具备本法第26条规定的条件；③法律、行政法规规定的其他情形。该法第33条规定：有下列情形之一的，基金托管人职责终止：①被依法取消基金托管资格；②被基金份额持有人大会解任；③依法解散、被依法撤销或者被依法宣告破产；④基金合同约定的其他情形。由此可见，我国并非完全没有投资基金市场退出机制。虽然我国已经初步建立起了基金市场退

出机制,但是还不健全。比如投资基金的市场退出包括封闭式基金的退出和开放式基金的退出。我国立法规定封闭式基金随封闭到期后的清盘退出市场,但是开放式基金的退出管理则没有明文。再如基金管理人和基金托管人退出市场的情形规定过于概括,有时很难判定是否应退出市场,等等。概括而言,我国现行投资基金市场退出机制的不足主要表现在现行市场准入法律制度缺乏对应的退出机制,对市场主体的退出路径没有作出明确安排,处置过程存在不规范行为。退出机制应当对财务状况恶化、正常并购等不同情况下主体的退出形式做出明确安排,并明确不同退出路径的配套监管措施,以促进市场主体的优胜劣汰,构建和谐的基金业生态。

总体来看,2005年的中国基金行业大致可以说形成了三个梯队:第一梯队以资产管理规模超过100亿元的基金公司为代表,这批基金公司通常经过4~8年时间的发展,形成了稳定的管理模式以及较为完善的产品线,这批基金公司在行业内建立了良好的品牌效应,行业地位较稳固;第二梯队为资产管理规模在30~100亿元的基金公司,这批基金公司一般成立于2002年以后,经过3年左右的迅速发展,取得了一定的投资业绩,由于市场竞争力加剧,基金管理规模增长较为缓慢;第三梯队为近两年新成立的基金公司,其管理的基金资产规模一般不足30亿元,一方面原因在于部分基金公司发行基金数量较少,另一方面也暴露了部分基金公司投资管理绩效不佳,市场影响力有待建立。[1]第三梯队中的一批管理规模较小、实力较弱的基金公司由于资源不足,业绩难以有效改善。行业分化的加剧催生了公司之间的兼并重组,通过行业整合重新进行资源分配,达到行业的最优化配置是目前弱小基金公司急需考虑的问题。我国必须陆续完善法律法规等配套设施的情况,逐步形成基金公司的退出机制。

---

[1] 巴曙松、贾蓓:"从分化到差异化:中国基金业的新格局与新趋势",载《福建金融》2006年第1期。

四、政府与市场机制有待进一步协调

在投资基金市场中,存在着两股协调力量,一是政府,一是市场自身。在我国投资基金市场刚建立时,政府协调的力量占据了绝对优势,市场协调力量相对居于弱势。然而随着我国基金业的逐步成长和发展,市场协调的力量应逐步趋于上升趋势,以平衡政府的力量,削减因政府管制带来的种种弊端。因此,进一步协调政府与市场的关系成为完善投资基金市场准入监管法律制度的必然选择

要承认前两年,我国投资基金市场准入监管法律制度是为与我国信息披露机制相适应的,尤其是考虑到市场的成熟程度不够,投资人的风险意识不强,对投资基金市场准入实施严格的审批制是一种必然的选择,在实践中也被证明是一种适当的选择。然而,随着基金业的发展,严格的审批制的弊端逐步呈现出来。其一,审批制涉及资源配置程序,它是以国家政治权力为后盾的。由此,为个人以权谋私提供了制度上的可能。同时,层层的上报与审批不仅使投资基金设立的程序复杂化,而且赋予证券主管机关极大的自由裁量权,具体表现为我国设立基金管理公司的必备条件之一。《基金法》第13条"国务院证券监督管理机构规定的其他条件",这种立法形式给证券主管机关以行政意志取代立法机关意志提供了极大的方便;《基金法》罗列了设立基金管理公司的必要条件,至于市场准入的充分条件是什么,该办法未明确,难以有效约束证券监督机构的权限;我国基金管理公司经中国证监会审查批准设立后,若要从事基金业务,尚需得到中国证监会批准,即《基金法》第36条规定,"基金管理人依照本法发售基金份额、募集基金,应当经国务院证券监督管理机构核准"。也就是说,我国基金市场准入实行双重审批制度,基金管理公司的设立和基金业务的开展均须得到中国证监会批准。与其他实行核准制的国家相比,我国证监会对基金管理市场拥有更多的行政干预手段。其二,在审批制下,由投资基金主管机关按照有关法律法规的规定,对投资基金的发行和基金管理公司的设立进行实质性审查,从实务的角度看,存在难度。因为我

国证监会及各地办事处人员,特别是投资基金方面的专业人员人数有限,实质性审查的效果不一定十分理想。尤其是随着基金业的迅速发展壮大,需要大量的专业化工作人员对投资基金与基金管理公司的设立申请进行实质性审查,监管与评价的成本均相当高。在审批制下的基金业,很明显市场化程度不高,行业竞争不充分,阻碍了行业进步,制约了基金管理水平的提高和基金产品的创新步伐。虽然经过几年的努力,基金行业竞争有所加剧,但是,根据2005年的统计数据,最大的基金管理公司管理资产是最小公司的200倍。这表明我国基金行业集中度还很高,[1]竞争还不充分。为了继续推动我国基金业快速规范发展,很多专家学者已经意识到当务之急是应当松绑,放宽管制,而不是从严控制,加大限制;应当努力创造一个充分竞争的市场环境,促进优胜劣汰,提升基金业整体管理水平,而不是严进不出,死水一潭,维护行业垄断,压抑行业生机,影响基金业的正常发展。经过考察国外投资基金市场准入监管法律制度发现,高效、市场化的注册制应成为各国投资基金市场准入的发展方向。在投资基金最为发达的美国,1940年《投资顾问法》着眼点在于防止利益冲突,属于行为监管。立法措施集中于禁止行为和强制性信息披露:主要由投资者自己判断投资顾问的资质、水平,并承担抉择的风险。由此可见,遵循市场化、法律化的监管原则,避免投资基金设立过程中政府对市场的过度干预是投资基金市场的基本趋势,我们也必须顺应这一趋势,逐步由许可制转向注册制,避免政府对市场的过度干预,由市场发挥其基本作用。这就要求监管部门只就基金发起人及基金管理公司发起人的资格、信誉及其以往业绩严格审查把关即可。各种性质的投资基金可以在市场竞争中建立自己的品牌和信誉,证明其进行投资的管理能力。通过充分竞争,让那些既遵守游戏规则,又能为投资者赢得较好效

---

[1] 截至2005年9月底,共有基金公司52家,持有基金份额超过百亿以上的基金公司13家,其持有基金份额占基金市场总规模的72.13%。其中规模最大的南方基金管理公司旗下基金规模为526.29亿份,而管理基金规模最小的公司仅有3.39亿份。这种行业集中的程度,甚至还高于欧美等发达国家市场。

益的基金管理公司得到更大的发展空间。事实上，在协调政府与市场关系方面，我国已经走出了第一步。监管机构简化了基金公司募集基金的审批手续，通过颁布《关于进一步完善证券投资基金募集申请审核程序有关问题的通知》，对行为规范、投资研究能力强、市场评价良好的基金管理公司发行投资基金的审批过程进行简化，通过弱化行政审批强调市场约束力的作用。外部监管环境的逐步市场化，使一部分基金公司依靠行政关系等非市场力量获得外部支持的现象明显改变，基金行业以内的市场化竞争程度会明显提高。当然，随着我国基金业的成长和发展，我国还需进一步协调政府与市场的关系，使其达到一种互补互助的理想状态。

第四章　投资基金关联交易监管法律制度

我国基金业起步较晚,但发展迅速。从1998年到现在短短的7年多时间里,资产规模从166亿发展到3000多亿人民币的资产规模,但是相对于美国而言,我国基金业仍处于童年时期。[1]在有关投资基金关联交易的监管方面,我国仍然比较落后。目前我国还没有一部专门规范基金关联交易的法律或法规,只是在《基金法》等法律法规中有零星的涉及。因为这些规定过于简单、粗糙、死板,在很多时候不仅没有起到保护基金持有人利益的效果,反而,影响了基金持有人利益的增长。正如美国投资公司协会主席马修·P. 芬克(Matthew·P Fink)在总结美国基金取得成功的经验时所说:基金业界共同维护和遵守有关禁止关联交易的法规、条例和豁免规则,并在最大程度上维护基金持有人的利益是非常关键的。[2]为了适应我国基金业健康、稳定地发展,在借鉴国外有益经验的基础上,推进我国投资基金关联交易法律监管的研究,加快立法进程,对切实保护基金持有人利益有百利而无一害。有鉴于此,本书立足理论与实践相结合,在分析投资基金关联交易基本理论的基础上,确立投资基金监管模式和完善各项监管法律制度。

第一节　投资基金关联交易的一般考察

自1997年6月24日中国证监会发文规定,上市公司1997年中

---

〔1〕 陈斌彬:"美国对基金关联交易的法律监管及其对我国的启示",载《江西财经大学学报》2005年第6期。

〔2〕 韩会永. 美国共同基金成功的经验[Z]. http://www.chinaamc.com, 2004-01-21

期报告必须按《企业会计准则——关联方关系及交易披露》（以下简称《企业会计准则1号》），披露关联交易事项后，在国内都普遍使用"关联交易（affiliated transaction）"的概念。但是，我国和国外对关联交易的称谓并不统一。我国《深圳市上市公司监管暂行办法》使用的是"关联人事交易"，《企业会计准则1号》使用的是"关联方交易"，而《香港联合交易所上市规则》使用的是"关连交易"，我国台湾地区的"法律"使用"利害关系交易（interested party transaction）"，美国法律体系中称为"关连交易（related transaction）"，日本则称之为"利益相关交易"。尽管如此，没有妨碍关联交易成为各国及各地区通过法律规章加以规范的对象。我国银行、证券和保险等行业对关联交易的危害已有关注，研究也较多，并已进入立法阶段。目前，我国在这些行业已有《商业银行关联交易管理办法》、《商业银行与内部人和股东关联交易管理办法》、《股票上市规则》、《企业会计准则1号》、《保险公司关联交易管理暂行办法》等规范关联交易的法规。我国基金业在规范关联交易方面也渐入佳境，比如，证监会颁布的《关于货币市场基金投资等相关问题的通知》，其中规定"货币基金不得与基金管理人的股东进行交易"，从而在一定程度上杜绝了货币基金与关联银行之间相互输送利益的关联行为。中国人民银行、中国银监会、中国证监会三部委联合发布的《商业银行设立基金管理公司试点管理办法》，对商业银行与相关基金公司之间的关联行为进行了详细规范。诸如此类的现象表明，投资基金关联交易已经进入基金监管者的视域，成为了法律监管的对象。

一、投资基金关联交易产生的根源

投资基金运作机理产生的严重的利益冲突是投资基金关联交易产生的根源。

利益冲突（conflicts of interest）是英美衡平法中一个具有严格法律内涵的重要概念，它产生的前提是发生冲突的主体之间存在信赖关系，即"当一个人作为另一个人的代表行事时，如果在他接受委托时，或事后他担任了第三人的代表或与之有重大的个人利益，而这种利益的存在可能产生这样一种实质性的危险，即他可能不为他所代表的人的最大利益服务时，在这种情况下，他就处在一种利益冲突的位置"[1]。从结构上看，信赖关系具有两个核心特征：一是受信赖人代替委托人，并为委托人提供服务；二是受信赖人从委托人或其他第三人处获得授权，该授权并非为了受信人自己的利益，而是为了更加有效地履行作为受信人的职责。经济学认为，人都是理性的，孜孜所求的是自身利益最大化。当受信人为履行职能而必须被授予权力时，其在利用权力为委托人谋取利益的同时，亦产生了滥用权力为自己牟取私利、损害委托人利益的风险。

投资基金作为一种利益共享、风险共担的集合投资方式，反映的是一种典型的信赖关系。在投资基金运作过程中，基金持有人是基金财产的真正所有人，谋求从基金财产中获取最大利益，基金管理人是专业资产管理者，为了实现自身利益最大化很有可能违背其忠实义务，实施损害基金持有人利益的行为，最终导致两者之间产生利益冲突。投资基金利益冲突主要表现为基金管理人、基金托管人的个人利益与基金（在契约型基金中表现为基金份额持有人，在公司型基金中表现为投资公司）利益之间的冲突。

在实际监管中，投资基金利益冲突不仅包括基金管理人、托管人的个人利益与基金利益之间的冲突，还包括基金管理人、托管人的关联人士同基金利益之间的冲突。这主要考虑到基金管理人和托管人有可能通过其关联人士参与交易的做法来规避法律。实践中，基金管理人、托管人通过"第三人"参与交易的间接方式与基金利益发生冲突的情形远比以本人名义进行交易的直接利益冲突更为常见。在实践操作中，投资基金关联交易的利益冲突性特征决定了关联交易往往向负面影响方面倾斜。这一现象迫使许多国家最终选择了对投资基金关联交易的政府监管。

---

[1] R. M. Goode ed., *Conflicts of Interest in the Changing Financial World*, London: Institute of Bankers, 1986, p. 2.

二、投资基金关联交易的内涵

通常认为，对投资基金关联交易概念的界定，是法律规制基金业关联交易行为的前提和基础。而理解关联交易又是理解投资基金关联交易的前提和基础。关于关联交易的理解，很多学者指出：所谓关联交易，即是指关联人士之间的交易。[1]按如此说来，投资基金关联交易则指投资基金与其关联人之间的交易了。这一定义可谓简单易解，但单从该定义的文字表述来看，很难理解基金关联交易的内涵。

关于投资基金关联交易的理解，学界有多种不同观点。有的学者认为：投资基金关联交易即是指对投资基金存在控制和影响关系的自然人和法人。[2]有的学者认为：基金关联交易有狭义和广义之分。狭义的投资基金关联交易是指投资基金与基金管理人、基金托管人达到一定数量或具有重大影响的交易。广义的投资基金关联交易则说明了参与交易的双方存在某种程度上的关联关系，及其交易可能给三方（投资基金关联交易双方和第三方持有人）带来的利害影响，但本身并没有确定其性质。[3]有的学者基于能对基金产生影响和控制的三种途径（信托关系、股权关系、代理关系），提出投资基金关联交易是指基金关联方借助信托、股权或代理关系影响或控制基金财产，并利用基金财产为自身或第三人谋取利益的行为。[4]另有学者认为：投资基金关联交易是指某一主体（包括公司和基金）在其关联者的控制或影响下，为自己以外的主体（包括

---

[1] 沈田丰："关联交易的性质、影响与规范"，载《现代法学》1999年第3期。

[2] 巴曙松、陈华良："证券投资基金关联交易的国际比较及其借鉴"，载《东北财经大学学报》2004年第1期。

[3] 巴曙松、陈华良："证券投资基金中的关联交易：理论综述与监管比较"，载国务院发展研究中心信息网，http://www.drc.gov.cn/view.asp?doc_ID=030819，最后访问日期：2006年4月13日。

[4] 李杰：《我国开放式基金关联交易及其规范研究》，首都经济贸易大学2005年硕士论文，第3页。

自然人、法人、基金）谋取利益所进行的交易。[1]第一种界定明确提出关联人包括自然人和法人，其错误在于将关联行为直接表述为关联人，因为关联行为是关联人在彼此交易中的行为表现，而不是关联人本身。第二种界定为人们提供了一种认识基金关联交易的方法，暗示了基金关联人对界定基金关联交易内涵与外延的决定意义。第三种界定指明了关联人控制和影响基金的途径，阐释了投资基金关联交易的特别之处。第四种界定从利益取得的角度定义投资基金关联交易，展示了投资基金关联交易中的利益走向。综上所述，虽然以上几种界定各有各的视角和思考，但都不同程度地暗示了关联人及其关联程度对理解投资基金关联交易的重要性。本文认为，对投资基金关联交易内涵的把握脱离不了对关联人及其关联程度的界定。

关于关联人的界定，目前世界各国立法还没有统一标准。《国际会计准则第24号——关联方披露》中将关联方定义为："在制订财务或经营决策中，如果一方有能力控制另一方，或对另一方施加重大影响，则认为他们是关联方。"我国《企业会计准则第36号》规定的关联方为：在企业财务和经营决策中，如果一方有能力直接或间接控制、共同控制另一方或对另一方施加重大影响，则将其视为关联方；如果两方或多方同受一方控制，该准则也将其视为关联方。我国《股票上市规则》（2000年修订本）将上市公司的关联方界定为：直接或间接控制上市公司的法人，与上市公司同受某一企业控制的其他法人；持有上市公司5%以上股份的个人股东及其亲密家庭成员，上市公司的董事、监事、高级管理人员及其亲密家属成员直接或间接控制的企业；与上述法人签署协议或做出安排，在协议生效后符合以上关联人规定的，为上市公司潜在关联人。《香港联合交易所上市规则》第14.03条第3款第2项规定：凡提及关联人士包括：①发行人或其任何附属公司的董事、行政总裁或主要

---

[1] 张鑫：《证券投资基金关联交易若干问题研究》，中国政法大学2002年硕士论文，第5页。

股东已与或拟与其（不论正式或非正式，明示或暗示）有关某项交易的协议，安排谅解或许诺的任何人士或公司及②与发行人或其任何附属公司的董事、行政总裁或主要股东同住，为彼等配偶或亲属的任何人士，包括：(a) 满18岁或以上的子女或继子女；(b) 父母或继父母；(c) 兄弟姐妹或继兄弟姐妹；或 (d) 岳父、岳母、女婿、媳妇、姻兄弟姐妹。

从以上对关联人的界定分析，可以总结出两点认识，即关联人包括法人和自然人，关联程度要求具有控制或重大影响关系。作为关联人的自然人一般是能拥有一定数量的表决权股份或能控制影响公司行为的人，包括有投资的个人和关键的管理人员及其关系密切的家庭成员。而作为关联人的法人是指能够通过直接或间接方式控制公司或被公司控制的组织机构。这种关联人即可因母子公司关系而产生，也可因受同一公司控制而产生。他们经常是：母公司、子公司、受同一母公司控制的子公司。根据我国《企业会计准则第36号》的规定，控制和重大影响可作以下理解：控制，指有权决定一个企业的财务和经营政策，并据以从该企业的经营活动中获取利益；重大影响，指对一个企业的财务和经营政策有参与决策的权力，但并不决定这些政策。根据我国《〈企业会计准则——关联方关系及其交易的披露〉指南》的规定，重大影响包括以下情形：①当一方拥有另一方20%以上至50%表决权股份时，一般对被投资企业具有重大的影响；②在被投资企业的董事会或类似的权力机构中派有代表；③参与政策制定过程；④互相交换管理人员；⑤依赖投资方的技术资料。

综上所述，结合基金业实际情况，我们可以如此界定基金关联人，即是指与基金之间存在着"控制"或"重大影响"关系的自然人或法人或其他基金。根据关联程度的大小，可以将基金关联人分一级关联人和二级关联人。一级关联人与基金之间存在直接的"控制"或"重大影响"关系，包括基金的发起人、基金管理公司及其工作人员、管理公司发起人、基金托管人及其工作人员、同一家基金管理公司管理的其他基金；二级关联人对基金的影响或控制作用是间接的，必须通过第三方才能对基金施加这种影响，包括了上述一级关联公司的控股公司、附属公司、兄弟（或姐妹）公司、共同控股公司及其高级管理人员。当然，这是基金关联人最宽泛的理解，关于基金关联人的具体界限，还需根据基金业发达国家的相关规定和我国基金业发展的实际情况来确定。

三、投资基金关联交易的种类

按不同的标准划分，投资基金关联交易会有不同的分类，通过分析投资基金关联交易的种类，可以使人们更清晰地认识投资基金关联交易的性质，同时，也有助于后文的研究。

第一，按是否存在对外部人利益损害的标准分：正当投资基金关联交易与非正当投资基金关联交易。所谓正当投资基金关联交易是指交易内容和交易条件符合两个独立的市场主体之间进行交易时的通常交易条件，不存在关联人利用其控制或重大影响关系损害基金持有人利益的情形。正当投资基金关联交易由以下因素构成：①交易的价格必须是市场价格或比照市场价格为基础制定的价格；②交易的条件必须公平合理，不仅参与交易的双方愿意接受，而且应该给其他市场参与者同样的交易机会；③交易的动机非出于不良目的，如操纵市场、转移价格或财产等；④交易的后果不能损害基金及非关联方的利益。正当投资基金关联交易可以充分发挥关联交易节约成本、调节收入、获取规模经济效益的正面作用，对我国的市场经济建设是有益的，为各国法律法规所保护。

所谓非正当投资基金关联交易是指基金关联人利用其对基金控制或重大影响的地位，违背公平交易原则，侵害基金持有人利益的关联交易行为。非正当投资基金关联交易构成要件为：①投资基金与关联人发生了关联交易。这是非正当投资基金关联交易发生的前提。②违背了公认的公平原则。这就是说交易条件明显高于或低于两个独立的市场主体之间进行的通常交易条件。③侵害结果发生，对相关利益人的权利或利益产生侵害。非正当投资基金关联交易的表现形式很多，比如，基金管理人与关联的证券公司配合，通过高

第四章　投资基金关联交易监管法律制度

买低卖将基金资产都转移给了关联公司;和证券发行人共谋,发行人配合利好消息,基金哄抬股价,等中小投资人积极跟进时,转手倒卖给散户;同一旗下的几个基金联手操作一只证券,逃避监管;基金管理人利用基金资产参与关联方的证券承销、配售等工作,承担不必要的风险;统一管理人之下的多个基金的内幕交易,为了扶持某一基金,或者协调统一管理人下的封闭式基金与开放式基金的冲突,或者应付临时的赎回、分红等事件,以损害一只基金为代价换取另一只基金的成长,这违背了最基本的公平原则;基金公司之间或与关联方共谋违反相关法律制度,最为典型的就是美国最近暴露的"基金丑闻",如盘后交易(Late Trading)[1]中就是相关的基金和银行之间在"硬四点"以后购买基金和提供贷款,违反了交易法律,又如频繁的短线交易(Market Timing)虽然不违法,但是这种交易使投资于共同基金的其他投资者背负昂贵的交易成本,影响基金的长期表现。非正当投资基金关联交易是各国立法努力规制的对象。

第二,詹姆斯·M. 斯托里(James M. Storey),托马斯·M. 克莱德(Thomas M. Clyde)按照基金管理人及其利害关系人在交易中所处的地位不同,将利害关系人交易分为:①本人交易(principal transaction);②共同交易(joint transaction);③代理交易(agency transaction)。[2]

本人交易,也称自我交易,是指发生在基金关联人本人和基金财产之间的交易。该交易主要分为基金管理人或其关联人与基金之间的交易,基金托管人或其关联人与基金之间的交易和同一个基金集团旗下两个基金间的交易三种。比如,基金管理人与基金之间无风险的本人交易,通过无风险资产的频繁转换,使关联方赚取了足

---

[1] Mercer E. Bullard "Insider Trading in Mutual Funds", *Oregon Law Review*, 84 (2005), 1.

[2] James M. Storey, Thomas M. Clyde, *Mutual Fund Law Hand book*, Glasser Legal Works, 1998, pp. 3~21.

够多的佣金或交易费用。[1]这是较为常见的关联交易形式,20世纪90年代日本投资基金资产的换手率是东京股票市场平均换手率的2倍,高换手率给按股票交易量固定比例收取佣金的证券公司带来巨额利润;[2]美国1940年《投资公司法》section17（a）和1940年《投资顾问法》section206（3）规定基金受托人或其关联人不得以本人或委托人的身份进行四种活动,包括:①向基金出售证券或资产;②向基金买入证券或资产;③挪用或借贷基金财产或证券;④私下为自己账户交易,有意向客户卖出或从客户买入任何证券。但是,法律要求关联人从事上述活动主观上应为故意（knowingly）。由此可见,美国对本人交易给予了严格禁止。但是严格禁止并不等于全面禁止,1940年《投资公司法》section17（b）授权SEC制定相应规则,对某些公平合理,不优于其他任何人士,并符合基金公司有关政策条件的关联交易给予豁免。SEC为此制定了Rule17a-7规则,规定只有满足规则所列各种条件的关联交易可以得到豁免。这种严格规定与豁免规则相结合的方法,在规制本人交易方面,起到了很好的效果。

　　共同交易,也称平行交易,是指基金受托人或关联人与基金作为一方共同与第三方进行交易。该交易也分为基金管理人或关联人与基金共同与第三方的交易,基金托管人或关联人与基金共同与第三方的交易和基金集团中多只基金与第三方的交易三种。1940年《投资公司法》section 17（d）条规定:"一家已注册的投资公司的关联人、主承销商不得以本人身份进行如下交易,否则即为违法:该投资公司或受其控制的另一家公司以共同参与或连带参与进行交易。"美国法院和SEC指明"共同参与"不是指基金关联人与基金非得同时共同

---

[1] 据全景网络数据统计显示,今年上半年证券投资基金进行证券交易所支付的佣金之中,有一半以上落进了关联方席位的口袋里,基金裕元的所有交易更是全部都在关联方席位上进行,可谓"肥水"先浇"自家田"。引自王晓宇:"上半年基金交易佣金半数落入关联方手中",载《中国企业报》2000年10月24日,第2版。

[2] Jun Cai, K. C. Chan, Takeshi Yamada, "The Performance of Japanese Mutual Funds" *The Review of Financial Studies*, 1（1997）, 62.

参与某种交易，而是指基金关联人与基金在该交易中具有共同的利益。相关的判例对"共同利益"又作了进一步的说明：①只要基金关联人获利与基金进行某项交易这两个事实之间存在间接、偶然的联系，则这种交易便可能构成 section 17（d）条规定的交易；②共同利益不以同时利益为限，基金关联人获利可以发生在基金进行交易之前、之中或之后；③在共同交易中，基金关联人的利益与基金的利益可以是同质，也可以是异质。[1]同本人交易一样，该条也授权 SEC 制定相应的豁免规则，包括 Rule 17d-1，Rule 17d-2，Rule17d-3 对一些共同交易的进行也做出了例外规定。

代理交易，也称委托交易，是指基金作为交易一方，而其关联人以基金或交易对手代理人的身份进行的交易。该交易也分为关联人作为一般代理人的交易、关联人作为经纪人的交易和关联人作为证券承销商的交易三种。关联人进行代理交易容易使关联人为博取交易对手的种种好处或基金的额外报酬而指使基金进行不公平的交易，从而损害基金的利益。为此，1940 年《投资公司法》分别对上述三种代理交易作了相应的限制。对于一般代理交易，section17（e）（1）规定：已经注册投资公司的关联人不得以代理人的身份为/向（to/for）投资公司或受该公司控制的另一家公司买卖财产而获取报酬（投资顾问费用除外）。而对关联人作为经纪人的交易，由于基金关联人自己作为基金的经纪商，其可以直接从基金财产重收取佣金，因此，基金关联人可能与基金约定较高的佣金费率图利自己。为此，美国法在肯定这种交易可以进行的同时，重点对关联人向基金收取的佣金作了限制，section17（e）（2）具体规定了关联人作为经纪商应取得的合理佣金。但是，如果 SEC 按照保护公共利益和基金持有人权益的原则允许收取更高的佣金时除外。再者，鉴于关联人作为证券承销商容易在证券前景并不乐观的时候向基金"倾销"滞销证券，损害基金的利益，section10（f）对基金购买关联人承销的证券作了一般性的禁止。同时，该条又授权 SEC 可以在

---

〔1〕 王苏生：《证券投资基金管理人的责任》，北京大学出版社 2001 年版，第 92 页。

保护持有人利益的范围内自行颁布条例或根据投资公司的申请发布指令，有条件或无条件地对这种交易给予相应的豁免。为此 SEC 制定了 Rule 10f–3 规则。

第二节 我国投资基金关联交易监管模式的选择

一、投资基金关联交易监管模式的理论与实践前提

在讨论投资基金关联交易监管模式之前，首先需解决的问题：对投资基金关联交易是否应予监管。面对这一问题的回答，目前学界存有两种不同观点：一种是否定说，一种是肯定说。否定说认为利益冲突交易（关联交易）可以产生利益冲突交易盈余，[1]表现为交易成本结余和生产成本结余：前者是基金管理人作为与双方有关联的当事人，对双方交易需求比较了解，能促成交易迅速达成，减少了信息搜索成本；后者是基金内部人（基金管理人或关联方）能提供比其他任何人更优惠的交易条件，甚至是某种唯一的或有效的交易机会。除此之外，该观点列出了反对对投资基金关联交易进行监管的四个理由：其一，投资基金或其董事与利害关系人之间是由契约安排与交易方式创新形成的一种经济节约机制，不仅可以取得规模经济效应，而且可以实现信息经济，达到反竞争效应，降低交易费用；其二，基金关联交易是自由主义市场经济的体现，利用与关系人之间特殊关系追求商业利润是证券投资者的权利预期，只要没有因满足自我利益而损害投资者利益就不应该被禁止；其三，从法律体系上看，禁止投资基金关联交易既花费巨大又收效甚微，约束成本大大超过其收益；其四，投资基金关联交易是补偿企业管

---

[1] 罗伯特·C. 克拉克（Robert C. Clark）在《公司法则》里指出，某些自我交易合同比任何可合理地替代的其他交易合同的代价都要低，这种成本上的差异称为自我交易盈余。此处的利益冲突交易盈余便是借用此概念来说明利益冲突交易的实际价值或者合理性。

第四章　投资基金关联交易监管法律制度

理人员的有效途径,是对基金管理人"有效管理的报答"。[1]该观点从实践中能减少成本和增加经济效益的角度,对投资基金关联交易做出了有利分析,进而提出无需对投资基金关联交易进行监管,因为监管会产生很大弊端,比如监管成本巨大等。从理论上看,这种观点很大程度上与管制无效论[2]取得了吻合,所以,它可以从理论上得到验证。

另一种观点是肯定说。与一般商事公司相比,单个基金投资者的投资数量、收益份额、投票权在整个基金中所占的比重很小,他们对基金管理事务的参与更少,与基金管理人之间的信息不对称现象更为严重,因而处于更为脆弱的地位。而且,由于大多数基金是由外部的投资顾问来运营和管理,并没有自己的雇员,在一些重大事项上,例如基金管理费、投资组合周转率、基金经纪业务的分配、对基金销售的刺激和激励等,基本上是由这些作为外部服务提供者的基金管理人控制,基金持有人难以对这些重大事项的决策实施有效的监控。在缺乏有效监管的情况下,基金管理人及其关联人士极易利用其所享有的对基金资产的控制权从事各种损害基金投资者利益的活动,因而,各国和地区均将对投资管理人及其关联方与投资基金之间的利益冲突交易的监管作为基金业监管最为重要的内容之一。[3]该观点着眼于基金投资者与基金管理人对基金资产的控制权严重失衡,为了保护基金投资者的利益,提出必须对基金管理人施加外部监管。由此可见,这种观点主张监管有效论,肯定了政府干预的合理性和有效性,认为监管能够提高资源配置效率和增加社会福利。这一观点已得到实际运用:国际证监会组织提出:保护投资者,保证市场的公平、有效和透

---

[1] 郑顺炎:《证券市场不当行为的法律实证》,中国政法大学出版社 2000 年版,第 10 页。

[2] 斯蒂格勒在其著名的《证券市场的公共管制》一文中提出了这种观点,该观点认为监管有一系列弊端,比如,监管的代价是昂贵的;监管会产生道德风险;监管会产生进入和退出障碍等。引自孙曙伟:《证券市场个人投资者权益保护制度研究》,中国金融出版社 2006 年版,第 103～104 页。

[3] 张国清:"证券投资基金关联交易的法律规制——美国的经验及启示",载《证券市场导报》2006 年第 1 期。

明，减少系统性风险三项监管目标，就是这一观点的实证。否定说与肯定说针锋相对，各有各的道理，到底取哪种观点为妥呢？笔者认为，要辨明是非，至少要从理论和实践上澄清以下几个问题：

首先，关联交易本身的法律性质。就关联交易而言，作为一种交易现象，与其实际经济效果相对应，在法律上它本身是中性的。从经济效果上看，它既可能产生正面效益，也可能产生负面影响。即，一方面，相对于外界，关联方之间的信息相对充分，关联方之间可以根据彼此的需求和供给能力达成协议，促使供求平衡，节约谈判成本和寻找成本，产生"生产剩余"或"消费剩余"。[1]另一方面，正是由于外界与关联方之间信息不对称，关联方可能利用自身信息优势，进行损害第三方利益的行为，即产生道德风险。正面效应是投资基金关联交易监管否定说产生的前提；负面影响则是投资基金关联交易监管肯定说产生的直接依据。在法律上，关联交易既可能是基金管理人为了实现受托人的最大化利益而选择的交易方式，也可能是既为了委托人的利益又为了自身的利益而选择的交易方式，还有可能是不顾委托人的利益而单纯为了管理人自身的利益所选择的交易方式。从基金权利的角度观之，在前一种情形下，并不存在受托人权利受损的可能，因而不存在违法的客观基础；在第二种情形下，我们也不能说受托人的利益已必然受到损害，因而也很难对之作出违法性判断；只是在第三种情况下，委托人的权利明显没有得到顾及甚至遭受了损害，违背了基金关系的本质与运行目标，违法性彰显。换言之，作为一种中性的概念，关联交易既不都是天然的坏事，也不都是天然的好事。由此可见，肯定说与否定说所列的理由，可谓各执一端，都有合理的一面，也都有不周延之处。

---

[1] 不过，对于基金关联交易到底能不能降低交易成本？Khorana，Wahal 和 Zenner 考察了封闭式基金中股权出售所带来的财富效应后，得出结论：基金关联交易对交易成本减少的作用并不明显。See Khorana, Wahal, Zenner, "Agency Conflicts in Close - End Funds: The Case of Rights Offerings", *Journal of Financial and Quantitative Analysis*, 37 (2002) 194.

其次，监管的必要前提。这里涉及到两个基本理念：一是理论上必须明确，监管不等于禁止。监管既包括对合理行为的认可，也包括对可能有害或已经发生损害的行为的禁止或矫正。否定说之所以并未被实践所采纳，就在于它潜存着这样一个前提：监管等于禁止。而恰恰相反，监管往往是以承认某一领域存在合理行为为前提的，它本身蕴涵着对合理行为的认可和对不合理行为的禁止或取缔。例如，我们通常说的"市场监管"，尽管监管的重心在于发现和控制市场违法行为，但也总是以承认大多数市场行为的合理性为基础的，市场监管不等于"市场禁止"。二是实践上必须明确，监管发生的事实前提只有一个，这就是某类行为存在着危害社会的可能性。因此，即使是在既可能有利也可能有弊的中性的行为类别中，由于存在着发生危害的可能性，也就存在着监管的必要。关联交易既可能是有利的一种活动，也可能是一种有害的行为，这已经具备了监管的实践前提。只有通过监管，才能充分发挥投资基金关联交易的长处和尽量避免监管所带来的弊端。

最后，监管的法制化与监管制度的最优化。一方面，监管必须法制化。这里的法制化有两重含义：首先，被监管行为的法制化，也就是以制度的形式将被监管的行为纳入法制轨道，从而充分发挥被监管行为的积极作用，并最大限度地防止其可能出现的弊端；其次，监管行为的法制化。监管是一种权力，象其他任何权力一样，监管权力必须接受包括法律在内的制约，特别是在诸种利益冲突日益突出，监管者利益与市场利益难免出现交叉、混同的情况下，规范监管者的行为就成了监管制度的又一重要价值目标。因此，监管制度是监管法制化的结果，它不仅是有效监管的保障，也是合法监管的保障。另一方面，监管制度的选择必须最优化。由于存在着不同监管制度或不同监管模式，而不同监管模式所具有的特点及收到的效果存在着一定的差异，这就使得制度的选择具有主观能动空间。监管制度不仅是一种理性的选择，更是一种理想的选择。为了实现理想状态的监管，就必须结合本国的实际情况，寻求最适合、最有效的监管制度，即必须寻求最能保证监管理想得以实现的监管模式和制度。看来，投资基金关联交易监管的必要性是不容置疑的，问题的关键是如何选择最适合和最有效的监管制度。这也正是本书所要作的一种探索。

二、投资基金关联交易监管模式之分析

监管模式是指监管的制度安排方式，包括监管法规体系、监管主体组织结构、监管主体的行为方式等。监管模式是各国根据其具体情况而建立，并在不断的发展演变过程中逐步形成的制度安排方式。由于各地区的经济背景、法律环境等的不同，各地区监管制度的安排方式也就呈现出各自的差异性，正是这些差异性构成了不同监管模式的社会基础。

1. 投资基金关联交易监管模式之比较。在投资基金关联交易监管方面，世界各国和地区为了实现管制适度，主要遵循了两种监管思路：一种是在禁止关联交易的同时缩小管制对象的范围；另一种是扩大管制对象的范围但同时又规定了关联交易生效的条件。我国台湾地区和美国分别是这两种监管思路的典型代表。笔者将其分别称为"我国台湾模式"和"美国模式"。

我国台湾地区的"证券投资信托基金管理办法"第16条规定，证券投资信托事业"不得投资于与本证券投资信托事业有利害关系之公司所发行的证券"。其中"有利害关系之公司"仅指两类法人：①持有证券投资信托事业已发行股份总数5%以上股份之公司；②担任证券投资信托事业董事或监察人之公司。我国台湾地区在投资基金关联交易的法律规制方面具有如下特点：其一，采取了禁止的态度。我国台湾地区立法已经肯定了投资基金关联交易的危害性，并将其纳入了监管者的视域，这不仅体现了我国台湾地区基金立法的前瞻性，也体现了我国台湾地区监管者对投资基金关联交易规制的重视。其二，对法律上的禁止做出了限定。这种限定突出体现在对基金关联人的范围的界定十分狭窄。我国台湾地区立法对于关联人士的界定仅限于法人和团体，没有自然人，导致基金关联人的范围非常狭窄，最终的结果是大大限制了政府机关规制投资基金

关联交易的权限。其三，法律上未作禁止的投资基金关联交易均由市场自发调节。这种做法充分尊重了市场机制的作用，但是市场机制自身的缺陷必然使其在调节投资基金关联交易时显得有些力不从心。总而言之，我国台湾地区在规制基金关联交易方面采用的是禁止性限定模式，这种模式的最大弊端是大大缩小了管制范围，不利于基金关联交易的有效规制。与我国台湾地区相比，美国遵循了相反的管制思路，其1940年《投资公司法》中规定的"关连人"范围极其广泛，包括了一级和二级关联人；但只要经过证券交易委员会（SEC）的批准，或者符合豁免条件，关联交易则可照常进行。这样，虽然法律所管制的关联交易涉及面很广，但由于管制的力度有所保留，避免了对关联交易管制过严的弊端。总结起来，美国对投资基金关联交易的法律管制具有如下突出特点：一是管制机制上具有鲜明的行政色彩。联邦政府的美国SEC对投资基金关联交易的管理具有很大的决定权和主动权。二是原则禁止和豁免制度相结合。美国立法者正是在承认他们对关联交易的了解有限的情况下增加豁免条款来补救和避免法律对关联交易的监管过于死板的缺陷。豁免条款使得SEC在管制投资基金关联交易时享有巨大的灵活性，被认为是美国成功管制投资基金关联交易的一个重要经验。[1]三是管制程度根据交易类型有所差别。美国法律对本人交易和与密切关联人进行的交易采取非常严格的管制方式：相当一部分给予禁止，许可的交易也要符合众多条件并经过严格的行政审批程序。四是多种管制手段相结合。虽然美国法律对基金的管制带有浓厚的行政色彩，但也越来越重视其他管制方法的采用，如强化独立董事制度和司法救济制度。五是规则完善，并有很强的可操作性。以上特点决定了美国式基金关联交易监管模式具有严厉性，但又不失灵活性，因此其操作性是很强的。比较两种法律监管模式，有的学者认为，对于投资基金关联交易的监管，成熟市场国家（地区）主要是通过

---

〔1〕 Division of InvestmenLManagement SEC Staff 1992, Protecting Investors A Half Century of Investment Company Regulation, Washington D、C, p212.

纵向确定关联人士范围和横向列举限制性关联交易进行规范的。[1]有的学者提出，基金业越发达的国家或地区对投资基金关联交易的监管越细致。美国是基金业最发达的国家，同时也是基金监管最细密的国家。[2]很明显，这些观点实际上是对美国监管模式的肯定。基于此，很多国家在投资基金关联交易监管方面正努力学习美国式监管模式。

2. 我国目前投资基金关联交易监管模式及其缺陷。目前我国基金业对关联交易的监管尚处于起步阶段，主要体现在一些法律法规及部门规章的简单规范上。考察我国投资基金关联交易立法现状，我们大体可以发现我国在投资基金关联交易方面所采用的监管模式。我国有关投资基金关联交易的规制主要体现于1997年施行的《管理暂行办法》和2004年施行的《基金法》之中。《管理暂行办法》第34条规定："禁止将基金资产投资于与基金托管人或者基金管理人有利害关系的公司发行的证券。"《基金法》第59条规定："基金财产不得用于下列投资或者活动：……（四）买卖其他基金份额，但是国务院另有规定的除外；（五）向其基金管理人、基金托管人出资或者买卖其基金管理人、基金托管人发行的股票或者债券；（六）买卖与其基金管理人、基金托管人有控股关系的股东或者与其基金管理人、基金托管人有其他重大利害关系的公司发行的证券或者承销期内承销的证券。"由于都没有明确界定关联方或关联交易，只是笼统的定义为"有利害关系的公司"，因而前述规定缺乏一定的现实操作性。面对投资基金关联交易的频频发生，为了有效监管基金市场，我国又先后制定了一些有关规范投资基金关联交易的规则。比如中国证监会于2004年7月1日发布施行的《证券投资基金信息披露编报规则第3号会计报表附注的编制及披露》；

---

[1] 胡家夫、骆红艳："证券投资基金关联交易监管研究"，载《证券市场导报》2005年4月6日。

[2] 胡家夫、骆红艳："基金关联交易监管——海外经验与对策建议"，载新浪网，http://finance.sina.com.cn/stock/t/20050826/082483860.shtml，最后访问日期：2006年05月16日。

中国人民银行、中国银行业监督管理委员会、中国证券监督管理委员会于2005年2月20号发布施行的《商业银行设立基金管理公司试点管理办法》；2005年12月21日中国证监会正式发布的《证券投资基金信息披露内容与格式准则第7号＜托管协议的内容与格式＞》；2006年6月15日中国证监会发布实施的《证券投资基金管理公司准则》（试行）等。虽然这些部门规章或规范都不是对投资基金关联交易的专门规定，但在规范不正当投资基金关联交易方面起到了积极作用。

综上所述，我国对投资基金关联交易的法律规定散见于多个政府部门规章和规范性文件中，其特点如下：其一，法律层次低，还没有形成完整而系统的规制法律体系。其二，过于原则化，概念模糊，可操作性不强。其三，规制措施和方法单一，不适应复杂的证券市场和证券交易的需要，也不利于全面有效地保护基金持有人的利益。同时，我国对投资基金关联交易的法律规定体现出了一个突出特点，那就是禁止性限定。禁止性限定表达的是这样一个意思，即我国立法首先肯定了投资基金关联交易的负面影响，从而要禁止投资基金关联交易行为，在此基础上又对禁止的范围做出了限定。这一突出特点表明，我国目前对投资基金关联交易采用的监管模式属我国台湾地区模式，即对未禁止的投资基金关联交易由市场自行调节，对被禁止的投资基金关联交易严格按法律的规定处理。这种监管模式没有回旋余地，给投资基金实际操作带来了很多不必要的麻烦。[1]在司法实践中，我国目前的投资基金关联交易监管模式呈现出以下突出问题：其一，在限定禁止的投资基金关联交易时，我们发现很难明确关联人和关联交易的内涵及界限，缺少衡量关联交易的标准，从而使一些明显的关联交易行为无法定性。在控股股东中诚信托间接成为张裕A第二大股东的进程中，嘉实基金增持张裕

---

[1] 比如，宝钢股份增发时，基金公司受《基金法》对基金关联交易条款限制对基金投资带来了较大影响。引自唐健："大批基金可能无缘宝钢增发"，载《证券时报》2004年8月20日。

A 且获利丰厚一事,就是一个明显的例证。[1]其二,对某些关联交易行为规定的过严过死,使一些正当的投资基金关联交易也被列入禁止之列,反而不利于实现基金持有人利益。在实践中这方面的例子已经很多。2004年7月20日"基金不能参与中国联通配股事件",国泰、银河、中信、长盛等基金管理公司旗下的各种基金,因为他们的股东中金公司、国泰证券和银河证券及中信证券等都参与了中国联通的配股,被迫放弃中国联通一级市场的新股配售,并强制承担除权后的缺口损失,造成基金净值的减少;[2]长城久泰中信标普300指数基金一直在绕开该基金托管行招商银行的股票,而配置其他银行股跟踪指数;随着基金公司大股东和基金托管行股票即将成为ETF(Exchange Traded Funds的英文缩写,即交易型开放式指数基金)跟踪的指数成分股,作为上证50重要成分股的中信证券收购华夏基金股权已经获批,并即将完成该项收购;作为基金托管人的中行和工行也即将接踵发行上市,[3]但因受《基金法》第59条对投资关联方股票交易的禁止,投资基金将无缘投资这些获利丰厚的股票。据业内人士分析:截至2006年6月30日,中国银行托管了43只基金,按照不完全统计,中国银行托管的基金净值合计大约在1000亿元左右。此次中国银行发行,就有近50只基金不能参与申购,其背后的近几十万基金持有人的利益将受到影响。[4]由此可见,我国目前采用的投资基金关联交易监管模式不仅在理论上已经遇到了质疑,在实践操作中也正面临着极大的挑战。

---

[1] 何军:"业内人士:基金关联交易规则应完善",载《上海证券报》2004年11月10日。

[2] 王凯:"5家基金被迫联通配股,申购银行股也将受限",载《证券市场周刊》2004年07月19日。

[3] 杨磊:"基金禁止关联交易卡壳ETF",载《证券时报》2006年8月7日,第B2版。

[4] 秦炜:"专家建议适度放宽对基金关联交易限制",载《证券日报》2006年7月3日,第A3版。

三、我国确立美国式监管模式的必要性与可行性

在投资基金关联交易法律监管模式的选择中首先涉及这样一个问题，即基金应维护哪方的利益？关于这个问题，美国投资公司协会主席马修在总结美国基金取得成功的经验时如此回答：基金业界在最大程度上维护基金持有人的利益是非常关键的。[1]因为基金的投资者是整个基金制度的基石。投资者的出资是投资基金的物质基础，投资者的意志是影响基金运作的决定性力量，所以，维护投资者的利益是投资基金立法的最高宗旨。既然如此，凡是有利于实现投资者的利益的中性投资基金关联交易应当予以允许。然而，我国目前的投资基金关联交易监管模式在很大程度上没能实现保护基金投资者的利益。我国著名学者王连洲提出：目前，由中国银行和工商银行托管的基金资产有几千亿元之多，正是由于《基金法》第59条的规定，将致使几千亿元基金资产有可能无缘申购具有深厚投资价值的中国银行甚至以后工商银行发行的股票，从而失掉为基金投资者赢得丰厚收益的良好机会，这一立法简直与维护基金投资者利益的良好愿望南辕北辙。[2]这一现状表明，我国《基金法》中的明文规定和以实现投资者利益为目的的基金投资显然存在着难以调和的矛盾，应当引起我国监管当局的高度重视。鉴于美国在规制基金关联交易方面，很成功地实现了有效保护基金投资者利益的目标。我国应当借鉴美国这方面的成功经验，改进我国目前投资基金关联交易监管模式。这就要求在《基金法》中明确授权证监会可以在保护基金持有人权益原则及立法宗旨的前提下，制定相应的条例、解释规则以批准或豁免符合相关条件的关联交易得以进行。

但是，采用美国的监管模式具体操作起来是否可行呢？笔者认为我国采用美国投资基金关联交易监管模式具有可行性。以下几个

---

〔1〕 韩会永：美国共同基金成功的经验，载 http://www.chinaamc.com，访问日期：2004年1月21日。

〔2〕 杨磊："基金禁止关联交易卡壳ETF"，载《证券时报》2006年8月7日，第B2版。

方面可以印证这一观点：其一，美国投资基金关联交易监管模式系从保护基金投资者利益的角度出发而确立，与我国投资基金立法的基本宗旨完全一致。从美国基金业的发展过程来看，什么时间强化对基金持有人利益的保护，什么时间基金业就能够持续、健康、规范的发展。所以，美国在投资基金立法时总是将基金投资者的利益放到首位，在确立其投资基金关联交易监管模式时同样如此。我国在投资基金立法当中考虑到，投资基金及其关联交易的专业性和复杂性，使得基金投资者与基金关联方以及基金监管部门之间的信息严重不对称，基金投资者的利益很容易受到基金关联方的侵害。所以，我国《基金法》第1条就规定：为了规范证券投资基金活动，保护投资人及相关当事人的合法权益，促进证券投资基金和证券市场的健康发展，制定本法。这样，我国投资基金立法就把保护广大投资者及其相关当事人，特别是中小投资者的利益确立为其基本宗旨。为了实现更有效地保护基金投资者的利益的目的，我国应当借鉴美国保护基金投资者的有益经验。其二，我国基金监管者已经认识到了我国目前采用的监管模式的弊端，并为确立新的有益的监管模式做了一些基础工作。我国基金监管者已经发现，在规制投资基金关联交易方面采用禁止性限定的模式，不利于充分保护基金投资者的利益。2004年9月，中国证监会发布了《关于<关于基金参与证券发行受到限制问题的建议>有关问题的复函》对《基金法》第59条第6款作了进一步的补充与解释，该复函解释了两点：一是将规定中的"承销"定义为"主承销"；二是认定非控股股东与基金管理公司的关系不属于"有重大利害关系"。如此一来，只要符合非控股股东承销的证券或者控股股东在承销期内没有担任主承销商的基金管理公司就可以用基金财产参与股东承销期内承销的证券。这一复函内容从某种方面反映出证监会以往对基金所有关联交易厉行禁止的监管立场已经在开始发生松动，对基金业而言不啻是一个利好的信号。当然，这一复函仅仅是为确立新的监管模式做出的一项基础性工作，这种工作不可能成为解决投资基金关联交易监管问题的根本方法。原因在于：从依法行政的角度来看，《基金法》

的法律效力位阶高于行政规章,在没有《基金法》的明确授权下,证监会对《基金法》第59条第6款是否有权做出这种限制性解释则令人生疑。可想而知,一旦涉讼,这种复函的法律效力是无法保证的,更遑论用其作为指导和规范投资基金关联交易的法律文件。因此,只有彻底改变我国目前投资基金关联交易的监管模式,采用美国的监管模式才能从立法源头上确保证监会上述复函的合法性和有效性,从而彻底消除今后类似联通事件给基金业发展带来的负面效应。其三,更可贵的是,我国已经认识到了美国投资基金关联交易监管模式的优点所在,并在申请豁免投资基金关联交易方面已有成功的先例。美国投资基金关联交易监管模式具有较宽的管制范围和很灵活的操作性,其中申请豁免是该模式的突出特色。我国基金业对申请豁免进行了试验,结果非常成功。基金管理公司购买旗下封闭式基金是关联交易,市场投资者担心基金管理公司充分了解自身基金运作,进行二级市场交易会涉嫌内幕交易。针对此事,证监会于2005年6月8日发布了《关于基金管理公司运用固有资金进行基金投资有关事项的通知》,该通知明确规定,允许基金管理公司动用固有资金购买旗下封闭式基金。现监管部门的处理办法是:①可以购买;②提前公告;③中途不能卖出即不能短线交易;④卖出前要公告;⑤一般要持有到期。通过这些严格的规定,已把市场投资者原来的担心一一化解,保证市场公开、公平和公正,实践证明效果相当不错。一些基金管理公司动用固有资金买入后,平衡了管理人和持有人的利益,基金业绩得到明显改善。相信在我国未来基金业的发展中,申请豁免投资基金关联交易的实例会越来越多,申请豁免的程序和办法也会越来越健全。其四,事实上,种种迹象表明,我国目前的理论界和司法界已经在思考采用美国式监管模式的具体方案。借鉴美国监管模式,我国投资基金立法应当从维护基金持有人利益的立法宗旨出发,设定一定的弹性,在防范、遏制投资基金不正当关联交易发生的同时承认正当关联交易的合法性,为那些有利于基金持有人利益的关联交易留下生存空间,而不能"矫枉过正",再像以前那样一概地加以封杀。中国银河证券首席基金分析师胡立峰这样分析：对涉及利益输送的关联交易应严格禁止，对中性的关联交易，应当区别对待。并进一步提出建议说，对现行《基金法》中关于关联交易的规定应作出适度放宽，充分考虑到持有人的利益。把类似基金申购中国银行 A 股[1]这样的关联交易摊在阳光底下，通过严格的信息披露和公开承诺，让关联交易处于社会和持有人的监督制约之下，通过严密严谨的程序性规定，让基金既可以参与关联交易，又不用担心持有人利益受到损害。[2]这就要求监管者对本属于正当的市场交易行为做出禁止性规定时需要慎之又慎，立法时应当具有一定的前瞻性，绝不能使市场稳定健康发展的利器成为阻碍市场发展的绊脚石。为了有效保护基金投资者的利益，有的学者指出申请豁免投资基金关联交易成为了投资基金的唯一选择。这一观点得到了多数基金管理公司有关人士的认同。诚如美国 1940 年《投资公司法》的一个主要起草人大卫·申克尔（Dvaid Schenker）所指出的："基金的关联交易是一个十分复杂的现象，要制定正确的条款来管制一个有如此多变及如此多不同种类的交易是困难重重，因此如果没有豁免制度，要基金业去遵守一个死板的法律是十分困难的。"[3]SEC 委员的休斯（Hughes）法官也赞同道："如果没有赋予 SEC 豁免权力，SEC 能受得了，但我不相信基金业界能受得了。"[4]这样，从最后的实现途径上印证了我国采用美国式监管模式的可行性。

总之，在投资基金关联交易方面，存在是否予以监管之争。笔

---

[1] 正当各路机构竞相申购中行 A 股时，却有 46 只基金因为基金托管行、主承销商和财务顾问等关联方的关系，无缘申购中行新股。引自"受关联方影响——逾 900 亿基金无缘中行申购"，载《证券时报》2006 年 6 月 26 日。

[2] 杨磊："基金禁止关联交易卡壳"，载《证券时报》2006 年 8 月 7 日，第 B2 版。

[3] US Congress, 1940, Investment trust and Investment Companies: Hearings before a subcommittee of the committee on Banking and Currency, United States Senate, 76th congess, 3rd Session.

[4] Division of Investment Management SEC Staff, 1992, Protecting Investors: A Half Century of Investment Company Regulation, Washington D. C., p. 212.

者认为，监管不等于禁止，且监管的充分理由就在于被监管的行为存在损害的可能，而不是被监管的行为一概具有现实的损害；但不监管就是对不正当关联交易的放任，因此，监管才是解决问题的最好办法。同时，由于监管有不同的模式，不同的模式对监管目的理解和实现程度却大不相同，这就有赖于我们对监管模式的科学选择。通过对两种投资基金关联交易监管模式的比较分析，结合我国立法目前所确立的投资基金关联交易监管模式，笔者认为，我国必须重新选择投资基金关联交易监管模式。新的监管模式体现在立法中，就是既要有严格禁止不正当投资基金关联交易的条款，又要有豁免正当投资基金关联交易的条款。只有这样，才能有效避免对关联交易管制过严或过宽的两个极端。而最好的选择，就是采用美国监管模式，即规定一般性地禁止关联交易，但对于符合法定条件的关联交易可依一定程序予以豁免。

第三节 我国投资基金关联交易监管法律制度的完善

制度是监管微观层面上的问题解决，是投资基金关联交易法律监管的必备环节，对完善我国投资基金关联交易法律监管具有重要意义。在投资基金关联交易方面，我国存有基金关联人界定不清，基金管理公司内部控制不严，基金信息披露不充分，托管人监督作用不能有效发挥，事后救济不能保障等方面的突出问题，这些问题的有效解决很大程度上决定于在这些方面的制度完善。

一、明确界定基金关联人的基本范畴

在我国现有的投资基金法则中，有关基金关联方的法律提法非常笼统，仅表述为"控股关系的股东"，"有其他重大利害关系的公司"等。而对如何界定股东与基金管理人、托管人的"控股关系"或一家公司与基金管理人、托管人有"其他重大利害关系"，一直缺乏具体的衡量标准和相关的法条解释。这不仅使关联交易的概念非常模糊，而且也削弱了监管的实效性。因此，明确界定基金

关联人十分重要。

在界定基金关联人的时候，借鉴外国经验是有益的。美国1940年《投资公司法》第2条第1款第32项将关联人士的范围确定为：直接或间接拥有、控制某人已发行在外的5%或者5%表决权股份的人；或者其已发行在外的5%或者5%以上的表决权股份直接或间接地被某人拥有、控制的人；直接或间接共同控制他人或者受他人控制的人；某人的高级职员、董事、合伙人、共同合伙人、或者雇员；投资顾问或其他顾问；投资公司保管人。在同法第2条第1款第19项中所规定的"利害关系人"中，也包括了关联人士的内容，所规定的关联人士包括自然人，关联人士的直接家庭成员，如父母、子女、子女的配偶、配偶、兄弟、姐妹等。

香港《单位信托及互惠基金守则》将关联人士限定为：①直接或间接实际拥有基金管理人普通股本20%或以上的人士或公司，或能够直接或间接行使该基金管理人总投票权20%以上的人士或公司；②符合上述规定的人士或公司所控制的人士或公司；③任何与该基金管理人同属于一个集团的成员；④上述所界定公司及该公司关联人士的董事或高级人员。

香港与美国对关联人士的定义框架较为相近，二者基本围绕与基金管理人有关的法人和相关自然人来确定关联人士的范围。美国基金关联法人包括基金管理人的上一级（控制基金管理人的法人）、同级（共同被第三方控制的法人）、下一级（被基金管理人所控制的法人）关联法人；其关联自然人的范畴也很宽。香港关联法人包括基金管理人的上一层级和同级关联人士，及与基金管理人同属于一个集团的成员；其关联自然人包括所有关联法人的董事或高级人员。[1]

两者的界定哪个更为合理呢？在确定关联方关系的具体标准时，一个国家（地区）应根据本国（地区）的市场状况及公司股权结构做出灵活的规定。因为美国和我国香港地区投资基金多数属公司型，所以，围绕基金管理人来界定基金关联人是其现实所需。

---

[1] 胡家夫、骆红艳："基金关联交易监管——海外经验与对策建议"，载《中国证券报》，2005年8月26日第B07版。

目前我国投资基金属契约型，以信托原理运作，基金管理公司和托管银行（基金托管人）共同承担起受托人职责，所以，在界定我国基金关联人范畴时，不仅要以基金管理公司为基点，同时还要把信托银行考虑进去。

在借鉴美日经验的基础上，结合前文对基金关联人粗线条的框定，我们可以试着作出较细的界定。基金关联人包括：①基金的发起人（证券公司、商业银行、信托公司），基金管理公司及其工作人员，基金托管人及其工作人员；②直接或间接拥有基金管理人一定比例表决权证券的人，或被基金管理公司拥有一定比例表决权证券的人，或直接或间接地控制基金管理人的人、被基金管理人控制的人或与基金管理人共同被第三人控制的人、受一家基金管理公司管理的其他基金；③直接或间接拥有基金托管人一定比例表决权证券的人，或被基金托管人拥有一定比例表决权证券的人，或直接或间接地控制基金托管人的人、被基金管托管人控制的人或与基金托管人共同被第三人控制的人。文中的"一定比例"要视我国立法机关拟对投资基金关联交易管制松紧程度而定。这种对基金关联人范畴的设计，要求在司法实践中，必须结合豁免或批准规则进行适用，否则会因为使投资基金在市场运作的限制较多，影响到投资基金的投资效率。关于这一点，巴曙松曾指出金融监管并不是越严格越好，过于严格的金融监管不仅会带来过大的行政成本和执行成本，还会抑止金融创新和市场竞争。在条件成熟时应当要求监管机构对监管措施进行成本收益分析，只有监管的预期收益大于成本的监管措施才能够实施。[1]

二、完善独立董事制度的同时，建立董事回避制度

美国经验表明，通过独立董事这一内部约束机制来配合投资基金关联交易的监管，可以很好地起到防患投资基金的不正当关联交易于未然的功效。通常认为，独立董事制度能弥补投资基金的利益

---

[1] 巴曙松："金融监管框架的演变趋势与金融机构的发展空间"，载《财经理论与实践》2004年第1期。

代表缺位，使之成为投资基金的代言人；能弥补监管缺位的问题，使之发挥在投资基金中的监管作用；健全内部控制机制，发挥各专门委员会应有的作用。[1]正因为如此，美国监管者越来越重视独立董事在基金公司中的地位。欧洲养老基金协会荣誉主席马克·巴约特（Marc Bayot）介绍说："今年7月份，美国证监会增加了基金公司里独立董事的比例，从原来的40%增加到70%，董事会主席也要由独立董事来担任。"[2]

为了规范投资基金运作，中国证监会于2001年要求基金管理公司董事会中的独立董事比例必须达到1/3，经过近4年的发展，独立董事制度在基金业中已经建立和完善起来了。同时，我国也形成了一批被社会广泛认同的独立董事群。可以预期的是，有了制度和人选的保障，独立董事制度将对规制关联交易产生积极的影响。但值得注意的是，我国投资基金中还没有真正建立起类似美国投资公司的独立董事制度。因为契约型基金本身不是一个法律实体，无法形成独立董事制度，现有的董事往往表现为基金管理公司的董事，而非投资基金的董事；投资基金的资产并非基金管理公司的资产，因此董事所监视的资产与董事所代表的利益错位，导致独立董

---

[1] 当然，学界也有对独立董事制度提出质疑的声音，比如王苏生认为独立董事制度有如下缺陷：①独立董事或受托人由基金管理人提名，很难维持真正的独立性；②缺乏为基金持有人谋取最大利益的激励机制；③受时间、信息和预算的约束无法对关联交易展开深入调查。引自王苏生：《证券投资基金管理人的责任》，北京大学出版社2001年版，第78页。巴曙松通过对美国基金丑闻的分析认为，独立董事的制度设计意欲以董事独立之身份为基础再加上薪酬激励构成约束与激励的"双重保险"，但倘若激励不足，这种独立性也就演变为了对中小投资者利益的漠视和对基金管理人违规行为的纵容。并说激励中的声誉机制最终实质上是一种不确定的经济激励，一旦其收益小于监督管理层的确定性成本，就会使独立董事"偷懒"，特别是当向独立董事披露的信息不充分时，更加大了其监督的成本。诸如此类的声音也正体现了独立董事制度的问题所在，这就要求我们在运用这一制度的同时，注意适时修正其不足。引自巴曙松、牛播坤："美国基金黑幕的制度分析"，载《数字财富》2004年第3期。

[2] "基金关联交易再鸣警笛"，载国务院发展研究中心信息网，http://www.drcnet.com.cn，最后访问日期：2005年9月10日。

事制度效率的削弱。为建立起能真正代表基金持有人利益的实际载体，不仅需要我国进一步优化契约型基金的治理机制，[1]还提出了大胆发展公司型基金的要求。

为了阻止不正当关联交易的发生，董事回避制度不失为事前控制的一种好方法。这种制度基于这样的理由而设计，即在存在利益冲突的场合，不应当让有关当事人处在一个两难选择的境地；同时关联交易对公司利益的公平与合理性应当留给非利益相关的董事评价，以保证决策的客观性。目前我国基金法规中已经规定了针对投资基金关联交易的董事回避制度。2006年6月15日中国证监会发布实施的《证券投资基金管理公司治理准则》（试行）第82条规定："公司董事会就关联交易事项进行表决时，有利害关系的董事应当回避。"这方面的规则是有了，但其适用性因规定的过于简单受到了限制。在今后的立法中，还需进一步明确哪类关联交易事项的表决有适用董事回避制度的必要和有利害关系的董事的具体范畴等问题。

三、特别完善投资基金关联交易的信息披露法律制度

根据公共选择理论，会计信息是一种公共物品，存在搭便车的现象，这就要求监管部门必须对会计信息进行必要的规范。基金关联方正是通过利用信息优势进行关联交易的，所以，规避关联交易的一个重要而有效的方式是强化信息披露机制，[2]以最小的成本换取最大的监管效率。"阳光是最好的防腐剂，灯光是最有效的警察"[3]，充分的信息披露不仅可以满足基金持有人的知情权，而

---

[1] 李仲翔等提出从传统型（conventional）股权结构向共同化（mutualization）股权结构进行转化，使得基金家族100%拥有和控制基金管理公司，使基金董事责任覆盖整个基金集团（基金及其管理公司）。

[2] 在证券市场最为发达的美国，代表其证券法制显著发展的1933年和1934年的联邦证券立法的重心就是信息披露。因而有学者形象的说："在联邦法律中有一种不断出现的概念，开始是信息披露，接着还是信息披露，后来是越来越多的信息披露。"引自 L. Loss, *Fundamentals of Securities Regulation*, Boston Little Brown & Co. 1983. p7.

[3] L. D Brandeis, Melvin I. Urofsky, *Other People's Money and How the Bankers Use It*, Bedford/st. Martin's. p. 62.

且可以发挥社会监督、特别是媒体和其他专业人士的监督作用,令不当的关联交易无处藏身。

从目前投资基金信息披露的立法情况来看,为了有效保护基金投资者的利益,我国基金监管方越来越重视对投资基金运行信息的披露了,但是,有关投资基金关联交易信息披露的法规还有待进一步完善。中国证监会于2004年7月1日发布施行的《证券投资基金信息披露编报规则第3号会计报表附注的编制及披露》第7条对投资基金关联交易信息披露作了具体规定,这一规定弥补了以前只由基金契约(非强行法)规范基金关联交易信息披露的遗憾。但这一规定还欠科学,因为它笼统地规定需披露关联方关系和关联方交易,但没有明示关联交易的危害级别和判断标准,即使投资者看到有关投资基金关联交易的信息披露报表,也难以判断关联交易的危害性。因此,我国有关投资基金关联交易的信息披露制度还有待进一步完善,今后可以考虑建立关联交易信息披露分级监管制度:不重要的关联交易无需进行披露;重要的关联交易,则需要立即公告;特别重大的关联交易,不仅需要公告,还要获得持有人的批准。[1]

四、充分发挥托管人的监督作用

根据我国现有法律规定,基金托管人负有监督基金管理人的投

---

[1] 香港对基金的信息披露等级分明,分级标准明确,而且披露要求清晰,并有完善的豁免制度。香港法律详细规定了"无须披露的交易"、"事后披露的交易"、"事前获批的交易"三种,并对三种分类给出了明确的标准(原文列举的无须披露交易的判定标准主要有:交易是在日常业务中按一般商务条款进行的,交易金额少于100万港币或上市公司有形资产账面净值0.03%之较高者;事后披露的交易的判定标准主要有:按一般商务条款进行的,交易金额少于1000万港币或上市公司有形资产账面净值3%之较高者;事前获批的交易的判定标准没有定量标准,而是详细列举了八种所属交易。)参照香港的经验,我国的信息披露制度需要明确披露等级,对"零星交易"、"非重大交易"、"重大交易"的划分缺乏明确标准;建立"事前披露"制度,以便更好地防止非公允关联交易的发生;建立信息披露豁免制度,但是需要加强监管机构公正、公平、合理地判决。引自张功富:"略谈香港关联交易分级披露制度及借鉴",载《财会月刊》1999年第9期。

资运作包括关联交易的义务。因此，通过一定途径明确基金托管人监督基金关联交易的职责，不仅有利于充分发挥基金托管人的监督作用，还有利于发挥市场自律机能和降低行政监管成本。[1]

我国在投资基金立法中已经开始注重发挥基金托管人的作用。中国证监会于 2005 年 12 月 21 日正式发布的《证券投资基金信息披露内容与格式准则第 7 号〈托管协议的内容与格式〉》，特别强化了基金托管人对投资基金关联交易的监控，该文件规第 11 条第 1 款第 3 项明确规定"基金托管协议应订明协议当事人为配合对关联投资限制实施监督所采取的措施。例如，根据法律法规有关基金禁止从事的关联交易的规定，基金管理人和基金托管人应相互提供与本机构有控股关系的股东、或与本机构有其他重大利害关系的公司名单"。为保障基金托管人这一监控职能的有效发挥，中国证监会于 2006 年 4 月 3 日又发出《关于发布〈托管银行监督基金运作情况报告的内容与格式指引（试行）〉的通知》，规定：各托管银行的基金托管部应分别于每个季度终了后 10 个工作日内、每年终了后 30 个工作日内向中国证监会基金监管部报送监督报告。

由此可见，我国投资基金监管部门已经发现基金托管人在监督投资基金关联交易方面的优势，也试图将这一优势发挥出来，但是，基金托管人作为基金受托人之一，决定了其在监控投资基金关联交易方面有一定的局限性，因此，在赋予基金托管人监督投资基金关联交易的义务同时，应注意配合行政监管和社会监督。

五、形成完善的事后救济制度

为规避投资基金关联交易，保护投资者的利益，除了建立一套完整的事前和事中的监控体系以外，还需要形成完善的事后救济制度。事后救济制度的完善主要体现在以下三方面：其一，赋予基金持有人诉权，即任何一个基金持有人发现基金管理人和托管人违反

---

[1] 在这一方面香港已有先例，香港在基金发展中，非常注重市场作用，行政监管较少，对于本人交易，香港没有特别的禁止性规定，只是对部分本人交易进行了有条件限制，即本人交易需获得受托人同意才可进行，并且强调进行信息披露。

信赖义务，从事关联交易行为，并损害了其利益时，可以向法院请求救济。从应然的角度讲，基金持有人具有提起诉讼的自身动力，这种诉讼制度的引入可以对基金受托人构成强有力的约束。但是，基金持有人的集体性，诉讼利益的平均分配性，很有可能影响基金持有人行使诉权的积极性。因此，在这一诉讼制度中有必要引进提起诉讼的激励机制。其二，监管者代替持有人提起诉讼，即监管部门利用其事前和事中监管的优势，更容易发现基金管理人和托管人不正当关联交易行为，为了保护基金持有人的利益，代替所有基金持有人向法院提起诉讼。这一救济方式在国外已在使用。美国1940年《投资公司法》section36（b）明确规定，在发现基金管理人在基金管理费方面违反信赖义务时，SEC可以代表基金持有人向法院提起诉讼。因为基金持有人具有群体性和获取信息的弱势性，监管者代替持有人提起诉讼是保障基金持有人利益的一种很好的救济方式。其三，引入"推定过错原则"，即当发现基金管理人或其关联人士与基金之间的关联交易对基金持有人利益造成损害时，推定基金管理人或其关联人士存在过错，负有对基金持有人的赔偿责任，除非其举证证明自身无过错。这一诉讼制度的引入不仅可以有效保护基金持有人的利益，还可以降低诉讼成本。

第五章　投资基金监管中的独立董事法律制度

投资基金独立董事法律制度起源于美国，其目的在于在很大程度上监督基金组织机构中管理层与投资顾问之间存在的潜在利害冲突，这种制度设计为保障美国投资基金业的发展起到了十分重要的作用。[1]我国基金业发展刚刚起步，在保护投资人利益方面缺乏经验，广大基金投资人的利益无法得到有效保障。在这种背景下，在英美等国基金业受到广泛关注的投资基金独立董事法律制度进入了我国实践家和立法者的视域，从此投资基金独立董事法律制度就以保护基金投资人的利益的面目出现在我国立法中。因为投资基金独立董事法律制度系从国外借鉴和移植而来，外国基金业发展环境与我国的存在很大差异，导致投资基金独立董事法律制度在我国的运用并不十分理想，同时理论界也对投资基金独立董事法律制度提出了很多质疑。[2]基于此，很多学者针对投资基金独立董事法律制度提出了很多设想，其中有些设想可能危及投资基金独立董事法律制度在我国基金业的地位。因此，对投资基金独立董事法律制度做深层次的研究，从而对其做出准确的价值定位并提出其改革方向，对投资基金独立董事法律制度的进一步发展具有重要意义。

---

[1]　以独立董事为核心的基金治理结构被认为是保证美国基金业成功的基础。1999年3月22日美国投资学会主席马修·P. 芬克在共同基金与投资管理会议上指出："共同基金是国内唯一由法律要求设立独立董事的公司，这种监视共同基金持有人利益的制度有助于基金业避免系统风险，有力地维持了公众对基金业的信心。"引自 See Matthew P. Fink, Institute President's Keynote Address at the 1999 Mutual Funds and Investment Management Conference, March 22rd, 1999, from http://www.ici.org/issues/dir/99-mfimc-fink.html, 最后访问日期：2006年8月16日。

[2]　已经存在这样的形容——独立董事只是基金管理公司的"花瓶"、"橡皮图章"。

第一节　投资基金监管中独立董事法律制度的沿革

美国基金业特别是共同基金之所以得以迅速发展,成为美国资本市场的主要力量,与美国完善的法律体制和基金治理结构设计中对投资人利益的有效保护有十分密切的关系,其中,独立董事制度起着十分重要的作用。在1992年美国证券委员会纪念《投资公司法》颁布50周年的投资公司监管报告中总结到:投资公司董事会监管职能的履行,特别是独立董事监督职能的履行,保证了以最小的成本很好地服务于投资者。独立董事最早的雏形是美国投资基金公司的"非利害关系股东",这一点说明:在美国,投资基金独立董事法律制度的发展并不滞后与公众公司独立董事法律制度的发展,两者基本上是趋于同步的。但这并不代表两者具有同一发展经历,囿于基金业这个特定行业,投资基金独立董事法律制度的发展具有了自身专有的风格。

20世纪30年代中期,美国基金市场严重萧条,大量基金破产,基金股东投资损失惨重。[1]根据1935年美国证券交易委员会向国会递交的一份基金业调查报告,投资公司管理层与关联人勾结侵害投资者利益的行为层出不穷。美国国会通过了1940《年投资公司法》,该法案对独立董事法律制度做出了明确规定。

自1924年起,美国共同基金就一直实行公司型制度。在公司型制度下,共同基金首先是一个法人组织机构,该机构由投资顾问公司和其他发起人共同发起并按照股份有限公司的募集设立方式在基金单位发售达到规定最低数额后设立。与一般的运营公司不同,美国的共同基金公司通常没有自己的雇员,只设立一个基金董事会来代表基金持有人利益并维护基金持有人权益。基金的各项具体运作事务通常依赖诸如基金投资顾问等外部服务提供者来完成。其

---

[1] 孙煜扬主编:《阿拉丁神灯——证券投资基金发展历程》,中国金融出版社2004年版,第31页。

中，基金的投资运作和日常行政管理主要通过信托机制委托给投资顾问机构，基金资产的包管和财务监督主要通过信托关系委托商业银行等基金托管人负责，基金证券的销售要委托给证券承销商，基金证券的日常买卖委托给证券经纪人，等等。所有这些业务委托，均由基金公司董事会与各服务提供方签订契约，并以保护投资者利益和为投资者提供服务为根本。同时这些服务提供者按照契约从基金收取一定的费用。

基金的高级职员通常与基金顾问、基金托管人或承销人等外部服务提供者有关联，基金管理人的利益与基金股东的利益并不一致。一般运营公司高级职员的薪水通常是直接由公司支付的，经常在公司中有股权利益，追求公司利润最大化的同时，自身的利益也能随之提高。而在投资公司的结构中，尽管基金管理人在寻求好的投资业绩方面与基金股东有一些共同利益，但在诸如管理费水平等一些重要领域双方可能会有冲突。

当基金的运作缺乏相应管制的时候，美国投资公司结构本身固有的矛盾所产生的各种问题就接踵而至了。20 世纪 30 年代中期，美国许多基金失败了，许多基金股东失去了他们的投资。1935 年，美国国会要求证券交易委员会对基金业进行广泛调查，这个调查的结论性报告《投资信托研究》及其后的国会听证会得出令人吃惊的结论是，投资公司的组织、运行主要为他们关联人谋利，而不是为他们股东谋利。基金资产常被其关联人作为私人资本的来源，投资公司与关联方之间经常发生不适当的交易。基金管理人对其购买的基金类型几乎没有限制，常常是基于基金发起人的利益进行决策。投资公司还经常在无足够资产和储备的情况下发行债券。这样过量的杠杆作用经常导致投资公司做出高风险的投资以期获得收入来满足支付责任。而且，投资公司一般吸引缺乏经验的小投资者，这些小投资者往往在投资的真实特性方面受发起人误导。

为了革除基金业存在的这些弊端，确保投资人利益得到保护，美国国会在 1940 年通过了《投资公司法》。根据《投资公司法》，基金董事成员中必须有 40% 以上为独立董事，独立董事由非利害关系人组成,即与基金管理公司及其他关联人没有任何业务关系,以及与基金使用的经纪人没有任何法律关系。该法还授权美国证券交易委员会禁止任何在前两年与基金及其顾问和主承销商有实质性业务或职业关系的人员成为独立董事。该《投资公司法》赋予了独立董事特殊的义务来监督基金与管理层的关系,认为这些独立董事具有"独立监管者"(Independent Watchdogs)的功能,为投资基金的管理提供独立的监管,来保证投资者的利益。作为董事会的成员,独立董事与其他内部董事(或称为执行董事)一样共同参与、表决和监督有关投资基金的重大事项或决策,通过独立董事的独立判断与占董事会相当比重的表决来影响董事会的决策。此外,《投资公司法》在涉及影响基金持有人利益的重大决策方面还赋予了独立董事一些特殊的权利。除此之外,《投资公司法》为了保证独立董事在怀疑管理层有违法投机行为及与管理层发生争执时,敢于保持公正,维护基金持有人利益,其中还制定了"董事和经理责任保险"(Directors&Officers Liability Insurance),对董事和经理由于疏忽、披露失误以及其他错误行为所造成的损失提供保险。保险覆盖诉讼开销、有限的罚金等费用。独立董事的监管功能可能会造成董事和投资顾问之间的争议,当这种争议升级到法律诉讼时可以导致独立董事高昂的法律费用。基金董事会获得"董事和经理责任保险"是独立董事的独立性和有效性的可靠保证。

20世纪60~70年代,独立董事在基金治理结构中的效力受到高度关注。1962年,宾夕法尼亚大学沃尔顿学院受SEC委托完成了一项关于基金业的研究报告,这份报告对基金业发展作了广泛的回顾,报告认为,大多数情况下,基金的实际决定权在那些与基金和顾问有着多重身份关系的人手里,基金顾问向基金收取的费用倾向于比向大多数同等资产规模的非基金客户收取的费用要高得多,但这并非是因为他们对基金提供了更多的服务或对基金利益有更多的维护。从1960年以来看,大多数顾问不与基金及其股东分享经济规模带来的利益,80%的顾问公司在基金规模扩大时没有相应降低顾问费。在此基础上,1966年,SEC发表了PPI(Public Policy of the Investment）报告，即关于投资公司增长的公共政策含义的报告，在这份报告中，SEC 认为 1940 年法颁布前蔓延的弊端很大程度上被消除了，但对基金支付给顾问的费用可能比必要的要高表示关注，认为这部分是由于非关联董事的效力发挥受到局限所致。报告指出，非关联董事效力的发挥受到包括自身的兼职、无独立的职员、无独立的律师、从基金顾问的职员处获得基金运行的大部分信息等多方面因素的限制。很大程度上，是这份报告推动了美国国会在 1970 年对 1940 年《投资公司法》做出修改，从法律上加强了投资公司独立董事的地位和作用。此后，一个独立董事，除了不是基金投资顾问的关联人，也不能是投资顾问关联人的直接家庭成员，不能在投资顾问或其主承销商或任何他们控制方发行的证券中有利益牵连，一般不能是注册经纪商或与经纪商有关联或与任何近期聘用的基金法律顾问有关联。法律也明确要求基金董事对顾问和承销合同条款做出评估。为了确保董事能履行这个职责，法律也要求基金管理人向董事提供相关信息。这些法令的修改使基金与管理人之间的利益冲突重新得到调整。

20 世纪 90 年代以来，对独立董事的作用有更高期望。1992 年，美国 SEC 的投资部进行了一项关于投资公司管理的研究，从法律、政策角度审视投资公司是否受到一些不必要的限制及在投资者保护方面是否存在缺口。投资部得出结论认为，美国现行投资公司治理模式是健全的，为投资者提供了很好的服务。但投资部建议对《投资公司法》关于独立董事的规定做出修改，把独立董事比例从最小 40% 提高到大多数，独立董事的空缺仍由独立董事来填补，独立董事有权终止顾问合同，等等。在接下来的时间里，美国监管机构和基金行业均一致致力于强化基金独立董事的独立性，增强独立董事对所代表基金的责任感。1999 年 6 月 24 日，在美国证券交易委员会的敦促和支持下，美国投资公司协会发表了《顾问团体为基金董事最佳经营的报告——加强独立和效率的文化》。[1]1999年7月7日,美国投资公司协会理事会决议,将竭尽全力对加强独立董事的独立性和有效性的15条最佳行为方式进行系统推荐,以加强基金治理制度,保护基金持有人的权益。[2]2001年1月9日,美国证券交易委员会出台了《共同基金公司治理的新规则》,其中修改了有关独立董事制度的一些条款。[3]其目的仍然在于提高独立董事的独立性和有效性,并使投资者能够更好地评价董事的独立性。2001年2月颁布实施的《关于〈投资公司法案〉共同基金独立董事有关条款的修正案》中规定,一个投资公司董事会中至少有50%的独立董事,并且独立董事不是基金的雇员、发行商或投资顾问。2003年《共同基金诚信与费用透明法》颁布,要求董事会成员至少2/3是独立董事,并且扩大了不能担任独立董事的利害关联人士的范围:"基金投资顾问的前任、高级管理人员以及投资顾问、承销商及其关联人士的家庭成员"。至此,美国投资公司独立董事制度的基本清晰,其未来发展的方向集中在如何进一步加强独立董事的独立性以及提高独立董事的监管效率等方面。独立董事制度的进一步完善,将促使美国共同基金的治理结构更加有效,保护基金持有人权益更加切实,同时,也将给其他国家和地区的投资基金治理结构完善以重要启示。

纵观美国投资基金独立董事法律制度的历史,可以看出投资基金独立董事法律制度的发展不是一帆风顺的,经历了曲折的过程。在基金业中,投资基金独立董事法律制度从诞生时就在肯定与否定之间盘旋,幸运的是它每次都是从得以肯定之时接受否定打击,这

---

[1] The Report of the Advisory Group on Best Practices for Fund Directors——Enhancing a Culture of Independence and Effectiveness.

[2] See Edward TO' Dell, "Corporate Governance in the Global Mutual Fund Industry", *International Business Lawyer*, 28 (2000), 282.

[3] See Jay G. Baris, The New Fund Governance Standards, June 27, 2001, from, http://www.kramerlevin.com/newsletters/01 - governance - standards. pdf, 最后访问日期:2006年8月9日。

种打击没能把它摧毁，在接受了新的革新之后得到了进一步的肯定。总而言之，无论是在哪个发展阶段，独立董事的独立性和独立董事的效力是整个美国基金独立董事建设的核心。也正是因为在这两方面的不断加强，美国投资基金独立董事法律制度愈发闪耀出了它灿烂的光芒。

通过对美国投资基金独立董事法律制度历史的追溯发现：投资基金独立董事法律制度与独立董事制度有共性，比如可以实现公司内部控权、保护公司股东的利益、监督公司管理层等等。但两者也存有较大差异，这是基于投资基金运作模式产生的。投资基金独立董事为了实现保障股东的利益，不仅要对公司内部进行监督，还要对给基金公司提供服务者进行监督。投资基金独立董事法律制度与普通独立董事法律制度的这种差异性，就决定了对投资基金独立董事法律制度进行专门研究的必要性。

第二节 我国引进投资基金独立董事法律制度的理论争鸣

一、我国引进投资基金独立董事法律制度的理论与实践分析

美国的投资基金独立董事法律制度经历了坚实的发展历程，已经趋于成熟，具备了多方面的价值功能。目前世界上有很多国家采用了这一制度，我国也不例外。那么，我国是基于什么考虑引进投资基金独立董事法律制度的呢？笔者认为，我国之所以引进投资基金独立董事法律制度，有理论上的分析，也有实践上的考虑。

1. 经济学理论分析。

第一，代理成本控制理论。委托代理理论认为，如果代理人能够完全为委托人利益行事，则这种代理关系不会产生额外成本，也不存在所谓代理问题。然而，代理人与委托人毕竟是不同的人，他们之间存在着两个方面的不对称：一是利益的不对称。委托人与代理人的利益不完全相同，当代理人为追求自身利益的最大化而损害

委托人的利益的时候，就出现了代理问题。二是信息不对称。在代理关系中，委托人了解到的关于代理人的信息是有限的，而代理人则掌握着信息优势。代理人为了实现自己的利益，使委托人签订有利于自己的契约。在这两种情况下，委托人的利益都会受到损失。委托人为了防止代理人损害自己的利益，就需要通过严密的契约关系和对代理人的严密监督来限制代理人的行为，但这样做就必须付出代价，这种代价就是代理成本。代理成本包括三个部分：监督成本、约束成本和剩余损失。[1] 为了实现代理成本的控制，代理成本控制理论应运而生。

在投资基金独立董事法律制度的分析上，代理成本控制理论认为基金管理人与基金持有人之间是一种委托代理关系，基金持有人利益的实现是以基金管理人忠实服务于持有人为前提的。但是，由于代理人是一个具有独立利益和行为目标的经济人，其行为目标与委托人的目标不可能完全一致，以及委托人与代理人之间存在严重的信息不对称和契约的不完全性，在经济生活中这一假定前提很难满足。事实上，基金管理人和基金持有人之间利益的不一致，往往导致了基金管理人为了谋取自身的利益而采取机会主义行为，背离其应负有的信赖义务。这种代理人的决策与使委托人利益最大化的决策相偏差情形会给委托人造成一定的损失，委托人的这部分损失即是一种代理成本。为解决代理人问题，委托人就必须设立一套有效的制衡机制来规范和约束代理人偏离委托人的行为，在契约型基金的基金管理公司或公司型基金的基金公司设立独立董事法律制度的目的便在于对管理层进行监督和控制，制约管理层的机会主义行为，降低基金管理人转移基金持有人财富的能力和可能性，从而减少由于基金管理人和基金持有人之间的利益冲突而产生的代理成本。

第二，投资基金市场失灵理论。与其他任何公司一样，投资基金面临着同业各方面的竞争，包括费用、业绩、服务，以及在某方

---

[1] 简信华："代理成本与公司治理结构"，载中国（海南）改革发展研究院编：《中国公司治理结构》，外文出版社1999年版，第222页。

第五章 投资基金监管中的独立董事法律制度

面的专业水平，等等。同时，投资基金也面临着其他金融机构的竞争。竞争的压力限制了基金经理的机会主义行为。如果基金经理收取过高的管理费，则投资者可能赎回基金股份，更难以吸引新的投资者，最终导致费用降低或投资基金被迫清算。美国理柏公司（Lipper）分析服务公司的一份研究报告[1]表明，过高的管理费会使投资者去寻找低费用基金。实际上，市场对基金管理层的约束力量是通过资金流入或流出基金发挥作用的。从形式上看，市场确实对基金管理人的行为发挥了有效的约束作用，使基金管理人不敢轻易违背基金契约，做出损害持有人利益的行为。然而，通过进一步分析，发现有两种因素严重限制了这种约束作用的有效发挥：一方面，由于交易成本和税收问题的存在，如果基金持有人赎回股份，则其可能遭受比不赎回更大的损失，故投资者往往会不愿意购回股份。埃里克·R. 西里（Erik R. Sirri）和彼得·塔夫诺（Peter Tufano）的研究发现，基金投资人在对业绩与其他因素的反应是不对称的。投资人往往很快地将新的投资转向业绩较好的基金，但却不愿意离开业绩表现不佳或提高费用的基金。[2]另一方面，因为基金持有人缺乏有关基金费用的知识，所以无法对基金费用的合理性做出正确的评估。一项研究表明[3]，在美国只有不到20%的投资人能够正确地估计出其所投资基金的实际费用，还有1/5的投资人会错误地认为基金费用越高则基金收益必然越高。甚至还有一些投资人在市场上存在许多不收购买与赎回费用的指数基金的情况下却投资于一些收取此类费用的指数基金。[4]由此可见，市场对基金费用反

---

[1] Lipper Analytical Services, Inc. The Third White Paper: Are Mutual Fund Fees Reasonable, at6~7 (Sept. 1997).

[2] Erik R. Sirri, Peter Tufano, "Costly Search and Mutual Fund Flows", *Journal of Finance*, 5 (1998), 1589~1632.

[3] See Gordon J. Alexander, Jonathan D. Jones, Peter J. Negron, "Mutual Fund Shareholders: Characteristics, Investor Knowledge and Sources of Information", *Finacial Services Review*, 7 (1998), 301~316.

[4] See Daisy Maxey, "Some Index Funds are Charging a Load", *Wall Street Journal*, May5, 1997.

应是不完全的。实际上，基金经营当中一些可能损害投资人利益的做法比基金费用更复杂、更隐蔽。比如，基金管理人员的自易行为，证券经纪商的佣金折扣，等等，这些行为市场更加难以发现，从而依靠投资人的赎回力量难以对其进行有效的治理。正是基于此，需要建立独立董事制度，并发挥其在基金治理结构中的重要作用。

实际上，代理成本控制理论与市场缺陷理论是从不同的角度阐述了在基金治理结构中引进独立董事法律制度的必要性。在投资基金运作中，基金持有人与基金管理人相比，其处于弱势地位，往往会发生基金管理人为谋求自身利益而损害基金持有人利益的现象。所以，为了制约基金管理人背弃信赖义务，维护基金持有人权益，应当引进独立董事法律制度。

2. 我国基金业现实所需——基金投资人的利益代表。目前，我国的投资基金都是信托型基金，基金持有人、基金管理人与基金保管人三者之间的关系是依据基金合同来规范的。基金持有人既是委托人，又是受益人，是基金资产的实际所有者，持有人大会是基金的最高权力机构，代表基金投资者对基金管理人的行为实施监督，以保护持有人的利益。但是基金持有人大会往往有名无实，不能够代表广大基金持有人的利益。基金持有人利益代表的缺位成为我国基金治理结构的主要问题。主要表现在：

第一，法律未能明确基金持有人的利益代表。从投资基金的内部构造来看，基金托管人受托人的地位决定了其须依信托法理为基金及基金持有人的利益而管理和处分基金资产。但在我国现行法规的规定中，基金托管人的地位和权责都较为含糊。一方面，《基金法》及《管理暂行办法》都要求托管人具有保管基金资产的职责，监督基金的投资运作，但并未明确规定基金托管人为基金持有人的利益对基金管理公司进行监督，对在实践中究竟由谁作为基金持有人利益的代表这个问题存在含糊的看法，多数基金契约对此采取回避的态度。另一方面，基金管理公司作为发起人又与托管人共同签订基金契约和托管协议，并有权提名基金托管人，从而又使得托管人处于一种相对从属的地位。《管理暂行办法》第 15 条又规定"经批准设立的基金,应当委托商业银行作为基金托管人托管基金资产,委托基金管理公司作为基金管理人管理和运用基金资产",可是由谁代表基金来行使这一委托的权利,从现行法的规定中也难以得到明确的答案。

第二,受托人与保管人功能合并,导致基金托管人的监督职能弱化。《基金法》第 29 条规定了托管人的 11 项职责,并且主要侧重于对有关资产保管及基金清算事项的规定,而对于托管人监督职责规定的比较原则,缺乏对基金托管人在监督过程中的权利、义务和责任的明确规定。由此产生的结果是在实践中基金托管人重保管功能,而轻监督职能,使得对管理人的监督和基金资产的风险控制职责流于形式。事实上,要求基金托管人对基金管理人实施监督不太现实。首先,缺乏激励和约束机制。比如基金托管人履行好这一职责会有何奖励;如未履行这一职责应承担什么责任等。其次,基金托管人是由基金管理人选择,畏于基金管理人选择新的基金托管人,导致基金托管人不敢做出对基金管理人不利的结果。[1]

利益代表缺位导致基金持有人的利益遭受了严重损失。2000 年"基金黑幕"、2001 年"深高速申购违规事件"乃至最近的"内部利益输送问题"等,这一系列行为和问题都极大损害了投资者的利益,动摇了投资基金行业的发展基础。正是在这种背景下,天生就具有代表投资者利益的投资基金独立董事法律制度的地位被突出出来。中国证监会 2001 年 1 月 16 日发布的《关于完善基金管理公司董事人选制度的通知》明确提出要求基金管理公司建立独立董事法律制度。2004 年 9 月 27 日,中国证监会发布了《证券投资基金管理公司管理办法》,该办法又细化了投资基金独立董事法律制度的规定。

---

[1] 某基金 2000 年年报披露其持有东方电子资产净值的 13.4%,明显不符合《管理暂行办法》规定的 10% 的投资限制,但托管人报告出具的却是合规意见。

二、对投资基金独立董事法律制度的质疑

引入投资基金独立董事法律制度的必要性分析并没有完全说服人们,有很多学者首先对美国投资基金独立董事法律制度本身的实效性提出了质疑。还有很多学者分析认为,由于我国的法律环境、企业文化及历史传承与作为独立董事发源地的美国存在着很大的差异,而且具体到基金业,我国与美国的发展状况也迥异,导致起源并发展于美国的投资基金独立董事法律制度在我国水土不服。这些质疑的存在严重影响了投资基金独立董事法律制度在我国基金业发展中的地位。

1. 对美国投资基金独立董事法律制度本身的质疑。美国投资基金独立董事法律制度真就完美无瑕吗?有些学者带着批判的眼光开始审视美国投资基金独立董事法律制度,并希望找到一些否定美国投资基金独立董事法律制度价值的依据。

(1) 独立董事很难获得真正独立。独立董事的任免与薪金的支付都由原发起人负责,从这个角度上看,独立董事的利益在很大程度上受发起人控制,那么在履行其职责的过程当中难免会受到来自发起人的影响。独立董事难以真正独立具体表现在以下几个方面:其一,很难确保选举出的独立董事是合格的。现实的基金管理运作常常需要独立董事对于一些复杂的基金投资与财务业务做出专业判断,许多独立董事并不十分了解现实的基金实务,这将极大地影响其对基金管理发挥有效的监控作用。其二,独立董事难以克服来自于基金发起人的情感压力。作为基金或者一个基金系列的独立董事,在日常的管理中与基金管理公司的管理层保持经常性接触并往往形成较为亲近的关系。经过较长的一段时间以后,独立董事会逐渐地感觉到自己成为整个管理团队中的一员,这种微妙的关系就自然产生要求和基金管理公司的利益保持一致的情感压力。其三,与基金持有人信息沟通的障碍。在投资基金的日常经营中,投资人很少有机会了解董事们的工作状态,投资人通常并不了解他们的资产是如何运作的。其四,为董事所支付的高薪使董事与投顾公司的利益连为一体。就职于基金董事

会,独立董事可以获得一份较高的收入,如果任职于多家基金的董事会,就可以获得更高的收入。这些可观的收入水平将进一步妨碍独立董事做出公正的决策。

(2)独立董事缺乏有效的权力。根据目前美国投资公司法的有关规定,董事的权力可以分为两个方面。一方面,董事可以与投资基金顾问公司以谈判方式主张投资人的利益,显然投资基金顾问公司比董事拥有大得多的谈判力量。从现实的角度上董事们也了解,如果总是采取强硬立场将会产生不利于自己的结果。另一方面,董事还可以行使法律所赋予的各种表决权,这些表决权的行使在基金实践中也受到了很大的限制。为避免董事权利的滥用,美国公司法律要求独立董事必须对其行为承担一定的法律责任。这些法律责任一方面避免投资人免遭董事权利滥用职权而造成的损害,但在另一方面也限制了基金董事充分有效地执行其监管职能。由于担心遭受投资基金顾问公司的法律诉讼,使董事行使其职权时顾虑重重。例如,1997年的一个案例表明如果董事反对内部管理人员的某些决定,很可能面临被迫辞职或是遭到代理权冲突与违反信赖义务等方面起诉。[1]所以,董事在行使权力时必须小心谨慎,往往面临两难的选择。

(3)董事的激励不相容。一些学者还认为现行的独立董事制度缺乏强的利益机制来激励董事为投资人利益充分采取行动。首先,在公司治理理论中,外部市场力量存在动力机制来激励独立董事努力地为其股东服务。[2]竞争性的董事市场要求独立董事必须具有一定水平的能力与责任心,如果某位董事对其职责敷衍了事并被证明不具备应有的专业水平,将很快在市场上失去信誉。但事实证明名誉对董事会成员的约束力是有限的。其次,有些学者还认为独立董事一般都是商业界或学术界当中较为出名的人物,他们都恪尽职守、德高望重,无论收入高低,他们都会尽量努力地承担起自身的

---

[1] See Catherine Hickey, "Navellier Press on Amid Lawsuits and Small - Cap Woes", Morningstar Mutual funds, March3, 1999.

[2] See Eugene F. Mama, "Agency Problems and the Theory of the Firm", *Journal of Political Economics*, 88 (1980), 288.

职责。[1]但是，在实践中这一观点无法得到证实。某些在专业上享有声誉的人，并不一定能保证在履行独立董事的职责中始终忠诚于投资人的利益。由此可见，投资基金独立董事激励机制所存在的问题是独立董事法律制度重要的缺陷之一。

持此质疑的学者认为：投资基金独立董事法律制度本身的缺陷使其无法起到应有的作用。以下现象可以证明：有案例表明独立董事可能为了自身的利益（而不是为投顾公司的利益）没能阻止一项有争议的证券定价方法。另有案例表明，独立董事可能私自接受获利颇丰的首次发行股票却没有向基金董事会作出应有的披露。[2]随着基金业在美国的不断发展，其资产规模不断扩大，根据规模经济效应，所需的基金管理费用应该有所降低。一些观察家认为现实并没有发生此种变化。[3]

2. 对我国投资基金独立董事法律制度的质疑。很多学者认为，国内监管者试图通过学习美国先进的独立董事制度，以期完善基金管理公司的治理结构，保障基金持有人的利益。但在实际操作中遇到了很多的困难，使基金独立董事制度不能有效发挥其作用。

第一，我国投资基金的组织形态决定了投资基金独立董事很难独立。我国目前发行的都是契约型基金，它是以信托契约的方式来组织投融资各方的关系。其运作模式一般为：先由基金管理公司与基金托管机构订立信托契约，根据该契约的条款向投资者发行基金份额，投资者申购/认购基金份额，将资金交由信托人（一般就是该基金管理公司）进行投资与管理，托管人则负责基金财产的保管。在这种运作模式下，投资者与基金管理公司是委托人与受托人的信托关系，而不是基金管理公司的股东。在我国契约型基金形式

---

[1] Ronald L. Gilson, Rcinier Kraakman, "Rcinvesting the Outside Director: An Agenda for Institutional Investors", *Stanford Law Review*, 43 (1991), 863~876.

[2] See Investment Advisers Act of 1940 Release No. 1702 (February 26, 1998), And Investment Advisers Act of 1940 Release No. 1634 (May 28, 1997).

[3] Robert Barker, "High Fund Fees Have Got to Go: Vast Economics of Scale Benefit Fund Companies, Not Investors", *Business Week*, *Aug*16, 1999.

下，基金公司的独立董事是基金公司的股东委派，是基金公司的内部机制，其应该对基金公司的股东负责，职责也是防止管理层的自利行为。他们与管理人公司本身之间却具有与生俱来的血缘关系，代表的是管理人的利益，从这个意义上说，这些独立董事在整个基金的治理中不具有独立性。从法律上讲这跟委托人（投资者）的利益保护没有什么必然联系。

第二，监督机制的重合使投资基金独立董事的设置戴上了浪费资源的帽子。在我国目前公司法中，对监事会进行了相关规定。2004年《证券投资基金管理公司管理办法》中也明确提出了督察长/监事会制度：基金管理公司应当建立健全督察长制度，督察长由董事会聘任，对董事会负责，对公司经营运作的合规性进行监察和稽核。督察长发现公司存在重大风险或者违法违规行为，应当告知总经理和其他有关高级管理人员，并向董事会、中国证监会和公司所在地中国证监会派出机构报告。基金管理公司应当加强监事会或者执行监事对公司财务、董事会履行职责的监督作用，维护股东合法利益。虽然我国法律规定的独立董事与督察长/监事会的权利在某些方面是各不相同的，但是两个机构同时设置存在职责划分不清的情况，对于监督资源是一种浪费（如独立董事与监事的薪酬、重复聘请中介机构的费用）。

基于此，人们对投资基金独立董事制度在我国的运用产生了质疑。正如朱成刚博士所言[1]，我国现行法律中关于基金管理公司独立董事法律制度的规定，严格意义上讲，没有法理基础。照搬美国，独立董事在理论上只是保护基金管理公司小股东的利益，与基金持有人利益的毫无干系。虽然证监会的相关法规试图要求独立董事承担部分监督职责，但没有相应的法理支持这样的安排。所以，引进投资基金独立董事法律制度在本质上是一种嫁接，在法理上并不适合嫁接后的调整对象，从效果看形成南橘北枳也就不足为

---

[1] 朱成刚：《证券投资基金持有人利益保护法律机制研究》，中国政法大学2006年博士论文，第108~109页。

奇了。

三、对我国投资基金独立董事法律制度的价值定位

这些质疑的存在使人们对我国引进投资基金独立董事法律制度产生了争议。赞成引进者认为投资基金独立董事在改善基金管理公司的治理结构,保护投资人的利益方面可以发挥积极的作用。[1]反对引进者则认为设立投资基金独立董事只不过是在追求名人效应,在现行的制度框架下,投资基金独立董事即不能保证其独立性,也不能有效地起到应有的作用。[2]这种争议不仅表现在基金业引进独立董事之初,在基金业引进独立董事法律制度之后仍然存在。这不能不引起我们的关注。

笔者认为,无论是来自哪方面的质疑,都不能成为否定投资基金独立董事法律制度的理由。

首先,投资基金独立董事法律制度在美国是有效的。每个制度从产生以来,都会经历一个从不完善到逐步完善的过程。投资基金独立董事法律制度就是一个需要不断完善的制度。美国20世纪30年代发生的一系列基金丑闻,使投资基金独立董事法律制度得到了完善;21世纪初发生的基金丑闻,基金监管部门又对投资基金独立董事法律制度作了进一步的完善。[3]针对一些否定性评价,美国基金业存有更多的肯定性评价。实际上独立董事表现出了很高的责任与胜任水平。[4]美国Fundamental Portfolio投资顾问公司与其所管理

---

[1] 张蓉:"独立董事正在发挥作用——访华夏基金管理公司独立董事龙涛",载《上海证券报》2001年11月20日。

[2] 张晓:"中融基金挑战独立董事",载《财经界》2002年第4期;"位卑言轻,尴尬的独立董事",载《财经时报》2001年7月3日。

[3] 比如,2003年10月SEC要求把禁止基金、基金的投资顾问或主承销商雇员的"家庭的近亲属"作为独立董事;又于2005年7月要求基金董事会中独立董事应占到75%,且董事长应由独立董事担任等。

[4] See generally Transcript, Conference on the Role of Independent Investment Company Directors, Feb 23~24, 1999, www.sec.gov/offices/invmgmt/roundtab.thm1, accessed 2001/12/25.

的 Yackiman 基金发生了独立董事与管理层的冲突，双方争执不下，但最终独立董事提出要将问题公之于众，管理层屈于这种压力，不得不做出让步。[1]根据各种媒介的报载以及许多基金管理公司的内部记录，在许多情况下独立董事都曾经挑战投顾公司的决定并迫使其为投资人利益而改变有关决策。[2]1998年，美国投资公司协会所做的一项研究表明，投资人的投资成本实际上一直在下降。该研究发现在1980年至1997年间，平均投资总成本从2.25%下降至1.49%。[3]美国投资协会在1999年又公布了一项更新的研究报告，该研究报告认为，所有权益基金投资人的总成本从1998年中下降了5.6%，这个数字表明自1980年以来总投资成本下降了40%。[4]也许正是因为投资基金独立董事法律制度的这些良好表现，才促使监管部门有信心去不断完善它。

其次，投资基金独立董事法律制度在我国也是有效的。一个新制度的出现，特别是借鉴于外国的一项制度，往往会接受多方面的质疑和打击，因为人们不自觉地关注它的不足多余了它的实效。事实上，在我国采用投资基金独立董事法律制度的效果已经得到了实践的证明。何杰选用2002年12月31日前在沪、深两市上市的由17家基金管理公司的全部54只封闭式基金的相关数据作为分析样本进行了研究。结果表明，基金管理公司董事会中独立董事人数占的比例越高，则基金业绩越高、基金净资产费用率越低。[5]林树和

---

[1] See David Sturms, "Enhancing the Effectiveness of Indepent Directors: Is the System Broken, Creaking or Working", *Villanova Journal of Law and Investment Management*, 1999, p136.

[2] 参见: Conference on the Role of Independence Investment Company Directors, February 1999, SEC.

[3] John D. Rea, Brian K. Read, "Trends in the Ownership Cost of Equity Mutual Funds", *Investment Company Institute Perspective*, Nov. 1998.

[4] John D. Rea, Brian K Read, Travis Lee, "Mutual Fund Costs, 1980~1998", *Investment Company Institute Perspective*, Sep. 1999.

[5] 何杰:"独立董事、治理结构和中国契约型基金的绩效"，载《南开管理评论》2005年第2期。

汤震宇以2004年6月30日以前国内基金管理公司成立的所有证券投资基金为样本，以基金管理费率和开放式基金最大赎回费率的高低为指标，实证检验了国内基金管理公司的董事会结构对维护基金投资人利益的作用。结果发现：其一，独立董事在董事会中的比重与基金管理费率负相关；其二，国内基金管理公司在引入独立董事后确实对维护投资人利益起到一定的作用。[1]曾德明等人在对证券投资基金费用与管理质量实证研究中发现：投资基金独立董事在基金运作中起到了保护基金持有人的作用。[2]

国内对投资基金独立董事法律制度的质疑使很多人想到了对美国投资基金独立董事法律制度进行变革和创新。有一种观点认为，独立董事的神圣职责是使基金持有人的利益得到保障，然而，我国目前的基金均为契约型，与公司型基金不同，契约型基金本身并不是一个独立的法律实体，[3]只不过是由基金管理公司管理下的一组信托财产，并没有相应的组织体系，因此并不存在基金的董事会，而是基金管理公司的董事会，其董事成员（包括独立董事）从法律上讲应该为基金管理公司的股东利益服务，而不是为基金持有人的利益服务。为了使独立董事的神圣职责得以实现，必须改变目前我国投资基金独立董事法律制度的框架设计，使其发挥更有效的监督作用。这一观点的大胆设想就是设立一个基金受托人委员会。[4]该

---

[1] 林树、汤震宇：“董事会结构与我国证券投资基金费率关系的实证研究”，载《上海管理科学》2005年第4期。

[2] 曾德明、周再望、刘颖：“证券投资基金费用与管理质量实证研究”，载《财经理论与实践》2005年第7期。

[3] 契约型基金是一个信托财产，就民法的观点而言，财产权仅仅能为各种权利的客体，而不能为权利之主体，权利的主体只能是自然人、法人或其他法律可以作为权利主体者。虽然信托财产不具形式上的法律主体性，但其具有实质上的法律主体性。就是因为其具有实质上的法律主体性，基金作为一种信托财产才能与其受托人、委托人或受益人发生各种法律关系及产生一定的法律效果。上述论述参见，（台）陈春山：《证券投资信托专论》，台湾五南出版公司1997年版，第313～326页。

[4] 张国清：“美国共同基金的独立董事制度及启示”，载《证券市场导报》2004年第7期。

委员会独立于基金管理公司的董事会，在这个委员会中独立的非关联人士应占大多数。考虑到投资基金实际运行中的特点，基金受托人委员会不应过多参与基金的日常决策，而应以控制和监督为主，以解决利益冲突问题和考察管理人是否履行其信赖义务为基本目标。这一观点直接表明基金受托人委员会可以取代基金托管人和基金管理公司中的独立董事委员会的监督职能。

由于在我国契约型基金中保护基金持有者的监督主体缺位，致使在基金业中持此种观点的已不在少数。[1]从理想的角度而言，基金受托人委员会专门为保障基金持有人的利益而设计，如果用到实践中，可能会起到一定的积极作用。所以，为了很好地保护基金持有人的利益，笔者并不排斥在基金中设立基金受托人委员会，但是认为基金受托人委员会并不能取代基金管理公司的独立董事的监督职能。虽然基金管理公司中的独立董事在行使其监督职权时存有很多弊端，但基金受托人委员会在行使其职权时同样会存在问题。比如，因为基金受托人委员会独立于基金管理公司之外，对其日常运作无法监控；再有基金受托人委员会拥有要求基金管理公司向其披露信息的权利，但在实践中这一权利的实现是有限的；相比之下，基金管理公司中的独立董事在这些方面恰恰存在优势，他们工作在基金运作的第一线，作为公司的内控主体，他们享有优先获取信息的权利和丰富的控制权。

值得注意的是，两者所处位置的不同就决定了两者直接表现出来的职能不同。试想，基金经营当中的许多项目需要得到董事会尤其是独立董事的批准，这种要求本身就对基金的治理具有积极的作用。当一个人的行为需要向第三方进行解释时，就自然会产生自我约束与自我控制的作用。由于基金管理人员在重大的经营决策上需要向独立董事报告并作解释，这一点就可能避免一些内部管理人员的极端自利行为。美国投资公司协会主席马修·P. 芬克曾指出：

---

[1] 汪家芬："证券投资基金独立董事制度探析"，载《常州工学院学报》，2005 年第 5 期。张国清：《投资基金治理结构之法律分析》，北京大学出版社 2004 年版，第 151 页。

"自 1940 年以来，美国投资基金业的规模已经从 40 亿美元增长至现今的 5 万 5 千亿美元，但还未发生过一例严重的有关自易行为的丑闻，我认为这就说明独立董事在起作用。有他们作为许多利益冲突情况下的监察人（watchdogs），基金经理就不敢把一个有利益冲突的交易放在独立董事占多数的董事会面前。"[1] 这种威慑性功能是基金受托人委员会所不具备的。由此可见，投资基金独立董事会是不能被基金受托人委员会所取代的。投资基金独立董事法律制度具有其他制度所没有的优越性。

第三节 我国投资基金独立董事法律制度的适用现状与不足

一、我国投资基金独立董事法律制度的适用现状

1. 我国基金管理公司独立董事的总体情况。中国证监会 2001 年 1 月 16 日发布了《关于完善基金管理公司董事人选制度的通知》，要求基金管理公司董事会中应当至少有 3 名以上独立董事，独立董事的人数应多于公司最大股东委派的董事人数，并且占董事会的比例不得低于 1/3，我国基金管理公司都按《通知》要求建立了独立董事制度。截至 2004 年 12 月 31 日，我国共有 45 家基金管理公司成立，其中 33 家本土基金管理公司，12 家合资基金管理公司；收集到独立董事相关数据的样本公司有 40 家，其中 29 家本土基金管理公司，11 家合资基金管理公司。40 家样本基金管理公司至截止日共聘选独立董事 149 名，平均每家公司的独立董事人数为 3.73 人。

2004 年 9 月 27 日，中国证监会发布了《证券投资基金管理公司管理办法》，对基金管理公司独立董事再次进行了人数和比例上

---

[1] Matthew P. Fink, Statement at New York Media Briefing, Feb.16, 1999, www.ici.org/issues/fink directors audio.html, 最后访问日期：2006 年 10 月 12 日。

的规定,要求基金管理公司独立董事人数不得少于3人,并且不得少于董事会人数的1/3。从独立董事数量的分布来看,目前我国基金管理公司拥有独立董事的数量有3人、4人和5人三种,相应基金管理公司数量分别为15家、21家和4家,占基金管理公司样本总数的比例分别为37.5%、52.5%和10%,拥有3位或4位独立董事的基金管理公司占样本总数的比例达到了90%,经过几年的努力,所有基金管理公司都满足了《关于完善基金管理公司董事人选制度的通知》和《证券投资基金管理公司管理办法》的规定,而且独立董事人数在4人或4人以上的基金管理公司所占比例超过60%。

从独立董事在全部董事中所占比例的分布来看,该占比为33.33%的有7家基金管理公司,占基金管理公司样本总数的比例为17.5%,这一比例为《关于完善基金管理公司董事人选制度的通知》和《证券投资基金管理公司管理办法》所要求的最低比例;该占比为33.33%(不含)到40%之间(不含)的有6家基金管理公司,占基金管理公司样本总数的比例为15%,与第一种比例结合可知,该占比符合《关于完善基金管理公司董事人选制度的通知》和《证券投资基金管理公司管理办法》要求但不到40%的基金管理公司占基金管理公司样本总数的比例约为1/3;该占比为40%(含)到50%之间(不含)的有26家基金管理公司,占基金管理公司样本总数的比例近2/3;该占比为50%(含)以上的基金管理公司仅1家,占基金管理公司样本总数的比例只有2.5%。40家基金管理公司独立董事在董事总人数中的平均占比为40.85%。

上述数据表明,目前我国投资基金独立董事法律制度已经初步建立起来。但相对美国投资基金独立董事在董事会中的比例还比较低。要使投资基金独立董事真正发挥作用,还需进一步增加独立董事在董事会中的比例,或者对独立董事进行专项授权。[1]

---

[1] 例如,《关于完善基金管理公司董事人选制度的通知》对基金管理公司董事会审议事项规定中,明确了9项必须经独立董事的$\frac{2}{3}$同意方可生效的审议事项。

2. 我国基金管理公司独立董事的结构组成。我国基金管理公司独立董事制度的结构组成主要包括年龄构成、学历构成和来源构成。这三方面的状况有相关数据[1]表明：其一，我国基金管理公司独立董事的年龄构成有以下特点：首先，独立董事年龄跨越35至77岁，这个跨度是比较大的。他们的平均年龄为50.47岁，应该说处于年富力强、经验积累比较充分的年龄段。其次，年龄比较高的独立董事占了相当比例。年龄在60岁（含）至70岁（不含）之间的独立董事占独立董事总数量的比例为18.52%，年龄在70岁（含）以上的独立董事还占了独立董事总数量的比例的2.7%。这一数据表明：我国基金管理公司中独立董事的年龄结构基本合理，但存在少数独立董事年龄偏大现象。其二，我国基金管理公司独立董事的学历比较高。除了学历不明的小部分独立董事外，博士、硕士学位获得者在149名独立董事中所占的比例达到53.02%，而拥有本科以上学历的独立董事比例高达99.11%。这说明我国基金管理公司中独立董事的学历构成状况良好。其三，我国基金管理公司独立董事的来源构成。来自学校与科研机构的学者在独立董事中所占比例高居首位，达到44.97%。这类学者型独立董事有76.2%在学校担任不同级别的行政职务，所占比例超过3/4，博士生导师占教师独立董事总数的比例为46.3%，占独立董事总人数的比例为19.46%。来源于律师事务所、会计师事务所、银行、证券公司、信托投资公司、保险公司等金融机构的工作人员所占比例合计36.24%。超过总数的1/3，与学者型独立董事的比例相差8.73个百分点。难以归类的其他人员，部分来自有关行业协会、各级人大政协或退休群体。数据表明，来自学校和科研机构的学者型独立董事占比偏高，而来自会计师事务所、律师事务所和金融机构的专业人员所占比例偏低。

按照SCP（structure conduct perfomance）理论，组织的结构决

---

[1] 魏中奇："基金管理公司独立董事制度的结构分析"，载《证券市场导报》2005年第4期。

定组织的行为，组织的行为决定组织的绩效，因而基金管理公司独立董事制度能否发挥预期效果，其结构是核心决定要素。因此，我国还需进一步完善我国基金管理公司独立董事的结构组成。

二、我国投资基金独立董事法律制度的不足

我国在立法上建立了投资基金独立董事法律制度，但与美国的投资基金独立董事法律制度相比还存有很多缺陷，主要体现在以下方面：

第一，投资基金独立董事的提名和选拔机制不健全。在我国，投资基金独立董事完全由基金管理公司的股东选举与任免，而不必得到基金持有人大会的批准。因此，有些学者戏称投资基金独立董事是无需选民就可以当选的民意代表。在这种状况下，投资基金独立董事无形中产生了情感上的压力，为了不被基金管理人辞退，在做反对管理人的决策时不可避免地会犹豫不决，直接限制了基金独立董事职能的有效发挥。因此，我国投资基金独立董事的提名和选拔机制亟待改善。

第二，立法中欠缺对投资基金独立董事的激励机制。目前我国投资基金独立董事的报酬来源于基金管理公司，使得独立董事对公司形成一定程度的依附感。根据我国证监会《关于完善基金管理公司董事人选制度的通知》，基金管理公司可以给予独立董事一定的津贴，津贴的标准由董事会制定预案，报股东大会审议通过。由于基金管理公司的董事会和股东大会都是由公司股东而非基金股东控制。这样的薪酬制度不仅在制度上很难保证独立董事的勤勉程度，也使其独立性受到影响，如果投资基金独立董事获得的津贴越多，其独立性就越小。反之，如果津贴太少，又有会影响独立董事履行职责的积极性。虽然，《关于完善基金管理公司董事人选制度的通知》中规定，津贴水平应适当，不能因此影响独立董事的独立性，但"适当"二字极为含糊，法律并没有明确规定应当采用何种标准衡量津贴的数额是否"适当"。因此，这种由董事会制定独立董事薪酬的制度缺乏科学的标准，存在着影响"独立性"的弊端。

第三，缺乏对投资基金独立董事的保障机制。目前，我国投资基金独立董事在运作中一旦出现问题，得不到应有的救济。特别是当投资基金独立董事与公司管理层发生诉讼纠纷时，诉讼费用可能十分高昂，个人无法承受，缺乏有效、足够的救济手段可能会导致独立董事担心招来这样的诉讼而不愿为基金持有人利益积极采取一些必要的行动，对于管理层的欺诈或不良行为也怠于履行揭露义务，因而影响其监督职能的有效发挥。因而，在立法上建立投资基金独立董事的保障机制十分必要。

第四，没有明确投资基金独立董事发挥作用的获取信息制度。投资基金独立董事的独立性有赖于其获得信息的正确性，及信息提供者的独立性。目前，我国基金管理公司的独立董事们所了解的公司信息大部分来自于公司管理层的介绍和相关信息记录。由于获得信息渠道的有限性，加上可能存在的信息虚假、误导、歪曲等各种风险，基金管理公司的独立董事们无法就管理层是否遵循基金契约进行投资或是否存在侵害基金持有人权益等问题作出正确判断。从而，致使其监督职能无法发挥。因此，为投资基金独立董事建立健全的信息获取制度非常重要。

第五，缺乏对投资基金独立董事的责任追究机制。投资基金独立董事应对投资基金本身负责，而不是对基金管理公司负责。这就决定了独立董事不仅要执行公司法所赋予董事的一般责任，还要承担保护基金持有人权益的特殊监督责任。当投资基金运作与投资者利益相悖时，独立董事必须完全站在投资者一方；独立董事在维护基金持有人利益的同时，还要对基金运行的合规性履行监管责任。既然投资基金独立董事负有这样的义务，就必须配备相应的责任，以约束其对义务的认真履行，从而避免投资基金独立董事只拿薪水而不管事的情况发生。然而，我国立法却没有明确投资基金独立董事的责任追究机制。

以上立法缺陷是我国投资基金独立董事法律制度不能充分发挥其作用的重要原因，因此，尽快弥补以上缺陷，对完善投资基金独立董事法律制度具有重要意义。

第四节 我国投资基金独立董事法律制度的改革

在我国的契约式基金治理结构模式中,如何将独立董事的监督职能"无缝接入"现行的治理框架内,从而既发挥独立董事的监督效用,又避免监督上无人负责的尴尬,当是制度设计时必须仔细考虑的问题。

一、美国投资基金独立董事法律制度

有了比较才能发现差距。在世界上,美国投资基金独立董事法律制度是最健全、最充实的,我国有必要借鉴美国投资基金独立董事法律制度的优良之处。

经过多年的发展,美国投资基金独立董事法律制度的内容愈来愈健全和充实。美国前证监会主席亚瑟·莱维特(Arthur Levitt)在加利福尼亚共同基金与投资管理大会上的演讲中提出的一系列政策建议。亚瑟·莱维特指出,他提出的四项措施将成为美国证监会对于改进共同基金治理结构一项主要计划的重要基石。这四项措施主要包括:"其一,基金董事会应该包括过半数的独立董事;其二,任何新的独立董事均应由独立董事提名;其三,董事的外部法律顾问应独立于管理层,以确保董事得到客观准确的信息;其四,基金股东应能得到更多具体的信息,用以判断基金董事的独立性。"[1]总结起来,美国投资基金独立董事法律制度包含以下系列规则:

第一,独立董事在董事会中占多数规则。1999年的ICI顾问组建议中提出:独立董事的数量最好超过董事会成员的半数,达到2/3以上(super-majority)。2001年"修正案"要求董事会成员的大多数须由独立董事组成,如达不到绝对多数至少达到简单多数(simple-majority)。独立董事在董事会中占多数原则有助于加强独

---

[1] [美]亚瑟·莱维特:"信守股东利益:加强基金中独立董事的作用",李为、水东流译,载《证券市场导报》2001年第5期。

立董事在公司董事会中的地位，扩大其影响力，保证其监督作用的发挥。事实上，目前美国基金公司独立董事占董事会成员的比例较高。以美国资产规模最大的 15 家基金公司中采取共享型董事会模式的 4 家公司为例，其独立董事比例均为 70% 以上，最高的联合投资公司（Federated Investors）的独立董事有 12 位，比例高达 80%。

第二，独立董事自我任命规则。在"法案"的修正案正式出台以前，ICI 顾问组曾经建议，基金的新任独立董事应该有现任独立董事选择、提名，"修正案"以法律的形式将该项原则明确了下来。美国证券交易委员会认为，独立董事的这种自我繁衍机制，有利于形成一个具有独立意志的董事会，确保董事会可以优先考虑基金投资人的利益。自选权虽然并不能保证独立董事完全独立，但是比较其他提名方式，毕竟可以更好地保持独立董事的独立性和稳定性。

第三，独立董事自主确定其薪酬规则。美国 ICI 顾问组建议，独立董事薪酬的支付由独立董事制订方案。美国共同基金与其管理人之间是一种雇佣关系，尽管这种雇佣关系通常是由基金管理人行为在先（基金管理人先设立基金、然后组成第一届董事会），但是投资基金毕竟是独立的法定实体，基金董事会是基金公司的唯一代表。因此，美国共同基金独立董事的薪酬由其自主确定是顺理成章的。独立董事的薪酬控制权掌握在独立董事手里，而不在基金管理人手里，有助于确保董事会的独立性和效力。

第四，独立董事应有独立的服务提供者规则。为了使独立董事的律师能在基金和其服务提供者之间有潜在利益冲突的一些领域提供客观建议，他们必须独立于投资顾问和基金其他服务提供者。新基金的律师经常是由管理人代表基金聘请的，独立董事应有权更换。独立董事在遇到特别的问题或动议时也应能从独立会计师和其他第三方获得专家意见。基金细则或章程应明确授权独立董事或独立董事的委员会在他们认为对增进股东利益是必要的时候，可以用基金资产来聘请专家。当然，独立董事也必须注意所咨询的专家要独立于基金投资顾问及其他服务提供者。

第五，独立董事在保险获得方面的规则。一般而言，有必要采

第五章　投资基金监管中的独立董事法律制度

取一些措施保证独立董事在为保护股东利益采取某些行动时,不必顾忌自己的诉讼责任,尤其是在与基金管理人发生诉讼时候。这样的诉讼可能费用十分高昂,个人无法承受,缺乏足够的保险费用可能导致独立董事担心招来这样的诉讼而不愿为股东利益积极采取一些十分必要的行动,甚至使一些高素质人士不愿担任独立董事。同时,这项保险费用必须有一定的持久性,以避免在其离任后基金管理人就其任职期间采取的行动提起诉讼,而无法承担诉讼费用的情况。

第六,在独立董事之中推举一个或多个领导规则。独立董事领导在主持独立董事的单独会议、与律师提出和讨论问题等方面可以协调独立董事的活动,他也能在董事会议期间充当发言人。许多基金董事会可能发现有一个董事担任独立董事领导身份最佳,而其他可能宁愿把这些领导责任分担在两个或更多独立董事身上,例如,一个独立董事可能在财务报告方面充当独立董事的发言人,而另一个可能在涉及服务提供者的合同问题方面充当一个相似的角色。需要强调的是,选举一两个独立董事作为他们的领导并不意味着其他独立董事责任或承担义务被削弱。

第七,独立董事必要时应单独举行会议规则。对基金管理人提高管理费用的提议或涉及基金与其相关服务提供者之间安排的一些重大变化,独立董事的独立会议都是非常必要的。在独立举行的会议上,独立董事成员对预定的议程进行审议,讨论全体董事会议上应被强调的问题及这一年应予以特别关注的其他问题。独立董事的律师应参加这些单独举行的会议,必要时基金的律师也应参加。

第八,独立董事控制、组织和运作基金董事会审计委员会规则。独立董事的职能定位主要包括对公司管理层的有效监督和将投资者的利益放在首位的原则。为了实现其职能,投资公司法规定审计师的选择应由独立董事长控制。与其他公司组织一样,许多基金董事会有审计委员会,来对审计师选择提出建议,检查时务报表和审计结果,监管基金内控体系。审计委员会应每年至少一次与独立审计师举行会议,届时,基金管理人不应有代表在场。

第九，鼓励独立董事购买所服务基金份额规则。ICI 顾问组建议独立董事应被鼓励投资其所服务的基金，购买所服务基金的份额的独立董事与其所服务的基金不仅是一种外部雇佣关系，而且还代表自身的切身利益，从而使得独立董事在处理基金与基金管理人之间的冲突时，其代表基金持有人利益的动力、责任心均能得到加强。但是，基金独立董事毕竟有机会获得比一般投资人更多的信息，这种信息优势可能会被独立董事利用。为此，"修正案"规定，独立董事的这种投资行为须履行信息披露义务，以便于持有人判断独立董事的利益与其利益是否一致。

第十，评估和约束独立董事履行职责状况规则。鉴于独立董事在基金业公司治理中的重要作用，美国证监会一直十分关注对独立董事履行职责情况的评估和约束，主要包括声誉上的约束，法律上的约束以及报酬方面的约束。

基于投资基金独立董事法律制度的系列规则，投资基金独立董事具有了这样的功能：其一，监督功能，即通过董事会监督内部董事和经理人员，缓解基金持有人与基金管理人之间的代理冲突。基金管理公司的重大事件必须得到大多数独立董事的同意。同时监督基金经理在日常工作中遵循有关操守及法定规则。依据罗·吉尔森（Ron Gilson）的分析，独立董事的功能可以概括为三个主要方面：信托人（fiduciary）、监管治理者（regulator），以及契约治理人（contractual）。[1] 其实，以上三个方面的作用从某种意义上来说是统一的，都体现了独立董事的监督功能。以美国基金业为例，基金公司的独立董事必须在董事会上根据基金管理人的表现决定是否继续聘用基金经理；根据美国证监会的特殊规则，独立董事必须在其他非独立董事不参与的情况下对基金的独立会计师进行审核。此外，独立董事对基金的其他服务提供商也有监察的法定职责和义务。另外，基金董事会下设的一些专门委员会，如提名委员会、薪

---

[1] See Ron Gilson, "Comments in Transcript, Conferences on the Role of Independent Company Directors", www.sec.gov/offices/invmgmt/roundtab.htm，最后访问日期：2006 年 10 月 12 日。

酬委员会、审计委员会等，基本上都是由独立董事组成，或由独立董事担任委员会主席。由此可见，独立董事在监督基金管理中起着极为重要的作用。其二，评价功能，即对内部董事和经理人员的工作绩效做出客观独立判断，避免内部董事和经理人员"自己为自己打分"。对于基金运作的评价两种：一种是市场评价，市场评价是对基金运作结果的评价（如单位基金净值增长率和基金存在的风险）。另一种是内部评价，包括基金管理公司董事会对经理人员的评价以及经理层对员工的评价两部分。市场评价的缺点是体现不出对过程的评价；内部评价虽然体现出了过程评价，但体现不出基金持有人的评价。独立董事的介入就可以弥补以上两种评价方法的不足。独立董事可以而且应该主要体现基金持有者对基金运作水平的评价意图，并且校正内部评价的偏差，弥补市场评价的不足。其三，建议功能。独立董事都是来自行业的专家，能够对公司战略和基金运作提供真知灼见。即站在行业高度审视公司战略和发展方向，发表独立见解，为决策服务。例如，一个在经营上有成功经验的管理者出任公司的独立董事，将有利于公司经营状况的改善；一个在某一行业具有专长的专业人士出任公司独立董事，则可能有利于公司在该业务领域的拓展；一个在法律界有声望的人士出任公司独立董事，将有利于公司解决现存的有关法律问题，或者避免出现有关法律问题。其四，市场效应，基金公司聘用的独立董事往往多是知名学者或著名企业家，在市场上具有较高的知名度。这些社会独立董事在基金管理公司的出现，将极大地提高基金管理公司的社会、市场形象以及其在投资者心目中的地位，成为基金的市场营销（开放式基金的扩募）的重要砝码。此类独立董事的聘任，无疑将显示公司的健康运行，并提升公司的形象。

投资基金独立董事法律制度处于不断完善的进程当中，正如以上很多规则在近几年才得以确立的一样，在未来的时间里，会有更多更好的规则补充进来，使投资基金独立董事法律制度更加完善奏效。这是被已经实践证明了的，美国证券交易委员会在其1992年的一份报告中指出，基金董事会的监督职能，特别是独立董事的

"看家犬"功能,以最小的代价有效地服务了投资者,也成功地保证了这个行业60多年来没有出现重大的丑闻事件。这对基金业来说,是一个值得重视和追求的结果。

二、我国投资基金独立董事法律制度的改进对策

在实践中,可以从多个方面改革我国投资基金独立董事法律制度,但是,本书认为以下两个方面的改革是至关重要的。

1. 增强独立董事的独立性的设计。独立性是独立董事的基本法律特征,强化独立董事的独立性,是独立董事发挥作用的重要前提,也是完善独立董事制度的重点之一。但我国独立董事流于形式,不能很好地发挥作用。许多独立董事是由基金管理公司的领导或管理层拉来或请来的"人情董事",权力不清,职责不明,严重损害了独立董事的独立性。为了保护基金持有人的利益,要使基金管理公司的独立董事增强其独立性,需在以下几个方面做出努力:

第一,建立保证独立董事独立性的产生与管理机制。独立董事的提名方式和选择办法,决定代表谁的利益,并以何种立场去做出判断和行事。因此,独立董事的产生机制是确保独立董事人格独立性与行权独立性的关键环节。我国基金管理公司的董事会成员基本上都是大股东委派的,董事会代表大股东的利益,再由代表大股东利益的董事会来提名独立董事,这种独立董事显然是大股东通过董事会操纵的结果,在股东大会表决时是不可能被否决的,因此,最终由股东大会确定独立董事只是一个走过场的形式而已。通过这种程序选举出来的独立董事是不可能实现制约基金管理公司大股东、保护中小基金持有人利益的。鉴于此,我国必须改变独立董事的入选程序,最好不由基金管理公司决定独立董事的人选。一种很好的方法是成立专门的独立董事协会对独立董事任职资格进行统一管理。当然,独立董事的任职资格须由法律做出规定,以最大化的切除独立董事和基金管理人间的关联关系。独立董事协会根据法律的规定对独立董事的资格进行考察,对合格的人进行注册,由此形成一个独立董事人才库。基金管理公司的独立董事应由基金持有人来

选，然后报请证监会批准，最后披露独立董事的相关信息，以便于广大基金持有人的监督。

为了加强日常管理，独立董事协会可以制定相关的《独立董事执业准则》和《行为规范》，对独立董事进行自律管理。促使独立董事遵守客观、公正、独立的执业原则，规范独立董事的执业行为，提高其执业水平。对那些能力差、责任心不强或存在欺诈、合谋等行为的独立董事，除了公开予以谴责外，还应取消其从业资格。

第二，增加对入选独立董事专业和年龄的限制。独立董事协会在考察独立董事人选时，应突出对独立董事的管理背景和从业经验的资格要求，并确保有足够的时间和精力履行公司董事职责。当前在我国独立董事制度的实践中，大多是学院派董事、名人董事，其中一些同时兼任全国不同省份的多家公司的独立董事，这些独立董事一般都名气大，职务多，事务杂，年龄趋高，没有太多的时间和精力详细了解公司事务，无法起到监督作用[1]，只是起到广告或公关作用。然而，独立董事的职责决定了他们不仅是专业技术、法律、会计等方面的专家，而且还要有相当的企业和商业上工作经历，[2]同时还需年富力强。否则，就很难起到监督、制约大股东和保护中小投资者利益的作用。因此，独立董事除了要符合2001年中国证监会发布《关于完善基金管理公司董事人选制度的通知》中规定的任职资格外，还要具备相当的企业或商业经历，熟悉法律法规，具有资本市场运作理论知识和经验，以及良好的职业道德、工

---

[1] 在中国政法大学举行的关于董事制度的研讨会中，部分担任独立董事职务的教授学者纷纷表示，很多是因为个人情面关系才成为独立董事，对公司的业务运作并不十分了解，很难完全担当好独立董事的职责，甚至表示"董事会都是通讯表决，有时甚至只传真一张签字盖章页，连董事会决议全文都没有"。可见，由于初始的独立性不能得到保证，独立董事履行职责的能力受到了很大制约。

[2] 有数据表明：基金管理公司董事会中具备金融、证券专业知识与工作经验的独立董事人数占董事会人数的比例越高，则基金业绩越高、基金净资产费用率越低。引自何杰："独立董事、治理结构和中国契约型基金的绩效"，载《南开管理评论》2005年第2期。

作责任心和独立人格，年龄也不能太高。[1]为此，独立董事协会应注重从证券公司、会计师事务所、律师事务所等中介机构的任职人员中挑选预备独立董事，并要加大对独立董事的培训力度、任职资格的认定与管理，建立起一支有实力的、职业化的独立董事队伍。

第三，继续增加独立董事在董事会成员中的比例。要在制度上限制基金管理公司与股东的不公平关联交易，完善基金管理公司董事会的内部制衡机制，监督公司管理层严格履行契约承诺，强化内控机制，切实保护基金持有人的合法权益，独立董事的人数应在董事会中占有多数。这种对于独立董事简单多数的规定有助于提高独立董事在整个董事会的影响力，有利于独立董事客观的经营决策与判断得到真正的落实，使独立董事制度能够起到应有的作用。同时因为独立董事简单多数原则本身并不能杜绝基金丑闻的发生。自2003年9月，美国纽约州总检察长埃里奥特·斯皮策（Eliot Spitzer）首次对共同基金的非法交易提出起诉以来，美国基金公司存在的非法交易问题越来越多地被暴露在阳光之下。如何完善旨在于维护基金持有人利益而监督基金公司运作的独立董事制度再一次成为人们讨论的焦点。要解决这方面的问题，有人建议今后是否应该规定董事会主席也由独立人士担任。[2]这种建议有其一定的合理性，因为董事会主席与其他董事成员相比，通常其对整个董事会的决策和判断有不可低估的影响力，董事会主席能否做出客观、公正的判断和决策与基金持有人利益的维护息息相关。所以，在我国制定相关立法时，可以将该点纳入考虑的范畴。

第四，即使经过正规程序选出的独立董事是合格的，但是其独立性能否维持，仍然是个问题。这里有个任期问题。一般来讲，任期会影响董事的独立性。经过较长时间的共事，独立董事可能被同化，或者由于与内部董事和公司管理层长期共事所建立的友谊，会使他们不

---

[1] 有数据表明：基金管理公司独立董事的平均年龄越高则基金业绩就越低。参见何杰："证券投资基金治理结构特征与绩效关系的经验研究"，载《管理评论》2005年第8期。

[2] 付强，"美国基金业丑闻三大启示"，载《证券日报》2003年11月14日。

再独立或不那么独立。因此,对独立董事的任期做出限制是必要的。美国密西根州公司法就规定,独立董事在公司任职不得超过3年,满3年后,该董事可能继续作为董事留任,但失去独立董事资格。这一点值得借鉴。建议我国基金独立董事任期不要超过3年。

第五,完善投资基金独立董事的信息获取机制。由于我国投资基金独立董事在信息获取上受到很大限制,不利于其职能的有效发挥,因此,必须完善投资基金独立董事的信息获取机制。可以通过多种途径来完善这一机制。一是我国可以借鉴美国基金立法中有关独立董事的独立法律顾问的规定,为基金独立董事配备独立的信息服务者,包括会计师、审计师、律师及许多其他专家。因为对于董事来说,能够听取律师和审计师的客观建议是非常重要的。特别是与管理当局产生利益冲突的时候,董事所依赖的提供指导的律师和审计师应该在形式与实质上与基金管理当局完全独立[1]。二是监管部门可以为基金独立董事敞开信息之门。根据法律规定,基金管理人需定期向监管部门申报各方面的资料,同时监管部门也有权对基金管理人进行审查和监察。由此,监管部门掌握了大量基金管理人的信息。如果监管部门随时为投资基金独立董事提供信息,投资基金独立董事就如鱼得水,具备了发挥其作用的先决条件。

2. 设计完善的报酬体系、权责制度和社会监督体系。要使投资基金独立董事充分发挥其作用,只靠其独立性是不够的。必须通过各种途径激发独立董事发挥其作用。本书认为可以从以下几个方面努力:

第一,设计完善的报酬体系。我国现行的独立董事法律制度中,独立董事没有薪酬,只有所谓的"津贴",而且来源于基金管理人,独立董事报酬体系存在缺陷。改变董事会支付独立董事薪酬的办法,切断独立董事在经济上对大股东的依附性。独立董事的报酬改由独立董事协会支付,其资金来源于各公司按聘任独立董事的人数向独立董事协会上交的管理费,独立董事薪酬由独立董事协会

---

[1] [美]亚瑟·莱维特:"信守股东利益:加强基金中独立董事的作用",载《证券市场导报》2001年第5期。

负责管理、发放。独立董事的薪酬应体现激励与约束并重。独立董事的薪酬形式可以多样化,既有一定标准的薪金、津贴,还可以包含有某种期权[1]等。比如,独立董事的薪酬可以由固定年薪和年度奖金两部分组成,年度奖金应该和业绩挂钩,也可以在一个较长的时间跨度内部分用股票来支付。

第二,建立权责制度。要使独立董事有效地发挥作用,必须明确规定其权利和责任。一方面,独立董事的权利不能大于他所承担的责任,这样容易造成独立董事在做出决策前,不经过周密的调查与分析,存在不负责任的心理;另一方面,独立董事的权利不能小于他所承担的责任,否则独立董事就会过于保守、谨慎地作出决策,以致不利于公司发展。所以,在建立独立董事良好的权责环境过程中,必须赋予其相适应的权责。

首先,独立董事要真正发挥作用,必须掌握一定的权利:①知情权。独立董事作为外部人,对基金运作的日常事务有信息上的隔膜,这不利于独立董事发挥作用。因此,建议为独立董事提供关于基金的财务资料、报告、重大事项分析报告、会议记录等信息。②表决权。独立董事也是董事,理应享有一般董事的权利,享有作为一个董事的表决权。③对重大事项的否决权。至于什么事项是重大的,什么事项不是重大的,可以在实践中灵活掌握,并不断完善。不过原则是,凡是涉及重大关联交易的事项必须实行否决权制度。④提议权。两名以上独立董事可提议召开临时持有人大会。独立董事还可直接向持有人大会、证监会和其他有关部门报告情况等。

其次,独立董事对基金持有人负有诚信责任,这种责任是基金持有人相信独立董事会能对基金管理公司进行监管的基础,也是出现问题时基金持有人起诉独立董事会的主要法律依据。因此,契约式基金管理公司的独立董事应该承担法律责任。在衡量独立董事是否应承担责任时,可以建立和运用经营判断准则(business judge-

---

[1] 可以借鉴美国基金公司建议或强制要求独立董事拥有基金股份的方式。See Role of Independent Directors of Investment Companies, Investment Company Act Release No. 24082 at 8~9, Oct, 1999, SEC.

ment rule)[1]，用以区分董事（包括独立董事）的责任，只要独立董事的决策是基于合理的信息而作出的理性判断，即使决策最终在客观上对公司产生了不利影响，他也可以免责。

独立董事在监督基金管理人、保护投资者利益的过程中，要承担某种程度的风险，这往往会挫伤独立董事的积极性，以至于对管理人损害持有人利益的行为视而不见。为促使独立董事尽职尽责，在保护投资者利益方面能采取切实有效的措施，必须提供相应的财力保障。笔者认为从立法上认可"董事和经理责任保险制度"，在独立董事面对由于投资争议而导致的法律诉讼时，消除其后患之忧，给予其一定的费用支持和救助，保证独立董事在为保护基金持有人利益采取某些行动时，不必顾忌自己的诉讼责任。但独立董事的欺诈或不诚实应在保险范围之外。"董事和经理责任保险制度"的实施将有助于保持独立董事的独立性，使独立董事有勇气对经理人的机会主义行为进行监督和揭露。最近平安保险公司首家推出了上市公司董事和高管人员责任险，这一新险种为独立董事责任保险制度的建立创造了良好的开端，希望能得到广泛推行。

第三，加强社会监督。独立董事代表的是基金投资者的利益，应将其置于社会公众的监督之下。首先，独立董事应定期向社会公开其职责履行情况，由公众对其行为进行综合评判。这就是独立董事信息披露制度，它对保持独立董事独立性具有重要作用。我国目前还没有关于基金管理公司独立董事信息披露方面的明确规定，但上证所发出的《关于做好独立董事备案和信息披露工作的通知》，

---

[1] 根据美国在《ALI报告》中对经营判断原则有如此规定：（a）董事及高级职员，应该对公司承担以下义务：以诚实的方式，按照他合理地相信是符合公司最佳利益的方式履行职务；并且，以一种可以合理地期待一个普通谨慎的人，在同样的地位上，类似的状况下能够尽到的注意，履行一个董事或高级职员的职责。（c）做出经营判断的董事或高级职员，在符合下列条件时，就被认为是诚实地履行了本条所规定的义务：①他与该经营判断无利害关系；②他有正当理由相信他掌握的与上述经营判断相关的信息在当时的情形下是妥当的；③他有理由相信该经营判断是和公司的最佳利益相符合的。引自蔡元庆：《董事的经营责任研究》，法律出版社2006年版，第36~37页。

对上市公司独立董事信息披露统一格式等问题作了规定,对保证独立董事的独立性提出了指导性意见。我国基金立法有必要借鉴此作法,同时借鉴美国的先进经验,[1]明确信息披露的相关制度,这样才能有效地保证独立董事的独立性,促进其认真履行职责。其次,应成立专门的独立董事业绩评估中介机构,并制定适当的指标,对独立董事的工作业绩做出客观、公正的评价,从而形成一种市场压力,促使独立董事更加勤勉、诚信。

前美国 SEC 主席列维特曾精辟地指出,"可以用一个词来概括基金的管理结构,这就是责任性(Accountability),而如果没有独立董事,责任性只不过一纸空文。"[2]这句话道出了独立董事法律制度在基金治理结构中的重要作用。美国投资基金独立董事法律制度的历史和内容也证明了这一制度的优越性。或许从它诞生之日起它就不断的接受着无数的打击,但因为它有顽强的生命力,所以它存活下来并不断成长。我国引入了投资基金独立董事法律制度,在遇到操作和理论上的困难的时候,人们想到对投资基金独立董事法律制度进行变通,然而,变通的结果是取代投资基金独立董事法律制度。因为投资基金独立董事法律制度具有生来具有的各方面特性,任何其他制度是无法比拟的。因此,本书提出投资基金独立董事法律制度不能被取代。为适应我国基金业发展的具体情况,应充实和完善投资基金独立董事法律制度,使其更适合我国的国情,使其充分发挥保护基金持有人利益的作用。为此,笔者提出了完善投资基金独立董事法律制度的各方面对策,希望对我国投资基金独立董事法律制度的发展有所裨益。

---

[1] 有关董事信息的披露,美国现行披露准则主要有两个方面的要求:首先,附加信息报告要求基金必须披露基金董事的名字、年龄、职位、过去5年的主要任职经历以及从基金或基金系列所获得的报酬;其次,股东大会上所使用的委托受权书(Proxy statements)要求披露董事在基金或相关机构中所任的职位,以及与这些机构所发生的交易。在此次的改进意见当中,SEC 增加了基金对董事的信息披露的要求。引自 Role of Independent Directors, supra note 35.

[2] 张国清:《证券投资基金治理结构之法律分析》,北京大学出版社2004年版,第144页。

第六章 投资基金信息披露监管法律制度

在目前基金管理公司的出资股东大多是银行、保险公司、证券公司、上市公司的情况下,要有效地防范利益冲突、内部交易、关联交易、欺诈、操纵等行为,关键就要加强基金公司的信息披露,使得投资者和管理公司之间的信息不对称减小或者消失,这样,损害投资者利益的行为就会曝光,市场的自发选择机制才会发挥功效。

第一节 投资基金信息披露的一般理论分析

一、投资基金信息披露的概念与意义

1. 投资基金信息披露的概念。披露,英文为 disclosure,又可译为"公开"、"公布"等。信息披露就是在有价证券的发行和流通市场上,为满足投资者进行恰当投资判断,而对证券发行者的项目状况、财务状况和经营状况等信息进行披露的过程。

信息披露有自愿性信息披露和强制性信息披露之分。前者是由代理人自愿或与委托人谈判选择信息的披露方式,包括其所含的内容、披露时间与披露方式;后者指的是由政府或其他拥有规则制定权的第三方机构对投资基金的信息披露进行统一的规范。在证券市场上,信息披露到底采用哪种披露方式存有很大争议。有学者认为应采用自愿性信息披露。斯蒂格勒在 1964 年《政府对证券市场的管制》一文中,认为强制性信息披露制度对公开发行股票的价格没有明显的影响。乔治·本斯顿(George Benston)于 1969 年、1973 年研究了美国强制性财务信息披露对二级证券市场的影响,同样得

出强制性信息披露制度对股票价格没有明显影响的结论。后来伊斯特布鲁克（Easterbrook）和菲舍尔（Fischel）在1984年提出强制性信息披露在现实中根本无效[1]，因而不需要强制性信息披露。路易斯·罗斯（Louis Loss）在1988年认为强制信息披露不但无用，"公平披露"的目标也是不适当的。格罗斯曼（Grossman）和哈特（Hart）在1980年，格罗斯曼（Grossman）和米尔格莱姆（Milgram）在1981年提出，如果披露是无成本的，公司就有激励自愿披露信息。但是在信息披露有成本的情况下，乔瓦诺威克（Jovanovic）和戴伊（Dye）在1986年证明，只有业绩显著大于一定水平的公司才有动力披露真实信息。罗马诺（Romano）在1996年[2]认为：现行的信息披露管制政策已成为公司的束缚，应该允许公司自行选择所要披露的信息。她还认为应该给予公司选择管制体制的自由，使公司能在各州的法律或世界其他国家的法律框架中自由选择信息披露的体制，有助于消除一国法律的"管制垄断"。这样，公司就能根据自身情况选择最优的披露框架。史蒂芬·J.乔伊（Stephen J. Choi）和安德鲁·古兹曼（Andrew Guzman）在1996年也持有类似的观点。[3]针对强制信息披露无效的观点，信息披露制度修正学派认为强制性信息披露制度是必要的。如G·福斯特（G·Foster）在1980年认为，信息的自愿披露会导致外部效应，主要包括信息披露时间所导致的外部性和信息披露内容导致的外部性。[4]格拉德斯通

---

[1] 本斯顿指出："对于自我交易或者挪用公款之类的个人欺诈行为，强制性信息披露制度根本不起作用。" See George J. Bensten, "Required Disclosure and the Stock Market: An Evaluation of the Securities Exchange Act of 1934", *American Economic Review*, 63 (1973), 132.

[2] See Roberta Romano, "Empowering Investors: A Market Approach to Securities Regualtion", *Yale Law Journal*, 107 (1998), 2359.

[3] See Stephen J. Choi, Andrew Guzman, "Portable Reciprocity: Rethinking the International Reach of Securities Regulation", *S. California Law Review*, 71 (1998), 903.

[4] G. Foster, "Externalities and Financial Reporting", *Journal of Finance*, 35 (1980), 521.

第六章 投资基金信息披露监管法律制度

（Gladstone）在1932年指出："一切要做的就是披露，显露出来的欺诈是没有杀伤力的。"[1]大法官 L. D. 布兰代斯（L. D. Brandies）则更形象地比喻，"披露是医治社会的良药，就如太阳是最好的防腐剂，电灯是最有效的警察"。客观地说，在自愿性信息披露和强制性信息披露之间的是非争论没有停止过。然而，正如波斯纳在1977年出版的《法律的经济学分析》一书中所指出的，当交易成本很低时，法律主张将资源所有权的分配留给市场决定；但当交易成本很高时，法律倾向于决定由政府干预这种分配。在证券信息的供给、披露和传递过程中，市场机制下的交易成本是很高的，因此，通过强制性信息披露，可以大大节约投资者的信息搜寻成本以及为达成合适的自愿披露契约而产生的成本。

在投资基金市场中，基金管理人在披露信息时，倾向于披露对自己有利的信息而不愿将对自己不利的信息准确、及时地披露。阿纳塔·R. 阿德麻蒂（Anat R. Admati）和保罗·普雷德勒（Paul Pfleiderer）[2]建立了一个模型对上市公司的信息披露进行研究，发现公司在选择最佳信息披露时是非连续的，存在信息价值的规模经济，当有利的信息精度超过一个临界点时才会予以披露，因为这样更有利于提升公司的价值。同时，该模型也揭示，政府对公司信息披露的适度监管有利于保护投资者的利益及提高社会的整体福利。同理，为维护信息公平，提高信息效率，确保投资者的信心和利益，实现资本优化配置，必须、也只有依靠监管力量才能促进信息的完全性和对称性，减少信息成本和信息失灵。因此，信息充分、及时的公开和运用，也就成了基金市场监管职能的贯彻以及建立高质量投资基金监管体系的前提。这样，通过政府对基金管理人制定信息披露的标准及方法是必要的，以保证必要的信息能够及时、完整地予以披露，防止信息披露的延迟以及披露过度频繁。事实证

---

[1] Basel Committee, Enhancing Bank Transparency: Public Disclosure and Supervisory Information That Promote Safety and Soundness in Banking Systems, September, 1998.

[2] Anat R. Admati, Paul Pfleiderer, Forcing Finns toTalk: Financial Disclosure Regulation and Externalities, *The Review of Financial Studies*13 (2000), 479~519.

明，在世界各国基金行业的实践中，信息披露更多的是法律的强制性要求。对投资基金而言，信息披露的控制权掌握在基金管理人手中，信息披露水平是由基金管理人决定的。如果对于基金管理人而言最优的信息披露水平与基金投资人要求的信息披露水平是一致的，那么就无需外部约束来进行强制信息披露，否则强制信息披露就是必须的。本书研究的目标正是强制性信息披露。[1]所谓强制性信息披露指的是由政府或其他拥有规则制定权的第三方机构对投资基金的信息披露进行统一的规范，亦即建立投资基金的信息披露制度。其基本的内涵包括三个方面：①强制性要求投资基金进行信息披露，违反信息披露制度必须受到法律制裁；②对所披露信息的内容、格式与方式进行统一的规范；③投资基金提供的财务报表必须经过独立审计签证。

2. 投资基金信息披露的意义。美国著名法学家庞德曾经指出，法律价值的问题是法律科学所不能回避的问题，"在法律史的各个经典时期，无论在古代和近代世界里，对价值准则的论证、批判或合乎逻辑的适用，都曾经是法学家们的主要活动"[2]。所谓的法律价值，可以简单地界定为：在人（主体）和法（客体）关系中所体现出来的法律的积极意义或有用性。[3]投资基金信息披露的意义体现在：

---

[1] 学界也存在自由信息披露机制，有学者认为强制性信息披露产生的成本过高［See George Stigler, "Public Regulation of the Securities Markets", *Journal of Business*. 37 (1964), 122~124］强制性信息披露没能为市场提供有价值的信息，［See George Benston, "Required Disclosure and the Stock Market: An Evaluation of the Securities Exchange Act of 1934", *American Economic Review*, 63 (1973), 132］，强制性信息披露不能降低公司的风险［See Roberta Romano, "Empowering Investors: A Market Approach to Securities Regualtion", *Yale Law Journal*, 107 (1998), 2359］，等观点使很多学者认为自由信息披露机制比强制性信息披露制度更优。但笔者认为强制性信息披露制度在我国目前的证券市场中是必不可少的，必须建立完善的信息披露的管制制度。

[2] [美] 罗·庞德：《通过法律的社会控制——法律任务》，沈宗灵、董世忠译，商务印书馆1984年版，第62页。

[3] 张文显：《法哲学范畴研究》，中国政法大学出版社2001年版，第124页。

第一，投资基金信息披露有利于维护投资者的信心。投资人无法观察到投资基金具体运作的过程，也无法获悉投资基金具体运作的信息。这一现实容易使投资人做出逆向选择，得不到满意的回报，最终对投资基金市场丧失信心。美国证券与交易委员会指出："除操纵市场外，没有其他事件比选择性的信息披露和滥用内幕信息更损害投资大众对公司制度和证券市场的信心了"，"投资者如果感觉到其处于不利地位的话，将要或已经不愿意投资于证券市场。"[1]通过投资基金信息披露实现投资者保障不仅仅是一种目的，而且应当持续地成为一种计划、一种程序。可以说，市场可以在缺乏许多东西的前提下依然运转，但市场不能没有投资者，只要投资者的存在，立法者与监管者就必须考虑他们以什么样的心态看待市场，同时也评价自己的处境。这便是所有证券市场都视之为最大价值的投资者对市场的信心。投资基金信息披露制度通过构建投资基金市场的公开性和透明度消除了人们因神秘感而导致的不信任与猜疑。它保证市场及所有的投资者公平地获得投资决策所需要的相关信息，提供了自由公平竞争的基础。相关的实证研究也证实了这一点。达奥克等的研究发现，在其他条件不发生变化的情况下，禁止内幕交易可以使投资者信心上升。[2] Carlin 等人的研究都证实强制性信息披露会使投资者信心回复或增加。[3]

第二，投资基金信息披露有利于公共利益的实现。公共利益论认为政府在很大程度上可以代表社会公共利益，政府监管时考虑更多的往往是社会总收入和社会总成本，而不是单个企业或个人的成本和收益。强制性信息披露是政府监管工作之一，它在很大程度上是在实现社会公共利益，因为它会带来很多的社会收益，具体包括：①融资成本降低；②资本的有效配置；③资本市场流动性的增

---

[1] Securities Exchange Act Release No. 17120 (Sept. 4. 1980).

[2] U. Bhattacharya, Hazem Daouk, "The World Price of Insider Trading", *Journal of Finance*, 57 (1999).

[3] Robert M. Bushman, Abbie J. Smith, "Transparency, Financial Accounting Information and Corporate Governance", *Joural of Accounting and Economics*, 32 (2001), 12.

强；④企业竞争效率；⑤投资者保护；⑥外部不经济的抑制等。[1]在基金业同样如此，强制性的信息披露机制有利于降低基金投资者及政府监管部门收集信息的成本，也可以缓解基金投资者和基金管理人之间的信息不对称状况，这将对基金管理人的道德风险行为构成有效的制约，从而保障基金投资者的利益；有利于基金之间业绩有意义的比较，提高资金在基金管理人之间的优化配置，促进整个基金业的发展；有利于学习和借鉴外国信息披露的先进经验，加快中国基金业与国际接轨的步伐。

投资基金信息披露监管法律制度作为政府干预投资基金市场的重要工具，自产生以来发挥了积极的作用，它已成为保障投资基金市场"三公性"的重要法律制度。完善投资基金信息披露监管法律制度的必要性不容置疑。正如美国学者乔·斯利格曼（Joe Sri Gehman）指出：如果没有强制性信息披露制度，发行者就不能真正披露信息，或以误导性信息影响投资者决策；如果没有强制性信息披露制度，承销费用和内部人的收入和额外收入将会更高；如果没有强制性信息披露制度，投资者将会对证券市场失去信心；如果没有强制性信息披露制度，证券业自律组织不可能保证公司信息的公开达到法律需求程度；如果没有强制性信息披露制度，公司信息公开就不可能得到法律上的充分保证。

二、投资基金信息披露监管法律制度的理论基础

投资基金信息披露监管法律制度得以产生，是建立在一定的理论基础之上的，其中，有效市场理论和信息不对称理论是投资基金信息披露监管法律制度的重要理论基础。

1. 有效市场理论。有效市场理论，也称有效市场假说（Efficient Market Hypothesis，EMH），是由芝加哥大学尤金·法玛（Ev-

---

[1] R. K. Elliott, P. D. Jacobson, "Cost and Benefits of Business Information Disclosure", *Accounting Horizons*, 8 (1994), pp80~96.

第六章　投资基金信息披露监管法律制度

gene Fama）博士吸收前人理论[1]的基础上提出来的。有效市场理论是指："所公布信息中的那些影响该资产价值的基本因素已完全反映在当前的价格中。"[2]法玛注意到了有关证券市场效率的两个关键问题：一是关于信息和证券价格之间的关系，即信息的变化如何引起价格的变动；二是与证券价格相关的信息的种类，即不同的信息对证券价格的影响程度不同。为此，他按照信息存在的三种类型把有效率市场水平分为三个层次：①弱式有效率市场（Weak - Form Efficient Market）。[3]这是证券市场效率的最低程度，是指如果证券的现价已经反映了过去的所有信息（如价格、交易量等）则市场为弱式有效率市场。②半强式有效率市场（Semi strong - form Efficient Market）。[4]这是证券市场效率的中等程度，是指如果证券的现行价格已经反映了所有可获得的公开信息（如企业公布的盈利报告或专业投资机构公开发表的资料等），则市场为半强式有效率市场。③强式有效率市场（Strong - form Efficient Market）。[5]这是最具效率的证券市场，是指如果有关证券的所有相关信息，无论是公开的信息还是不公开的内幕信息都对证券的价格变动没有任何影响，即证券价格已经充分、及时地反映了所有有关的公开和内部信息，则证券市场达到强式有效率。在有效市场理论看来，在一个有效率的市场上，有关信息对每个投资者都是均等的，每个投资者都

---

[1]　是指哈里·罗伯茨（Harry Roberts）的市场有效性的三个层次：弱势有效市场、次强势有效市场、强势有效市场。参见齐斌：《证券市场信息披露法律监管》，法律出版社2000年版，第76页。

[2]　[美] 兹维·博迪、罗伯特·C. 莫顿：《金融学》，伊志宏等译校，中国人民大学出版社2000年版，第200页。

[3]　在这种市场效率水平下，信息类型是所有可公开得到的信息，包括盈利报告、年度报告、财务分析人员公布的盈利预测和公司发布的新闻、公告以及国民经济总产值、货币供应量、汇率、政治与社会信息等。

[4]　在这种市场效率水平下，信息类型是所有可知的信息，包括历史信息、公开信息和不为投资大众所了解的内幕信息（公司内部的和宏观经济的等）。

[5]　在这种市场效率水平下，信息类型是过去的信息，包括历史价格水平及波动、交易宗数、整零交易等。

根据自己掌握的信息及时地进行理性的投资决策，每一种证券的当前价格都能够充分地反映所有可以获得的信息（基本因素及风险因素），证券总是按它的公平价值交易。

正如 W. H. Beaver 所言，有效市场理论"使得披露导向的思想大放异彩"[1]。有效市场理论为信息披露制度奠定了理论基础及其有效性检验的方向。具体表现在：首先，有效市场理论为政府在投资基金市场效率方面的干预和作用提供理论支持。有效市场理论表明，一个具备信息完全性的投资基金市场才可以认为是有效率的市场。这就为投资基金监管行为指明了监管目标和监管方向。依据该理论，投资基金监管者存在的必要性和重要性是研究并制定涉及信息问题的监管法规制度并执行相关信息披露制度。制止垄断和操纵行为，打击内幕交易，促进信息在市场上充分、迅速、准确地流动。其次，以信息为轴心的市场有效性概念为衡量政府对投资基金市场的监管成效给出了一个评价标准。也就是说，可以通过三种有效性形式的实证检验反过来考察监管的成果和监管的适度性。实证数据显示的市场有效性越强，证明监管获得的净收益越大。最有代表性的是，各国信息披露制度的制定及其成功与否的评判大多以理论作为出发点。最后，有效市场理论所给出的三种有效市场形式对客观地把握一国资本市场的发展现状和现存问题，从而令政府监管机构得以有的放矢地调整相应的监管制度和政策，确立本国资本市场的发展目标和长远战略，具有重要的参考价值。

2. 信息不对称理论。信息不对称理论最早由乔治·阿克洛夫（George Akerlof），1967 年在《柠檬市场》中提出的，用以说明相关信息在交易双方间的不对称分布对于交易市场行为和市场运行效率所产生的重要影响。[2]信息不对称理论在 20 世纪 90 年代以后已成为经济学研究中的一个活跃领域。信息不对称指的是信息在各个市

---

[1] [加] 威廉·R. 斯科特：《财务会计理论》，陈汉文等译，机械工业出版社 2001 年版，第 63 页。

[2] George. Akerlof, "The Market for Lemons: Quality Uncertainty and The Market Mechanism", *Quarterly Journal of Economics*, 84 (1970), 489~490.

场主体之间的分布是不对称的,交易一方拥有更多、更新、更确切的相关信息,处于信息优势地位,而另一方则相应的处于信息劣势地位。证券市场中不存在信息经济学中所说的完全信息,而信息不对称却是普遍存在的。信息不对称使得投资者由于不能充分了解企业机会和风险的信息,因而不能正确地对企业做出评价,使得不同质量的证券可以相同的价格出售,从而引发逆向选择(adverses election)和道德风险(moral hazard),导致市场资源配置的低效率。

　　在投资基金治理中,基金管理人比基金投资者具有更强的信息优势,一方面,基金投资者无法确切获知关于基金管理人的投资运作能力等信息;另一方面,基金管理人在具体运作基金资金的行为,投资者往往无法知道或存在信息的滞后。投资基金治理中基金投资者与基金管理人之间的信息不对称是最主要的信息不对称,另外,投资基金治理中的信息不对称还体现为潜在的基金投资者与基金管理人之间的信息不对称,以及政府监管部门与基金管理人之间的信息不对称等。信息不对称是产生代理人代理问题的主要原因,由于基金投资者和基金管理人之间的契约不完全,基金管理人可以利用自己的剩余决策权及隐匿行为为自己牟利,从而侵害基金投资者的利益。投资基金信息不对称的不利影响具体表现在:其一,信息不对称导致逆向选择。由于基金投资者无法判断基金管理人的优劣,资金往往会流向收费低而管理能力差的基金管理公司,这将导致资源配置的效率降低。另外,严重的信息不对称将制约整个基金行业的发展,因为当投资者对该行业缺少了解或缺乏信任时,往往会选择退出这个市场。其二,信息不对称导致基金管理人的道德风险。在信息不对称及基金管理人的行为缺乏事后证实的情况下,基金管理人往往会采用关联交易等方式以追求自身利益的最大化,从而侵害基金投资者的利益。在缺乏有效激励机制及外部竞争市场的情况下,基金管理人会失去努力工作的动力。

第二节　投资基金信息披露监管的基本原则与最新特点

一、投资基金信息披露监管的基本原则

确立信息披露监管法律制度基本原则的意义在于：其一，以最明确、最简洁的立法语言规定所有场合下信息披露要求达到的统一标准，以保证信息的有效性和可比性。尽管各种具体披露文件都有具体的内容及格式的要求，但毕竟无法代表法律对于所有披露文件的基本性要求。其二，以基本原则形式解决了法律解释上的问题，弥补法律漏洞和不完全性等立法政策或技术上的缺点。其三，在执法中在没有法律可援引，但却必须处罚某些违规行为时，可以直接援引基本原则并使其在特定个案中具体化。由此可见，投资基金信息披露监管原则的确立很重要。本书认为投资基金信息披露监管的原则有实质性原则与形式性原则之分。实质性原则包括真实性、准确性、完整性、及时性原则。形式性原则包括规范性原则和易解易得原则。

1. 投资基金信息披露监管的实质性原则。

（1）真实性、准确性和完整性原则。我国《基金法》第60条规定：基金管理人、基金托管人和其他基金信息披露义务人应当依法披露投资基金信息，并保证所披露信息的真实性、准确性和完整性。这一条内容概括出了投资基金信息披露应遵循的真实性、准确性和完整性原则。

第一，真实性原则。所谓真实性，是指投资基金信息的内容必须反映真实情况，不能弄虚作假。信息的真实性原本是信息披露的最根本也是最重要的要求，以至于该原则几乎成为信息披露制度的前提性假设。基金投资者对信息，尤其是不利性信息的敏感性以及由此做出投资决策的反应，不实陈述或虚假陈述已成为现代证券市场信息披露主要违规类型之一，并且直接危害投资基金市场的信心。真实性原则要求无论是通过书面文件还是通过口头陈述，也无

论是借用语言形式还是借用行动方式，也无论采取明示还是默示，披露的信息应当是以客观事实或具有事实基础的判断与意见为基础的、以没有扭曲和不加粉饰的方式再现或反映真实状态。可以看出：真实性原则要求的标准是用一种法律认可的表达方式，像一面镜子一样反照出所要表述客体的客观真相。真实性原则的遵守事实上对信息披露者提出了很高的要求。以下强制性信息披露措施可以保障真实性原则的实现：对募集基金的申报材料进行审核；基金信息提供义务人对其提供的信息进行担保；基金中介机构对披露文件真实性的尽职审查；证券交易所对公开的投资基金信息真实性进行审查；法律责任的追究；等。

第二，准确性原则。所谓准确性是指基金信息应当按照规定的格式制作，对有关情况所作的陈述和提供的数据与实际情况应当符合，不得有误导性陈述。准确性原则要求基金公司披露信息时必须用精确不含糊的语言表达其含义，在内容与表达方式上不得使人误解。比如，中国证券监督管理委员会发布的《证券投资基金信息披露内容与格式准则第7号〈托管协议的内容与格式〉》和《证券投资基金信息披露内容与格式准则第6号——〈基金合同的内容与格式〉》都规定：不得含有虚假的内容或误导性陈述，不得遗漏本准则规定的内容，并应符合本准则规定的格式。客观地说，判断一种表述是否具有含糊不清和误导的标准应当来自于信息的接受者，而不是信息的提供者。然而，在实践中，由于基金公司和投资者在知识水平、投资经验、语言理解能力、表达方式上具有各种差异，导致对语言理解具有选择性和多样性。为了避免信息发布人利用语言的多解性从而把误解的责任推卸给投资人，在对公开披露信息的准确性理解与解释上，应当以一般投资者的判断能力作为标准。准确性原则还要求披露文件不得含有广告效应和模糊不清的语言。例如，我国《证券投资基金信息披露内容与格式准则第5号〈招募说明书的内容与格式〉》第7条规定：招募说明书不得登载任何个人、机构或企业的祝贺性、恭维性或推荐性的题字、用语及任何广告、宣传性用语。《公开发行证券公司信息披露的编报规则第12号——

公开发行证券的法律意见书和律师工作报告》第8条规定：律师出具法律意见书和律师工作报告所用的语词应简洁明晰，不得使用"基本符合条件"或"除XXX以外，基本符合条件"一类的措辞。这些规定旨在维护披露信息的准确性，最大程度地减少误导性陈述和不实陈述的发生。

第三，完整性原则。所谓完整性是指投资基金信息披露的各项文件应当齐全，符合法定要求，内容应当完整，不得有遗漏。信息披露的完整性原则源于民法的最大诚信契约（contracts of the utmost good faith）。其意义为契约一方当事人有责任向他方当事人披露所有重要事实之义务。毕竟投资者判断是基于公司公开披露全部信息的综合反应，这便要求基金公司应当把投资基金完整的形象呈现在投资者面前，如果基金公司在公开披露时有所侧重、有所隐瞒、有所遗漏、有所片面，将导致投资者无法获得有关投资决策的全面信息。然而，值得注意的是，强制性信息披露机制对投资基金有一定的副作用，如信息披露本身构成了基金管理人的一项成本，而这些成本最终需基金投资者来承担，另外，过多的信息披露也有可能使投资基金的投资运作过于透明，增加投资基金的投资成本，造成有利的投资信息及研究成果的泄漏，使投资基金在市场中失去竞争力或减少获利的能力，这与保护基金投资者利益相违背。[1]因此，强制性的信息披露并不表明信息披露得越多越好，笔者认为，信息披露的多少及内容取决于信息披露机制的目的，即一方面要使外部投资者能对基金管理人有一个比较客观的判断，另一方面要使基金管理人的行为满足政府监管的需要，如对投资限制、关联交易等的限制。过多过频的信息披露不仅会制造噪音并增加投资基金的运作成本，反而会损害基金投资者的利益。因此，信息的完整性并不是指全部信息，它包括形式上的齐全和内容上的完整。对基金信息形式和内容上的要求可参照我国《基金法》第62条的规定，即公开披

---

[1] Russ Wermers, "Perspective: The potential effects of more frequent portfolio disclosure on mutual fund performance", *InvestmentCompany Institue*, 7 (2001), p2.

露的基金信息包括：①基金招募说明书、基金合同、基金托管协议；②基金募集情况；③基金份额上市交易公告书；④基金资产净值、基金份额净值；⑤基金份额申购、赎回价格；⑥基金财产的资产组合季度报告、财务会计报告及中期和年度基金报告；⑦临时报告；⑧基金份额持有人大会决议；⑨基金管理人、基金托管人的专门基金托管部门的重大人事变动；⑩涉及基金管理人、基金财产、基金托管业务的诉讼；⑪依照法律、行政法规有关规定，由国务院证券监督管理机构规定应予披露的其他。

（2）及时性原则。我国《基金法》第61条规定：投资基金信息披露义务人应当确保应予披露的投资基金信息在国务院证券监督管理机构规定时间内披露，并保证投资人能够按照基金合同约定的时间和方式查阅或者复制公开披露的信息资料。这一条内容概括出了投资基金信息披露应遵循的及时性原则。及时性原则要求：①基金公司应以最快的速度公开其信息，即一旦基金经营和财务状况发生变化，应当立即向社会公众公开其变化细节；②基金公司应当保证所公开披露公司信息的最新状态，不能给社会公众以过时的和陈旧的信息。可见，投资基金信息披露及时性原则是一个持续性义务，即投资基金公开募集和运作的持续经营活动期间，向投资者披露的资料应当始终是最新的、及时的。信息及时披露的意义在于使市场行情可以根据最新信息及时作出调整，投资者也可以根据最新信息以及行情变化作出理性选择，并且可以通过缩短信息发生与公布之间的时间差来减少内幕交易的可能性，降低监管难度。投资基金信息披露的及时性主要体现在以下方面：①对于定期公开的报告，必须在法律规定的期限内制作并公开。例如，《证券投资基金信息披露管理办法》第18条规定：基金管理人应当在每年结束之日起90日内，编制完成基金年度报告，并将年度报告正文登载于网站上，将年度报告摘要登载在指定报刊上。《证券投资基金信息披露管理办法》第19条规定：基金管理人应当在上半年结束之日起60日内，编制完成基金半年度报告，并将半年度报告正文登载在网站上，将半年度报告摘要登载在指定报刊上。第20条规定：

基金管理人应当在每个季度结束之日起 15 个工作日内，编制完成基金季度报告，并将季度报告登载在指定报刊和网站上。②对临时发生的不可预见的重大事件，应当立即披露。《证券投资基金信息披露管理办法》第 23 条规定：基金发生重大事件，有关信息披露义务人应当在两日内编制临时报告书，予以公告，并在公开披露日分别报中国证监会和基金管理人主要办公场所所在地中国证监会派出机构备案。③及时澄清已经披露在外的不利于投资者决策的信息。比如，《证券投资基金信息披露管理办法》第 25 条在基金合同期限内，任何公共媒体中出现的或者在市场上流传的消息可能对基金份额价格产生误导性影响或者引起较大波动的，相关信息披露义务人知悉后应当立即对该消息进行公开澄清，并将有关情况立即报告中国证监会、基金上市交易的证券交易所。同时，信息传播速度的提高是信息披露及时性的重要保障，因此，信息披露义务人应借助于通讯技术的改善与推广。

2. 投资基金信息披露监管的形式性原则。

第一，规范性原则。规范性原则要求信息披露必须按照统一的内容和格式标准公开。公开文件的类型、每种文件的内容和应当包括的事项、信息披露的格式等都由法律统一规定并作为一项法定义务要求信息披露义务人遵守执行，对于披露文件内容与形式的违反可能导致文件不被接受或者要求重新披露。规范性原则主要是为了使信息披露具有统一的要求，保证披露信息内容的可比较性，并且使任何可能出现规避某些披露事项的企图变得不现实。在我国投资基金法律法规中，已有信息披露规范性的内容，它们是《证券投资基金信息披露内容与格式准则第 5 号〈招募说明书的内容与格式〉》、《证券投资基金信息披露内容与格式准则第 6 号——〈基金合同的内容与格式〉》、《证券投资基金信息披露内容与格式准则第 7 号〈托管协议的内容与格式〉》，等。

第二，易解性原则。易解性原则要求公开披露信息从陈述方式到使用术语全都应当尽量做到浅显易懂，用语不要过于专业化，阻碍了一般投资者的有效理解。因此，认定公开资料应以鲜明的形式、简洁明了的语言,易于为普通投资者理解的术语,向投资者平实地陈述信息,应当避免使用难解、冗长、技术性之用语。

信息披露监管法律制度的目的在于传达信息、而不仅仅在于公开信息。如果信息没有被投资者理解,那么事实上这与没有公开信息无大差别:在今天,由于证券监管者希望在披露文件中堆入越来越多的信息,然而却由于文件的冗长与复杂遮盖了有助于投资者作出投资决策的基本性信息,这便向证券监管者提出这样一个问题:更多的信息披露并不必然意味着更好的信息披露、太多过分堆积的、更为复杂难懂的信息有时也意味着没有充分的信息。有鉴于此,最近几年内,对于如何改进基金对运行和花销进行信息披露时的可读性和可比较性,美国 SEC 已经采取了一些重要的步骤。[1] 比如,拟要求共同基金在招股说明书的某些章节,特别是封面和风险披露部分使用浅显易懂的语言,其中的建议包括使用主动语态,避免使用长句,采用日常用语、多用图和表格表示,不用法律和商业的专业性用语,以增强传递给投资者信息的易解性。因此,投资基金的披露文件,特别是招股说明书,应当最大可能地与投资者进行有效的沟通。投资基金在披露信息时首先应当遵循使用平实语言的原则,即使用准确的、直接的、容易理解的语言。每当可能时,投资基金应当应用下列方式向投资者提供信息:①协助投资者对所投资基金与其他基金进行比较,避免只是简单地陈述投资基金的法律与监管要求。②避免不必要地强调那些不是基金投资经营显著组成部分的投资或活动。③投资基金在招股说明书里应该把披露限制在对一般大众投资者的披露上,详细的或更高深的技术性讨论可能会分散投资者的注意力,影响招股说明书信息披露的有效性,因而应当放到补充说明里去。④投资基金不应当有冗长的披露,使投资者厌倦阅读招股说明书,或模糊投资基金的重要信息。

第三,易得性原则。易得性原则要求公开披露信息容易为一般

---

[1] [美]哈威尔·E. 杰克逊、小爱德华·L. 西蒙斯编著:《金融监管》,吴志攀等译,中国政法大学出版社 2003 年版,第 865 页。

公众投资者所获取。从信息披露的方式来看，信息披露的方式主要有三种：①通过公众新闻媒介，如报刊、电视、网站等进行公开；②将基金招募说明书、上市交易公告书、基金定期报告等文件备置于基金管理人、基金托管人、基金份额发售机构、证券交易所等指定场所供公众阅览；③基金募集者或出售者将有关信息资料直接交给投资者。三种方式各有利弊，实践中一般采取三种相结合的办法，指定新闻媒介公开传播有关信息材料，并且结合直接交付和固定地点置备等方式加以公开。例如，我国《证券投资基金信息披露管理办法》第3条规定：基金信息披露义务人应当在中国证监会规定时间内，将应予披露的基金信息通过中国证监会指定的全国性报刊和基金管理人、基金托管人的互联网网站等媒介披露，并保证投资人能够按照基金合同约定的时间和方式查阅或者复制公开披露的信息资料。第31条规定：招募说明书公布后，应当分别置备于基金管理人、基金托管人和基金份额发售机构的住所，供公众查阅、复制。上市交易公告书公布后，应当分别置备于基金管理人的住所和基金上市交易的证券交易所，供公众查阅、复制。投资基金定期报告公布后，应当分别置备于基金管理人和基金托管人的住所，以及投资基金上市交易的证券交易所，供公众查阅、复制。

　　随着互联网络的普及、通过互联网络披露信息大大增进了信息的易得性。自从1996年开始，美国和加拿大分别规定所有法定披露信息一律采取电子化申报方法，许多交易所（如前温哥华交易所，多伦多交易所）不再接受用纸张方式报送的文件。这个系统在美国称为"电子数据收集、分析与调取系统"（the Elctronic Data Gathering, Alalysis and Retrieval System, EDGAR）；在加拿大称为"电子文件分析和检索系统（Systerm for Electronic Document Analysis and Retrieval, SEDAR）"，除了这两个官方文件披露系统外，在美国和加拿大，还有许多商业性证券信息收集与发布机构，如路透社、彭博资讯、美国有线电视新闻网等，这些电子网络机构可以即时通过其网络将发布的信息传递给所有网络使用者，并且通过完善的检索方式使查寻资料成为非常方便的事，而且价格很低。这些证券信息披露和检索系统的容量很大，EDGAR 和 SEDAR 可以轻而易举地发布像招股说明书之类复杂且冗长的文件。目前，我国也采用了通过互联网披露信息的方式，这种方式使投资者可以在很短的时间内以很小的花费收集到所有需要的信息，大大增进了信息的易得性。

二、投资基金信息披露监管的最新特点

美国是证券市场最为发达的国家，也是证券法最为完善的国家，当今世界信息披露监管最完善、最成熟的立法也非美国莫属。美国投资基金信息披露监管的发展趋势能够反映投资基金信息披露监管发展的最新特点。

第一，注重用立法方式规范投资基金信息披露，因而其投资基金信息披露方面的立法十分完备。1911 年堪萨斯州通过的著名的"蓝天法"，就对信息披露做出了规定。1930 年《证券法》确立了公开发行基金的登记制度和信息披露制度。该法规定，在证券市场上出售的基金证券必须向 SEC 和销售该证券的证券交易所登记。由于该法没有持续信息披露的要求。1933 年《证券交易法》便对持续信息披露制度做了较为详细的补充，依据该法规定，上市公司必须在法定的时间，向 SEC 提交月度、季度、年度报告及其他重大事项临时报告，履行持续信息公开义务。1934 年《证券交易法》赋予证券交易委员会要求从事证券交易的公司定期披露信息的权力。到后来的 1940 年《投资公司法》和 1940 年《投资顾问法》的立法重心仍然是信息披露。1982 年，SEC 对证券登记又制定了一套综合披露制度，以确保基金投资者和市场能及时获得有价值的信息。总的说来，美国证券交易委员会已经制定了大量的监管规则，以保证这些官方规定的信息披露文件包含了有关投资公司过去业绩和将来预期的充分而可靠的信息。[1]美国的证券投资基金产业之所以能够

---

[1] [美]哈威尔·E.杰克逊、小爱德华·L.西蒙斯编著：《金融监管》，吴志攀等译，中国政法大学出版社 2003 年版，第 864 页。

适应了市场环境和投资者需求的变化，由单一的股票基金走向更加分散化、多元化的金融中介产业，赢得投资者的信赖，其不断完善的信息披露制度功不可没。美国著名的证券专家洛斯·罗斯（Louss Loss）教授认为："在联邦法律中有一种不断出现的概念，开始是信息披露，接着还是信息披露，后来是越来越多的信息披露。"[1]

第二，披露的信息比较全面。美国的基金信息披露要求主要包括两部分，即基金成立时的信息披露和基金投资运作时的信息披露。基金成立时的信息披露主要包括基金契约、基金公司章程、招募说明书及补充信息说明等。根据美国1940年《投资公司法》及SEC有关法规的规定，基金的任何销售材料在发布时都应该附上招募说明书，并不得含有可能误导投资者的内容，另外，特定信息的广告中不得含有基金业绩的说明条款，基金及其承销商的广告材料通常要通过证券交易商协会（NASD）的审查。招募说明书必须经SEC人员审阅和批准，并分发给每一个潜在的投资者。美国对招募说明书内容的规定十分详尽，一般应包括基金的投资目标、投资策略、投资限制、风险/收益概述、费用表、基金历年财务状况、投资风险、如何购买和赎回、管理层、组织结构和资本结构、收益分配安排等。招募说明书还必须披露基金或基金经理与其关联人士的详细情况，以及针对基金经理或其雇员的任何诉讼或处罚。除了刊登要求列明的信息外，招募说明书还必须声明它没有刊登有关重要事实的虚假声明，或者遗漏可能会造成误导的重要事实。基金投资运作中的信息披露主要包括基金业绩报告、基金投资组合报告、基金持有人大会报告、定期财务报告（中期报告和年度报告，包括资产负债表、损益表等）、基金所支付酬劳的一览表等。关于基金披露的信息一般在主要报纸上刊登，另外，大多数基金公司提供免费电话和网上平台，投资者随时了解基金当前的价格及收益情况。在

---

[1] 李仲翔、李仲飞、汪寿阳：《以风险为基础的基金监管现代化》，清华大学出版社2002年版，第114页。

美国，所有注册登记的基金公司必须每半年向 SEC 呈报诚实和非误导性的报告，并应向投资者呈送同样的报告，这些报告和前提财务报表必须经独立的公共会计师审核。另外，近几年来，要求制定统一的基金业绩报告形式的呼吁甚强，以便于投资者对各投资基金进行比较。

第三，信息披露时十分注重投资者对信息的易解性。许多人都对投资基金的招股说明书提出了批评，认为它难以理解、枯燥乏味并且在法律上咬文嚼字。虽然招股说明书是有关基金信息的最完全的来源，过分技术化和没有必要的冗长的招股说明书中的信息披露还是常常使得有关基金投资的重要信息变得模糊不清，因而不能满足大多数基金投资者的信息需要。由于成千上万的美国人现在已经开始把投资基金作为他们投资工具的选择之一，应该向投资者提供清晰而又易懂的信息，从而可以帮助他们对基金投资进行选择和比较。[1]1983 年，SEC 对基金的信息披露做了一项创新，为避免投资者厌倦阅读冗长的招股说明书，采取分两部分披露方法来简化招股说明书，即招股说明书只包含帮助普通投资者作投资决策的最基本的、最重要的信息，对于招股说明书中未能包括的详细的、技术性的信息，如关于投资基金的董事、行政人员名单、主要股东情况、财务审计报告、对投资技术的解释等，则包含在补充信息说明中，如果一些资深的投资者要求，则必须免费提供。在信息的表达方式上，美国证监会通过使用数量方法、表格、图表以及其他图标式的方法，对描述性的风险信息披露进行补充；另一种使用方法是使用柱型图表，通过它将投资基金相关的风险和收益以及一些分界点表示出来，例如债券的市场指数；第三种方法是通过圆饼图表来表示基金回报的连续性以及市场指数（通过每月的回报除以基金的期限来计算）；第四种方法，即有些基金家族也利用图片来显示一个基金家族中不同基金的相关风险。美国证监会认为，数量测量方

---

〔1〕 〔美〕哈威尔·E. 杰克逊、小爱德华·L. 西蒙斯编著：《金融监管》，吴志攀等译，中国政法大学出版社 2003 年版，第 878 页。

法、图表、表格以及其他图表方式可以帮助投资者来了解和比较基金。因此，美国证监会（SEC）要求用图示的方式标出过去10年的收益率，目的在于可以分别地使投资者能够直观地看到收益率的变化情况。要求用图示的方式标出过去10年表现最差和最好的季度收益率，目的在于提示投资者，基金收益可能受到短期因素的很大影响。

第四，十分注重风险、费用的披露。美国证券交易委员会的目标是促进投资基金风险的披露，从而使得投资者能够获得他们所需要的信息来理解任何特定的基金投资的风险，达到该目的的最好方法可能部分的取决于风险披露的特定目标。美国证券交易委员会发布了一个文件，要求对如何改进风险信息披露以及基金风险水平的可比性发表评论。美国证券交易委员会收到了约3700份评议信，而且这些信大多来自于个人投资者。这些评议人认为当他们对基金进行评估和比较时，风险披露对于投资者是很重要的，并且都强调了要改进招股说明书中有关基金风险的披露。[1]美国证券交易委员会对基金的风险披露进行了重大改革，即要求在招股说明书中披露基金的总体风险、基金持有或计划持有的资产类型的风险以及持有具体类型的证券对基金造成的风险。在招股说明书中的风险披露不仅应包括过去10年的历史收益数据，[2]使投资者对基金过去的风险的认识有指导作用，实际上还包含了前瞻性的风险，如1998年美国短期政府债券基金在利率大幅度增长时遭受损失，而一些基金的风险披露严重低估了这一损失，由此引发了一些法律诉讼案件。SEC从这件事件中清楚地认识到准确的风险披露的重要性。美国证

---

〔1〕 [美]哈威尔·E. 杰克逊、小爱德华·L. 西蒙斯编著：《金融监管》，吴志攀等译，中国政法大学出版社2003年版，第880页。

〔2〕 美国证监会（SEC）要求用图示的方式标出过去10年的收益率，美国投资管理与研究协会制定的绩效披露标准（Association for Investment Management and Research—Performance Presentation Stardards, AIMR—PPS）也要求披露过去10年的分年度收益情况。它们的目的在于可以分别地使投资者能够直观地看到收益率的变化情况。要求用图示的方式标出过去10年表现最差和最好的季度收益率，目的在于提示投资者，基金收益可能受到短期因素的很大影响。

监会要求在披露收益率的同时提供基金费用与成本表。费用表必须包括销售费用以及管理费用，目的在于帮助投资者认识投资基金的费用和比较不同基金的投资成本。1998 年，SEC 要求用统一的费用格式披露基金的费用情况，这项措施增强了不同基金成本的可比性。

第五，增加了独立的第三方机构对披露信息的客观评价。美国基金通过独立的第三者运用客观的标准来评估基金的业绩和经营的总体风险的成功实践主要体现在美国 SEC 及美国投资管理与研究协会制定的全球投资业绩标准 AIMR – GIPS（Association for Investment Management and Research—Global Invesment Performance Stardars）业绩报告标准上。美国证监会制定了大量的基金业绩的披露标准是众所周知的。人们对美国投资管理与研究协会（AIMR）却比较陌生。AIMR 是一个致力于投资经理与投资分析师教育的非营利自律组织，著名的 CFA（Chartered Financial Analyst）资格就是由其认证的。AIMR 作为自律性的非政府组织，尽管 AIMR 标准不具强制性，但却为绝大多数投资机构所遵守，因为 AIMR 实际上是一个最低行业标准，如果不遵守，投资机构将难以在市场上立足。AIMR – PPS 绩效披露标准于 1987 年制定，1993 年实行，应用范围主要为以美国、加拿大为代表的北美市场。1999 年，为适用基金管理业全球化发展的需要，AIMR 制定了全球投资业绩披露标准，即 AIMR – GIPS 标准。自 2000 年 1 月 1 日起，AIMR – PPS 以及 AIMR – GIPS 均要求在披露整体收益率同时应披露与之相对应的适合基准的收益率。如果基金经理未列示基准表现，必须说明原因。如果组合经理使用自定基准，必须对该基准的构建以及再平衡过程作出解释。在美国有一些独立的风险评级机构（如晨星公司）依据以上标准对基金进行风险评级。由于风险评级具有技术性、标准化、前瞻性、动态性以及客观和主观相结合的特点，有助于投资者更好地作出投资决策。可以说，美国对基金的强制性信息披露（特别是风险的披露）及其相关独立机构的评级，一方面可以确保基金管理人的行为符合法律的规定，保护基金投资者的利益，另一方面也可以使基金投资者对不同基金管理人的能力及基金的业绩有比较客观的判断，有利于增强基金业的公信力。

第三节　我国投资基金信息披露监管法律制度及其完善

一、我国现行投资基金信息披露监管法律制度

尽管基金业在我国发展的历史较短，但对其信息披露的法律制度建设却一直在探索和完善中。最早由中国证监会于1997年发布了《证券投资基金管理暂行办法实施准则第3号——证券投资基金招募说明书内容与格式》、1999年发布了《证券投资基金管理暂行办法实施准则第5号——证券投资基金信息披露指引》（以下简称《指引》）和2000年发布了《关于证券投资基金信息披露指引的补充意见》。

2004年6月1日，我国《基金法》正式实施，以基本法的形式从基金披露的准则、内容、程序以及法律责任方面进行了规定。为了积极配合该法的实施，中国证监会当月连续发布了几个投资基金信息披露的新规则，包括《证券投资基金信息披露管理办法》、4个《证券投资基金信息披露编报规则》[1]和4个《证券投资基金信息披露内容与格式准则》。这些法律法规的出台，一方面，反映了投资基金信息披露工作在整个配套法规体系中的重要性及监管机关对投资基金信息披露的重视程度；另一方面，也表明经过6年多实践的中国基金业将因此迈入新的历史发展时期。这一系列新规定有利于对投资基金信息披露的监管，保障投资基金的"阳光"运作。

同以往的投资基金信息披露相比，新规则呈现出以下几个方面

---

[1] 它们是《证券投资基金信息披露内容与格式准则第1号——〈上市交易公告书的内容与格式〉》、《证券投资基金信息披露内容与格式准则第2号——〈年度报告的内容与格式〉》、《证券投资基金信息披露内容与格式准则第3号——〈半年度报告的内容与格式〉》、《证券投资基金信息披露内容与格式准则第4号——〈季度报告的内容与格式〉》。

特点：

第一，《证券投资基金信息披露管理办法》将信息披露义务人限定为基金管理人、基金托管人和召集基金份额持有人大会的基金份额持有人的主体。这较以前的《指引》规定的基金管理人、基金托管人、发行协调人、基金发起人、上市推荐人更加规范、科学，与实践中的做法相符合。信息披露义务主体的相对集中并对各项信息披露事项责任人的明确界定落实了信息披露责任，便于监管部门的监督和法律责任的追究，充分保障了全面、及时的信息披露，保护了基金投资者的利益。

第二，扩大了信息披露的媒介。《指引》将信息披露的媒介限定为证监会指定的全国性报刊，但实践中各基金管理人已经将在报纸上公告的信息也同时在公司网站上作了披露，随着网络科技在人们日常生活中日益广泛而便利的使用，网站将成为人们了解投资基金信息的主要媒介之一，《证券投资基金信息披露管理办法》顺应了这种实践要求，而且将篇幅较长的基金合同、托管协议、更新的招募说明书、基金半年度报告、基金年度报告披露在公司网站上，节约了投资基金运作成本，提高了信息披露效率。

第三，加强了信息披露的内容。根据《证券投资基金信息披露管理办法》第15条规定，开放式基金需至少每周公告一次基金资产净值和基金份额净值，而在此以前，开放式基金的规模变化只能通过季度跟踪，换句话说，开放式基金净申购和赎回情况可以缩短至每周跟踪。由于开放式基金的管理绩效与其流动性管理关系较为密切，如果短期内发生了较大的申购和赎回，必然会较大程度地影响开放式基金的净值水平，从而直接影响投资者的交易成本和回报率。通过这样的规定，更透明的基金申购赎回情况跟踪将有助于投资者更为理性的投资行为，同时也有助于规范基金投资策略的稳定性。

在新的信息披露规则中，新增了季度报告的披露要求，用于替代了以往的季度投资组合公告。除了格式要求接近于半年报和年报外，对披露的内容要求也大量的增加。季度报告中15个工作日的披露迟延时限，更有助于投资基金信息的公开及时性和有效地监督基金地投资运作和申购赎回情况。季度报告中还增加了投资基金的比较基准与同期净值增长率的比较，这样基金投资者便能更准确地评价投资基金的管理绩效，同时，也使基金管理公司准确的定位基金产品的投资风格和投资策略，在制度上规范基金管理人的投资行为。除此之外，季度报告还要求披露基金管理团队、基金经理情况；要求披露总份额变动情况、总申购额和总赎回额，使得基金的申购赎回运作更为公开透明。

在季度报告、半年报和年报中要求披露持有人户数、持有人结构和份额变动情况，即期初和期末数量以及期间流量的变化。此前，以上内容都是各投资基金秘而不宣的内容，特别是在发行困难的情况下，一些投资基金为了追求短期的发行规模，投资基金持有人的机构化情况较为严重，投资基金规模的存量相当不稳定，有时会严重干扰投资者对投资基金的投资判断。《证券投资基金信息披露管理办法》还增加了临时披露的法定事项，如基金份额持有人大会的召开、提前终止基金合同、基金扩募、延长基金合同期限、转换基金运作方式、基金份额持有人大会的召开、提前终止基金合同、基金扩募、延长基金合同期限、转换基金运作方式等，这些明确的规定将日常实践中的做法加以法定化，便于操作。

第四，增加了信息披露法律责任的规定。为了保证《证券投资基金信息披露管理办法》的正确执行，该办法明确规定了信息披露义务人在不同违法事由下应当承担的法律责任，规定了对违反信息披露义务的责任人可以援引《基金法》的有关规定追究当事人的法律责任。对于信息披露活动违反《证券投资基金信息披露管理办法》或者未建立健全信息披露管理制度的，证监会有权责令改正，处以警告，并处罚款；对直接负责的主管人员和其他直接责任人员给予警告，并处罚款，情节严重的，暂停或者取消投资基金从业资格。这不仅有利于监督信息披露法律规定的执行，而且在立法技术上符合法律规范的逻辑构成，将信息披露的行为模式和法律后果统一在一个规定中。为了更好地保护投资者的利益，将违反信息披露的民事责任优先于行政责任及其他责任是《基金法》的一个亮点。《基金法》第99条规定,违反本法规定,应当承担民事赔偿责任和缴纳罚款、罚金,其财产不足以同时支付时,先承担民事赔偿责任。这就是民事责任优先的体现,这就有利于保护投资者利益、维护证券市场稳定发展和捍卫法律的权威。

上文表明,我国投资基金信息披露监管法律制度有了很大完善,对于规范投资基金的信息披露、保护基金持有人的利益,发挥了应有的作用。但在实践中,在投资基金的信息披露方面仍然存在如下问题:

第一,投资基金信息披露不及时,不主动。根据现行规定:基金的年度报告需在会计年度结束后90日内编制公布,半年度报告应当在前6个月结束后60日内编制完成,投资组合公告需在截止日后15个工作日内公告,这就使得投资基金的信息披露存在很长的滞后期。即便如此,也很少有上市公司能做到这一点。如目前许多上市公司年度报告在股东大会前1~2天前甚至会后才见报的现象十分普遍,股东们如何能够有充分时间认真研判公司财务状况业绩,并由此决定自己的投资行为,或者在股东大会上对报告进行审议呢? 除此之外,诸如公司在发生董事长及管理人员调动等重大事件几个月后才见公告等信息披露不及时的现象也比比皆是。比如,深圳地区某公司在原基金经理已经于2006年12月4日办理离职手续离开公司,而该公司没有及时披露相关信息,直至2007年1月19日监管部门追查时,才进行公告。[1]投资基金信息披露不主动主要表现在:很多基金管理人不是把信息披露看成是一种应该承担的义务和对投资者权利的尊重,而是认为一种额外的负担;不是积极主动地披露应当披露的信息,而是遮遮掩掩、尽量少披露、甚至不披露。之所以产生这种被动应付的情形,根源在于基金管理人在对基金资产的运作方面存在着较多的不愿让公众知道的暗点,从而

---

〔1〕 "整肃基金信息披露不合规 管理层手不软",载腾讯网,http://finance.qq.com/a/20070213/000455.htm,最后访问日期:2007年5月18日。

对信息披露产生一种害怕和回避的心理。

　　第二，投资基金信息披露不充分、不完整。基金信息披露不充分、不完整突出表现在：投资基金风险披露和费用披露的不健全上。在基金投资中存在两种风险：一是基础金融工具的风险，如股票、债券、外汇等本身存在的风险；二是基金投资的风险。基金资产投资运作的风险收益均由投资者承担，当基金管理人从事高风险的投资时，如果失败，损失也主要由投资者承担。在投资者对基金风险毫不知情从而缺乏监督的情况下，基金管理人在自身利益的驱动下，可能从事高风险的冒险性投机和违规活动，从而使基金投资者不能获得预期收益或承担过高的投资风险。因此，基金风险的披露对投资者决策至关重要。目前我国对投资基金的风险披露要求过于宽泛，而基金投资组合的风险对投资基金的业绩将会产生极大的影响，这使基金投资者无法对不同投资基金的真实业绩进行有效比较，一方面潜在的基金投资者可能因风险信息的缺乏而退出这个市场，另一方面基金投资者因不能有效分辨基金管理人的优劣而使基金资源无法有效配置，同时也可能使投资者面临不确定的风险而遭受损失。因此，目前我国应该加强对投资基金的风险披露标准及要求，对一些主要的风险指标采取量化披露或图表披露的方法，使投资者对投资基金的风险有比较客观的了解。

　　美国非常重视披露基金及基金运作人的有关成本和费用，包括：交易费用和成本说明：每只基金年度运作成本如投资管理和其他成本；在每一报告期内，依据相同的方法，计算出每一次投资的成本和业绩。从基金持有人的角度来看，基金的持有者希望支付最小数额的管理费用。这是因为费用直接冲减基金的资产，降低基金的净资产，相应减少基金持有人的投资回报。但基金的持有人无法有效地监督基金管理公司收取的管理费用是否与之提供的服务匹配。因为在现实中，投资者通常最关心的是投资基金的收益率、服务水平等信息。由于基金的收益率是扣除各种费用后的数据，所以投资者一般不会单独考虑费用的有关信息。投资者在有关资料中看到的基金收益率一般都是扣除各种费用后的数值，也就是说，收益率已经隐含了费用信息。正是利用这一信息的隐蔽性,很多基金管理公司肆无忌惮的多收或乱收服务费,导致基金投资者无辜承担了过高的不合理的费用。目前,我国对成本费用的信息披露仅仅局限于管理费、托管费、交易费、中介机构费,对投资基金的每一次投资的业绩成本、不同投资品种的成本收益等信息存在严重的信息披露不足。有鉴于此,要求基金管理公司尽可能地公开基金运作中各种成本费用的支出情况,以及这些费用同基金收益的相关性和匹配性的信息就显得尤为重要。只有对成本费用的信息进行充分披露,才能迫使基金管理人最大限度的降低运作成本。

第三,投资基金信息披露监管执法不严。法律法规不健全并不是导致我国目前证券信息披露、信息传递和信息运用领域出现大量利用信息优势的不法行为的惟一因素。另一个很重要的原因在于目前我国证券信息监管执法不严。执法不严会导致一个国家即使制定或引进了严密的信息监管法律法规体系,也仍然无法遏制严重的信息违法违规行为。H. 达欧克(H. Daouk)等研究了1998年底已建有证券市场的103个国家或地区,发现其中的发展中国家虽然80%设立了禁止内幕交易的法律,但只有23%的发展中国家有过起诉内幕交易的案例,内幕交易法律执行情况在发展中国家普遍不容乐观。达欧克等的结论是发展中国家的证券市场因内幕交易执法不严融资成本平均上升了5%,这些国家的资信等级也有所降低。[1] 相反,另外一些学者的研究发现在信息披露标准不高,但执行比较严格的国家,比如德国,反而出现了高质量的信息披露。[2] 一些学者甚至提出,对于俄罗斯、捷克等转轨国家的证券市场而言,严格执法相对于完善立法更重要。[3] 严格执法的目的是增强对市场主体行

---

〔1〕 U. Bhattacharya, H. Daouk, "The World Price of Insider Trading", *The Journal of Finance*, 57 (2002), 2.

〔2〕 S. P. Kothari, "The Role of Financial Reporting in Reducing Financial Risks in the Market", Conference Series, 2000, 93.

〔3〕 Mr. Manne Airaksinen, Enforcement of Minority Shareholders Rights, OECD/World Bank Corporate Governance Roundtable for Russia Moscow, 24~25 February 2000, 3.

为的约束力,增加违法违规者的成本,使其因违法违规而获得的可能收益无法弥补其成本,从而达到使市场主体"不敢为、不能为、不愿为"违法违规行为的目的。目前证券市场各类不规范行为,尤其是证券信息披露、信息传递和信息运用方面的不规范行为比较严重,已经成为证券市场进一步发展的障碍。因为执法力度不够,直接制约了投资基金监管职能的行使,致使我国基金业存在大量的不规范运作现象。至今,大批券商因违法违规而受到相关部门查处,但真正受以惩处的却屈指可数。这样的现状要求监管者在监管过程中,对初次违犯的基金公司一定要严惩不贷,这样,当首恶者受到惩处时,他今后会对自己的行为做出一个恰当的规范。这种严惩首恶的机制有助于监管当局建立权威,严肃法纪,对有违法倾向的基金公司和经理人起到有效的震慑作用,从而对违法乱纪的现象防患于未然。总而言之,我国基金业的有序发展,在任何情况下都要以法律及对法律的严格执行为保障。法律规定得越科学、完整、具体和有操作性,执法越严,对违法行为纠正越及时,行业的发展就越健康。

二、我国投资基金信息披露监管法律制度的完善

在明确了我国投资基金信息披露监管法律制度的不足之处后,在完善该制度时就有了很强的针对性。本书认为,我国投资基金信息披露监管法律制度的完善可以从以下几个方面展开。

1. 进一步完善投资基金信息披露立法。基金业是一个不断发展的行业,基金品种日益增多,业务创新不断,相对而言,原有投资基金信息披露的规范会变得滞后。因此,完善投资基金信息披露的立法是投资基金信息监管的永恒主题。完善投资基金信息披露的立法,应着重做好以下工作:其一,继续规范信息提供义务人提供信息的真实性和准确性。在这一方面,除了规范基金管理公司的行为外,还要特别注意规范证券中介机构的行为。证券市场中介机构在投资基金信息披露中有着独立审核、严格把关的外部监督作用,同时他们是收集、传递、存储、评价以及促进信息交流的桥梁和纽

带,在信息披露中有着及其重要的作用。中介机构在信息披露中应严格遵守职业道德、从业准则和市场规则,保证自身职业立场的独立、客观和公正。同时,应制定和完善相关的法律法规,提高中介机构提供虚假信息的机会成本,规范证券市场中介机构在信息披露中的行为。其二,修改有关信息披露及时性的立法。鉴于目前的信息披露制度具有很强的时滞性,而且披露的信息很不完全,很容易误导投资人。可以考虑将15个工作日改为3~5个工作日,因为中国的股票市场瞬息万变,大部分投资人进行的是短线操作,具有很强的投机性,所以要让基金投资人及时了解到基金的运作情况,必须缩短工作日。其三,制定更为细致和严格的信息披露标准。在此方面需要充分发挥行业协会的作用,由行业协会出面制定专门、详尽、普遍适用的规则和标准,建立一套投资基金全过程的完整的信息披露体系。其四,基金立法中,要继续增加信息的可理解性。因为很多投资者(特别是个人投资者)的投资知识非常有限,面对过于专业化和繁琐化的语言,他们会一筹莫展,从而打击他们的投资热情。为此,披露的信息尽量使用通俗易懂的语言,同时也可以引入各种图表,以便投资者的比较分析。其五,立法要注意参照和学习国际通用标准,有利于与国际立法接轨。比如,美国的投资管理与研究协会所制定的业绩表现披露国际标准已越来越多地为全球基金业所采用。AIMR – GIPS 标准的披露原则为基金业绩表现的规范提供了模板,以通用准则对中国基金业绩披露进行规范将有利于加快中国基金业与国际基金业接轨的步伐。总之,只有进一步完善投资基金信息披露立法,才能解决目前投资基金信息披露中的不清晰、不规范的状况,提高基金业信息披露的质量,使投资基金信息披露规范化、法治化。

2. 进一步发挥网络信息传递的积极作用。相对于传统媒体(如报刊等平面媒体及电台、电视台等),网络参与到证券信息传递在全世界都是一个新生事物。[1]但由于其所具备的便捷性、实时性、经济性等特点，网络迅速在证券信息传递领域得到了广泛应用。我国亦是如此。我国专门的财经证券类网站大量涌现。[2]上市公司，证券公司甚至传统证券媒体也开始通过网络传递证券信息。2002年初证监会发布的《关于新股发行公司通过互联网进行公司推介的通知》前必须进行网上路演和招股说明书的网上披露。几乎所有的证券公司都有自己的公司网址供投资者访问。而大部分专业证券类传统媒体，如《中国证券报》、《上海证券报》等也都建立了自己的独立网络域名，投资者可以通过访问这些传统媒体的网络域名获得或搜索证券信息。在网络证券信息传递方面，证监会也起到了良好的表率作用。2002年3月，中国证监会网站（www.csrc.gov.cn）全面改版，各类证券监管方面的信息都能在第一时间在网上披露。应该说证券信息传递已经成为我国互联网发展最为迅速的领域之一。

网络在证券信息传递中具有很多优点，如便捷性、广泛性和实时性，低成本，互动性和灵活性等。这些优点都有助于增强投资基金信息披露的及时性和信息的易得性。虽然我国传递信息的网络有了很大发展，但它毕竟是一种新鲜事物，其发展还处于起步阶段，其功能还没有充分发挥出来，其监管还存有很大难度。为此，我国必须从以下几方面改进网络证券信息的传递机制。其一，尽快对现行规制网络证券信息传递的法规进行修改补充，并制定具有前瞻性的网络证券信息传递规则。其二，尽快在证券监管机构中建立专门的网络信息监管部门。其三，由于网络技术的发展与运用非常迅速，所以我国证券监管机构应及时更新技术，监管人员应不断更新

---

[1] 因特网虽然在20世纪80年代在美国已基本形成，但在1995年以前，因特网一直用于军事、教育及科研用途。直到1995年，因特网不再受美国政府资助从而完全走上商业化道路后，网络信息发布系统才开始在全世界爆炸式成长起来。

[2] "巨潮资讯网（www.cninfo.com.cn）"作为我国第一家证券类专业网站已获中国证监会授权，成为其指定的上市公司信息披露网站。而另一个著名证券网站"证券之星（www.stockstar.com）"2002年7月注册用户已超过300万。

知识和技术手段，同时应吸收更多的高水平网络技术人员充实监管队伍。其四，应进一步强化网络信息监管领域的国际交流与合作，借鉴国外先进的监管方法和手段，加强跨境证券信息监管合作。

3. 切实加强投资基金信息披露监管的执法力度。正如美国学者考特和尤伦所言，提高执法能力，使遭受拘捕、判罪和处罚的概率提高与提高惩罚的严厉程度一样，对所有人包括一小撮最有可能犯罪的人都具有可置信的威慑效应。在美国，自 2003 年 9 月以来，SEC 陆续对包括美洲银行（Bank of America）、Strong Capital Management、普特南投资管理（Putnam Investment Management）、马塞诸塞资产管理（Massachusetts Financial Services）等著名的资产管理公司或证券公司在内的 20 多家违规机构及这些机构的违规人员采取法律行动。制裁措施包括谴责、停止侵害、返还违法所得、罚款、暂停或终止资格、禁止从业等。SEC 还提起一些民事诉讼或与州检察长一致采取法律行动。SEC 采取行政诉讼时，被告常常要求和解，同意以减轻处罚以及公开其违法事实为条件以节省开支并缩短审理时间。作为和解的条件，SEC 一般要求被告同意公布其违法行为。和解结案，被告通常需支付巨额款项，如 Massachusetts Financial Service 支付 3.5 亿美元、美洲银行支付 3.75 亿美元、Strong Capital Management 支付 1.4 亿美元、Alliance Capital management 支付 2.5 亿美元。这些款项，一部分是作为罚款，一部分用于补偿投资者损失。除采用前述措施外，SEC 通常还要求违规公司聘请外部专业机构，提出加强内部控制和公司治理的措施。美国加强执法力度，极大规范了其基金业的发展。我国加强基金业执法力度势在必行。要提高我国投资基金信息披露监管机关的执法能力必须做到：转变信息监管观念，切实提高信息监管执法的主动性和积极性；增加信息监管人力配备；提高信息监管人员执法水平；扩大监管执法权限；提高监管技术水平；加强各部门间的执法合作。

4. 加强对基金公司管理人员和基金投资者的教育，提升他们的法制观念和投资素质。目前基金公司信息披露存在的种种不规范现象，可以说很大部分是由于基金公司的法人代表和有关经营者没有真正把自己看作是资产、资源的受托者，而是把自己看作是资产资源的主人。只注重自身利益的追求，没有真正树立保护基金投资者的责任感和意识。基金公司董事长、董事、监事会成员应该加强有关证券和基金法规的学习，只有他们的法律意识提高了，公司自律才会加强，公司信息披露也才会走上正轨。同时，要重视总会计师的作用。事实告诉我们，有些公司经营不善、投资失败、严重亏损都是与对总会计师重视不够有关。除此之外，作为基金公司的管理人员，还应掌握有关国际、国内财务方面的知识。

相对于机构投资者而言，个人投资者在基金信息运用方面受到许多客观和主观因素的限制，因而在信息运用方面会产生许多偏差。客观因素表现在：个人投资者市场风险的承受力普遍较弱；个人投资者普遍缺乏足够的投资知识、技能和经验。主观因素表现在：过分自信心理、情绪变化、从众与迷信权威心理等。受这些因素的影响，投资者的行为会产生过度交易、羊群行为、反馈环等现象。为了保护投资者的信心和权益，以及为了维护投资基金市场的稳定，有必要通过适当途径对投资者进行教育，提升他们的法制观念和投资素质。在基金投资者教育方面，除了投资者自身的学习之外，基金监管部门还可以组织基金监管派出机构、证券交易所、基金管理公司和媒体等部门对投资者提供公益性的教育和培训。

参考文献

一、中文著作

［1］王苏生：《证券投资基金管理人的责任》，北京大学出版社 2001 年版。

［2］卞耀武主编，付建荣译：《英国证券发行与交易法律》，法律出版社 1999 年版。

［3］夏斌、陈道富：《中国私募基金报告》，上海远东出版社 2002 年版。

［4］覃有土主编：《商法学》高等教育出版社 2004 年版。

［5］周小明：《信托制度比较法研究》，法律出版社 1996 年版。

［6］［德］迪特尔·梅迪库斯：《德国民法总论》，邵建东译，法律出版社 2001 年版。

［7］孙文恺：《社会学法学》，法律出版社 2005 年版。

［8］吴小求：《证券投资基金》，中国人民大学出版社 2001 年版。

［9］赵振华：《证券投资基金法律制度研究》，中国法制出版社 2005 年版。

［10］［英］梅因：《古代法》，沈景一译，商务印书馆 1996 年版。

［11］徐国栋：《民法基本原则解释》，中国政法大学出版社 1992 年版。

［12］［英］威廉·韦德：《行政法》，徐炳等译，中国百科全书出版社 1997 年版。

［13］辛本禄：《当代社会组织化与组织人：从工具理性到价值理性》，吉林大学 2003 年博士论文。

［14］［英］亚当·斯密：《国民财富的性质和原因的研究》，郭大力、王亚南译，商务印书馆 1974 年版。

［15］樊刚：《经济理性与货币调控有效性研究》，中南财经政法大学 2003 年博士论文。

［16］［英］约翰·穆勒：《政治经济学原理》（下卷），赵荣潜等译，

商务印书馆 1991 年版。

［17］孙煜扬主编：《阿拉丁神灯——证券投资基金发展历程》，中国金融出版社 2004 年版。

［18］［美］赫伯特·西蒙：《现代决策理论的基石》，杨砾、徐立译，北京经济学院出版社 1989 年版。

［19］［日］植草益：《微观规制经济学》，朱绍文等译校，中国发展出版社 1992 年版。

［20］［美］熊彼特：《资本主义、社会主义和民主主义》，绛枫译，商务印书馆 1979 年版。

［21］王绍光、胡鞍钢：《中国国家能力报告》，辽宁人民出版社 1993 年版。

［22］［英］庇古：《福利经济学》（上册），（台）陆民仁译，台湾银行经济研究室编印 1971 年版。

［23］［美］约瑟夫·斯蒂格利兹：《政府经济学》，曾强等译，春秋出版社 1988 年版。

［24］［英］庇古：《社会主义与资本主义的比较》，谨斋译，商务印书馆 1963 年版。

［25］刘美希：《私法理念研究》，山东大学 2006 年博士论文。

［26］（台）方嘉麟：《信托法之理论与实务》，月旦出版股份有限公司 1994 年版。

［27］吴弘、胡伟：《市场监管法论——市场监管法的基础理论与基本制度》，北京大学出版社 2006 年版。

［28］方福前：《公共选择理论——政治的经济学》，中国人民大学出版社 2000 年版。

［29］［美］丹尼尔·F. 史普博：《市场与管制》，余晖等译，上海人民出版社 1999 年版。

［30］卢现祥：《寻租经济学导论》，中国财政经济出版社 2000 年版。

［31］徐经长：《证券市场会计监管研究》，中国人民大学出版社 2003 年版。

［32］［美］E. 博登海默：《法理学——法哲学及其方法》，邓正来、姬敬武译，华夏出版社 1987 年版。

［33］单飞跃：《经济法理念与范畴的解析》，中国检察出版社 2002

年版。

[34][美]曼瑟尔·奥尔森:《集体行动的逻辑》,陈郁、郭宇峰、李崇新译,上海三联书店、上海人民出版社1995年版。

[35][德]卡塔琳娜·皮斯托、许成钢:"不完备法律——种概念性分析框架及其在金融市场监管发展中的应用",载吴敬琏主编:《比较》,中信出版社2002年版。

[36][美]米尔顿·弗里德曼:《资本主义与自由》,张瑞玉译,商务印书馆1986年版.

[37][美]阿瑟·奥肯:《平等与效率——重大的选择》,王奔洲等译,华夏出版社1999年版。

[38][美]保罗·A. 萨缪尔森、威廉·D. 诺德豪斯:《经济学》(第12版)(上),高鸿业等译,中国发展出版社1992年版。

[39]董延林:《经济法原理问题》,中国方正出版社2004年版。

[40][英]哈耶克:《自由秩序原理》,邓正来译,生活·读书·新知三联书店1997年版。

[41][英]W. 阿瑟·刘易斯:《经济增长理论》,周师铭、沈丙杰、沈伯根译,商务印书馆1999年版。

[42]李东方:《证券监管法律制度研究》,北京大学出版社2002年版。

[43][美]詹姆斯·M. 布坎南:《自由、市场与国家——80年代的政治经济学》,平新乔、莫扶民译,三联出版社1989年版。

[44][美]C. J. 施蒂格勒:《产业组织和政府管制》,潘振民译,上海人民出版社1996年版。

[45][美]戈登·塔洛克:《寻租——对寻租活动的经济学分析》,李政军译,西南财经大学出版社1999年版。

[46][美]布坎南:"寻利与寻租",载吴敬琏等编:《腐败:权力与金钱交易》,中国经济出版社1993年版。

[47][英]里查德·德尔:《全球证券市场风险及监管》,王建梅译,宇航出版社1999年版。

[48]魏君贤:"日本:放松管制,加强监管",载北京大学金融法研究中心编:《金融法苑》,法律出版社1999年版。

[49]鲍晋选:"投资基金监管制度研究",载徐学鹿主编:《商法研

究》(第2辑),人民法院出版社2000年版。

[50] 林志远:《中国金融改革的理论和实践》,经济科学出版社2000年版。

[51] 埃里克·伯格洛夫·阿涅特·帕尤斯特:"逐步兴起的所有者,日渐衰退的市场?",载吴敬琏主编:《比较》(第5辑),中信出版社2003年版。

[52] 张蕾:《证券投资基金法律制度》,学苑出版社2004年版。

[53] 李昌麒:《经济法学》,中国政法大学出版社2002年版。

[54] [美] 丹尼尔·F. 史普博:《管制与市场》,余晖等译,上海三联书店、上海人民出版社1999年版。

[55] [美] 普拉诺等编著:《政治学分析词典》,胡杰译,中国社会科学出版社1986年版。

[56] 张文显:《法理学》,高等教育出版社1999年版。

[57] [古希腊] 亚里士多德著:《政治学》,吴寿彭译,商务印书馆1965年版。

[58] 卓泽渊主编:《法理学》,法律出版社1998年版。

[59] [美] 罗·庞德著:《通过法律的社会控制——法律的任务》,沈宗灵、董世忠译,商务印书馆1984年版。

[60] [德] 马克思、恩格斯:《马克思恩格斯全集》(第1、3卷),人民出版社1995年版。

[61] 张文显:《法哲学范畴研究》,中国政法大学出版社2001年版。

[62] [英] A. J. 汤因比:《文明经受着考验》,沈辉、赵一飞、尹炜译,浙江人民出版社1988年版。

[63] [英] 爱德华·纽曼:《变动中的民主》,林猛第译,吉林人民出版社1999年版。

[64] 郑顺炎:《证券市场不当行为的法律实证》,中国政法大学出版社2000年版。

[65] 柳志伟主编:《基金业立法和发展:比较与借鉴》,中国政法大学出版社2000年版。

[66] 简信华:"代理成本与公司治理结构",载中国(海南)改革发展研究院编:《中国公司治理结构》,外文出版社1999年版。

[67] 张国清:《证券投资基金治理结构之法律分析》,北京大学出版

社 2004 年版。

[68] [美] 兹维·博迪、罗伯特·C. 莫顿：《金融学》，伊志宏等译校，中国人民大学出版社 2000 年版。

[69] [美] 哈威尔·E. 杰克逊、小爱德华·L. 西蒙斯编著：《金融监管》，吴志攀等译，中国政法大学出版社 2003 年版。

[70] 李仲翔、李仲飞、汪寿阳：《以风险为基础的基金监管现代化》，清华大学出版社 2002 年版。

[71] 阎达经、刘文华：《证券会计全书》，中国物价出版社 2000 年版。

[72] [美] 詹姆斯·M. 布坎角：《自由、市场和国家》，吴良建、桑伍、曾获译，北京经济学院出版社 1988 年版。

[73] [美] 罗纳德·科斯：《论生成的制度结构》，盛洪、陈郁译校，上海三联书店 1994 年版。

[74] [美] E·博登海默：《法理学——法律哲学与法律方法》，邓正来译，中国政法大学出版社 1999 年版。

[75] 孙曙伟：《证券市场个人投资者权益保护制度》，中国金融出版社 2006 年版。

二、中文期刊论文

[1] 刘俊海："证券投资基金法（学者建议稿）"，载北大法律信息网，http://article.china-lawinfo.com Article_Datail.asp? Article ID = 556，最后访问日期：2005 年 9 月 18 日。

[2] 郝万禄："中国基金业发展应重新审视的若干问题"，载《经济界》2002 第 1 期。

[3] 张辉波：《我国投资基金制度的建设研究》，华东师范大学 2004 年硕士论文。

[4] 李伟：《创业投资基金组织形式法律制度研究》，中国政法大学 2001 年博士论文。

[5] 刘志国：《基金与金融稳定性研究》，重庆大学 2002 年硕士论文。

[6] 张丹：《中国证券投资基金"羊群行为"实证研究》，河南大学 2006 年硕士论文。

[7] 蔡真：《中国封闭式证券投资基金羊群行为研究》，东南大学 2006 年硕士论文。

［8］赵晓东：《中国证券投资基金羊群行为及内部博弈研究》，重庆大学 2006 年硕士论文。

［9］杨华柏："我国法律对各种基金的规定"，载《福建金融》1998 年第 5 期。

［10］游炳俊、冯科："中国基金业发展的主要政策取向分析"，载《经济纵横》2003 年第 2 期。

［11］戴枫、孙健芳："2004 年基金业变局"，载《农村金融研究》2005 年第 1 期。

［12］萧端："基金业中国经济的助推器"，载《南方金融》2000 年第 1 期。

［13］祁斌："我国证券投资基金羊群行为的实证研究"，载《证券市场导报》2006 年第 12 期。

［14］施东晖："证券投资基金的交易行为及其市场影响"，载《世界经济》2001 年第 10 期。

［15］方齐云："完全理性还是有限理性"，载《经济评论》1994 年第 4 期。

［16］何大安："行为经济人有限理性的实现程度"，载《中国社会科学》2004 年第 4 期。

［17］杨胜刚、吴立源："非理性的市场与投资：行为金融理论述评"，载《财经理论与实践》2003 年第 1 期。

［18］娄静："'追星效应'还是'处置效应'"，载雅虎网，http://biz.cn.yahoo.com/050427/2/qion.html，最后访问日期：2006 年 8 月 14 日。

［19］许尔兵："人类进步的代价——读《质疑自由市场经济》"，载《学海》2000 年第 3 期。

［20］［美］A. O. 克鲁格、邵建云："发展过程中的'政府失效'，载《经济社会体制比较》，1991 年版。

［21］林秀芹："证券市场管理体制的法律问题研究"，载《现代法学》1998 年第 2 期。

［22］姜立文、王刚："金融控股公司特殊金融风险的法律防范及对现行公司法律制度的挑战书"，http://ecupl.net/website/corplawinfo/Article-Show.asp?ArticleID=2903，最后访问日期：2005 年 9 月 22 日。

［23］徐家良："双重赋权．中国行业协会的基本特征"，载《天津行

政学院学报》2003年第1期。

［24］甫玉龙、黄凤兰："行业协会权能的法律规范探讨",载《中国行政管理》2006年第3期。

［25］王令水："投资基金的虚拟资本性质研究",载《上海金融学院学报》2006年第5期。

［26］刘想树："西部开发中利用外资的几个法律问题的宏观透析",载《法学家》2001年第3期。

［27］刘丹、侯茜："中国市场准入制度的现状及完善",载《商业研究》2005年第12期。

［28］陈云良："政府干预市场方法之批判",载《新东方》2002年第4期。

［29］戴霞："市场准入的法学分析",载《广东社会科学》2006年第3期。

［30］汪全胜："立法价值效益优先论",载《学习与探索》2002年第3期。

［31］杨清望："和谐：法律公平价值的时代内涵",载《法学论坛》2006年第6期。

［32］李昕："公平与效率：经济法的基本价值目标",载《法制与经济》2006年第6期。

［33］Comparative Survey of Securities Law. 法学［J］. 1994,(12).

［34］巴曙松、贾蓓："从分化到差异化：中国基金业的新格局与新趋势",载《福建金融》2006年第1期。

［35］陈斌彬："美国对基金关联交易的法律监管及其对我国的启示",载《江西财经大学学报》2005年第6期。

［36］韩会永. 美国共同基金成功的经验［EB/01］. http://www.chinaamc.com, 2004-01-21.

［37］沈田丰："关联交易的性质、影响与规范",载《现代法学》1999年第3期。

［38］巴曙松、陈华良："证券投资基金关联交易的国际比较及其借鉴",载《东北财经大学学报》2004年第1期。

［39］巴曙松、陈华良："证券投资基金中的关联交易：理论综述与监管比较",载国务院发展研究中心信息网,http://www.drc.gov.cn/view/

asp? doc_ ID = 030819，最后访问日期：2006 年 4 月 13 日。

［40］李杰：《我国开放式基金关联交易及其规范研究》首都经济贸易大学 2005 年硕士论文。

［41］张鑫：《证券投资基金关联交易若干问题研究》，中国政法大学 2002 年硕士论文。

［42］张国清："证券投资基金关联交易的法律规制——美国的经验及启示"，载《证券市场导报》2006 年第 1 期。

［43］胡家夫、骆红艳："证券投资基金关联交易监管研究"，载《证券市场导报》2005 年第 4 期。

［44］胡家夫、骆红艳："基金关联交易监管——海外经验与对策建议"，载 http://finance.sina.com.cn/stock/t/20050826/082483860.shtml，最后访问日期：2006 年 5 月 16 日。

［45］何军："业内人士：基金关联交易规则应完善"，载《上海证券报》2004 年 11 月 10 日。

［46］王凯："5 家基金被迫联通配股，申购银行股也将受限"，载《证券市场周刊》2004 年 7 月 19 日。

［47］杨磊："基金禁止关联交易卡壳 ETF 申请豁免为唯一选择"，载《证券时报》2006 年 8 月 7 日，第 B2 版。

［48］秦炜："犹如双刃剑 专家建议适度放宽对基金关联交易限制"，载《证券日报》2006 年 7 月 3 日，第 A3 版。

［49］巴曙松："金融监管框架的演变趋势与金融机构的发展空间"，载《财经理论与实践》2004 年第 1 期。

［50］"基金关联交易再鸣警笛"，载国务院发展研究中心信息网，http://www.drcnet.com.cn，最后访问日期：2005 年 9 月 10 日。

［51］朱成刚：《证券投资基金持有人利益保护法律机制研究》，中国政法大学 2006 年博士论文。

［52］张蓉："独立董事正在发挥作用——访华夏基金管理公司独立董事龙涛"，载《上海证券报》2001 年 11 月 20 日。

［53］张晓："中融基金挑战独立董事"，载《财经界杂志》2002 年 4 月 25 日；"位卑言轻，尴尬的独立董事"，载《财经时报》2001 年 7 月 3 日。

［54］何杰："独立董事、治理结构和中国契约型基金的绩效"，载

《南开管理评论》2005年第2期。

［55］林树、汤震宇:"董事会结构与我国证券投资基金费率关系的实证研究",载《上海管理科学》2005年第4期。

［56］曾德明、周再望、刘颖:"证券投资基金费用与管理质量实证研究",载《财经理论与实践》2005年第7期。

［57］张国清:"美国共同基金的独立董事制度及启示",载《证券市场导报》2004年第7期。

［58］汪家芬:"证券投资基金独立董事制度探析",载《常州工学院学报》2005年第5期。

［59］魏中奇:"基金管理公司独立董事制度的结构分析",载《证券市场导报》2005年第4期。

［60］美国证券交易委员会亚瑟·莱维特:"信守股东利益:加强基金中独立董事的作用",李为、水东流译,载《证券市场导报》2001年第5期。

［61］付强:"美国基金业丑闻三大启示",载《中国证券报》2003年11月14日。

［62］［美］亚瑟·莱维特:"信守股东利益:加强基金中独立董事的作用",载《证券市场导报》2001年第5期。

［63］"整肃基金信息披露不合规 管理层手不软",载腾讯网,http://finance.qq.com/a/20070213/000455.htm,最后访问日期:2007年5月18日。

［64］叶俊英．从美国共同基金丑闻看基金治理安排,载《证券市场导报》2004年第10期。

［65］张庆:《证券投资基金制度分析》,华东师范大学2004年博士论文。

［66］段涛:《房地产开发市场准入法律问题研究》,西南政法大学2004年硕士论文。

［67］孟凡波:《现阶段我国报刊市场准入和退出机制研究》,河北大学2006年硕士论文。

［68］戴霞:《市场准入法律制度研究》,西南政法大学2006年博士论文。

［69］孔令兵:《证券投资基金监管法律制度研究》,华侨大学2006年

硕士论文。

［70］朱德鹏：《国际投资基金的市场准入及法律监管研究》，大连海事大学博士论文）。

［71］方桂荣："基金业基本范畴解析"，载《统计与决策》2006年第22期。

［72］何杰："证券投资基金治理结构与绩效关系的经验研究"，载《管理评论》2005年第8期。

［73］郭晔：《"有限理性"框架大证券交易监管研究》，厦门大学2002年博士论文。

［74］周杰：《行为金融理论框架下的金融市场有限理性研究》，载《经济师》2005年第3期。

［75］贾肖明："基金销售误导消费者"，载南方网，http://www.south.cn.com/finance/bxsh/200608140353.htm，最后访问日期：2006年8月14日。

［76］郭晓亭、林略："证券投资基金风险的表现形式及特征"，载《商业研究》2004年第2期。

［77］胡舒立："《财经》杂志：王小石和中国证监会及监管腐败"，载新浪网，http://finance.sina.com.cn/review/20041127/152385600.shtml，最后访问日期：2005年12月24日。

［78］于阳、李怀祖："证券投资基金见模与股价信息含量关系研究"，载《管理评论》2005年第12期。

［79］李志军、于向花：《论证券市场政府监管的市场化》，载《当代法学》2005年第12期。

［80］王晓宇："上半年基金交易佣金半数落入关联方手中"，载《中国企业报》2000年10月24日，第2版。

［81］张功富："略谈香港关联交易分级披露制度及借鉴"，载《财会月刊》1999年第9期。

三、英文文献

［1］Henty Hansmann, Reinier Kraakman, "The Essential Role of Organizational Law", *The Yale Law Journal*, 110 (2000).

［2］Russ Wermers, Steven P. Peterson Investor Behavior and the Persistence of Poorly Performing Mutual Funds, *Journal of Economic Behavior & organi-*

参考文献

zation, 37 (1998).

[3] Georer T. Bogert, *Trust*, West Publishing Co., 1987, 6th ed.

[4] Mercer E. Bullard, "Insider Trading in Mutual Funds", *Oregon Law Review*, 84 (2005).

[5] James M. Storey, Thomas M. Clyde, *Mutual Fund Law*, Glasser Legal Works, 1998.

[6] Jun Cai, K. C. Chan, Takeshi Yamada: "The Performance of Japanese Mutual Funds", *The Review of Financial Studies*, 10 (1997).

[7] Division of Investment Management SEC Staff, 1992, Protecting Investors: A Half Century of Investment Company Regulation, Washington D. C.

[8] Edward TO' Dell, "Corporate Governance in the Global Mutual Fund Industry", *International Business Lawyer*, 28 (2000).

[9] Erik R. Sirri, Peter Tufano, "Costly Search and Mutual Fund Flows", *Journal of Finance*, 5 (1998).

[10] Gordon J. Alexander, Jonathan D. Jones, Peter J. Negron, "Mutual Fund Shareholders: Characteristics, Investor Knowledge and Sources of Information", *Finacial Services Review*, 7 (1998).

[11] Robert Barker, High Fund Fees Have Got to Go: Vast Economics of Scale Benefit Fund Companies, Not Investors, Business Week, Aug. 16, 1999.

[12] Admati, Anat R., and Paul Pfleiderer: Forcing Finns to Talk: Financial Disclosure Regulation and Externalities. The Review of Financial Studies, 2000.

[13] U. Bhattacharya, & Hazem Daouk, The World Price of Insider Trading, Working Paper, 1999.

[14] Christopher B. Bernard: Towards an International Market of Mutual Fund, Virginia Journal of International Law, Vol. 36, Winter, 1996.

[15] G. J. Stigler, "The Theory of Economic Regulation", *Bell Journal Economics*, 2 (1971).

[16] S. Peltzman, "Toward a More General Theory of Regulation", Journal of Law and Economic, 19 (1976).

[17] A. M. Louis, "The Vnwinnable War on Insider Trading", *Fortune*, 13th, July, 1981.

［18］Edward C. Hallbach Jr, *Trusts*; Harcourt Bare Joranovich Legal and Professional Publications, Inc. , 1990.

［19］Joel P. Rachtman, "Trade in " Financial Services Under GATS, NAFTA and the EC: A Regulatory Jurisdiction Analysis, *Columbia Journal of Transnational Law*, 34 (1995).

［20］Christopher B. Bernard, "Toward an International Market of Mutual Fund", *Virginia Journal of International Law*, 36 (1996).

［21］R. M. Goode ed. , *Conflicts of Intrest in the changing Financial World*, London: Institute of Bankers, 1986.

［22］Wahal, Khorana, Zenner, "Agency Conflicts in Close – End Funds: The Case of Rights Offerings", Journal of Financial and Quantitative Analysis, 37 (2002).

［23］L. Loss, Fundamental of Securities Regulation, Boston Little Brown&Co. 1983.

［24］L. D. Brandeis, Melvin I. Urofsky, *other Peoples Money and How the Bankers use It*. Bedford/st. Martin's, 1967.

［25］Gatherine Hichey, "Navellier Press On Amid Lawsuit and Small – CapWoes", *Morningstar Mutual Funds*, March3, 1999.

［26］Eugene F. Mama, "Agency Problems and the Theory of the Firm", Journal of Political Economics, 88 (1980).

［27］Ranald L. Gilson, Rcinier Kraakman, "Rcinvesting the Outside Director: An Agenda for Institutional Investors", *Stanford Law Review*, 43 (1991)。